Demos Shakarian
Die glücklichsten Menschen auf Erden

Demos Shakarian
mit John und Elizabeth Sherrill

Die glücklichsten Menschen auf Erden

Revidierte Fassung 2020

Titel der amerikanischen Originalausgabe: *„Happiest People on Earth"*

Umschlaggestaltung: Tim A. King, FGBMFI Chapter Phoenix, USA
Satz: Jens Wirth
Druck: Finidr, CZ
Printed in the EU

ISBN 978-3-94018-859-5
Bestellnummer 147459

Anfragen zum Verlagsprogramm des Asaph-Verlags bitte an:

Fontis Media GmbH, Baukloh 1, 58515 Lüdenscheid
fontis@fontis-media.de – www.fontis-shop.de

Inhalt

Vorwort

Es war ein grauer Dezembertag des Jahres 1960, als wir mit unserem Kombi in die vorletzte Parklücke vor dem „President Hotel“ fuhren.

Sekunden später schob sich ein etwas schäbig aussehender Cadillac mit kalifornischem Nummernschild auf den Platz neben uns, und heraus kletterte ein großer Mann mit einem breitkrempigen Hut. Er streckte uns seine riesige, von harter Arbeit gezeichnete Hand entgegen.

„Ich heiße Demos Shakarian“, stellte er sich vor.

Dann ging er zur anderen Seite des Wagens und half einer hübschen, dunkelhaarigen Dame auszusteigen. „Und dies ist Rose, meine Frau.“

Wir erklärten den beiden, dass wir Reporter des „Guideposts“-Nachrichtenmagazins seien und den Auftrag hätten, das Sprechen in Zungen zu untersuchen. „Eigentlich aber“, ergänzten wir schnell, „sind wir nur gekommen, um uns etwas umzusehen.“

Das taten wir dann auch gründlich. In jener Woche nämlich fand im „President Hotel“ das Regional-Treffen einer Organisation statt, die sich „Geschäftsleute des Vollen Evangeliums“ nennt und deren Begründer und Vorsitzender Demos Shakarian ist. Von der gesamten Ostküste waren Tausende nach Atlantic City gekommen: einige, um diesem braungebrannten Mann mit Cowboyhut zu begegnen, andere, um Erlebnisse darüber auszutauschen, was der Heilige Geist in ihrem Leben bewirkt hatte, und wieder andere, so wie wir auch, um sich die Sache einmal anzusehen – ein bisschen ängstlich und vor allem ziemlich skeptisch.

„Achte besonders auf Gefühlsausbrüche", so warnten wir einander, „und auf Schreien, auf Armgefuchtel und aufgepeitschte Erlebnisberichte." Wir hatten eben Sorge, dass wir diese altbekannten Methoden wieder einmal erleben würden, mit denen man eine große Menge in Erregungszustand bringen kann.

Wir waren also gespannt … aber nichts dergleichen geschah. Von der Stirnseite des Hotel-Festsaals aus dirigierte Demos den Ablauf der Versammlungen mit dem feinen Empfinden eines Mannes, der auf eine Stimme hörte, die wir nicht vernehmen konnten. Statt des von uns erwarteten Chaos beherrschte eine zurückhaltende, aber aufrichtige Freude die Tagung.

Da wir uns gegen Angriffe gewappnet hatten, die gar nicht erfolgten, wurden wir umso mehr von der Liebe überrascht, die uns entgegengebracht wurde; während dieser Woche begannen wir dann auch, zusammen mit Hunderten von anderen Menschen, unseren eigenen Weg im Heiligen Geist zu gehen.

Seit jenem Dezember sind fünfzehn Jahre vergangen, in denen wir der Pfingstbewegung in vielen Teilen der Welt nachgegangen sind, der Bewegung, in der wir lebendige Erfahrungen fanden, veränderte Leben, Realitäten, die die Gemeinden heute brauchen. Was uns auffiel, war aber auch noch etwas anderes: Überall, wo wir zu Menschen mit lebendigem Glauben sprachen – Männern, Frauen, Kindern oder älteren Leuten, Katholiken oder Mennoniten –, jedes Mal begann ihre Geschichte mit dieser besonderen Gruppe von Geschäftsleuten und dem Milchwirtschaftsfarmer Demos Shakarian aus Downey in Kalifornien.

Wie konnte es sein, fragten wir uns, dass dieser zurückhaltende, gar nicht sprachgewandte Mann mit dem unaufdringlichen Lächeln, der es nie eilig zu haben schien, der heute kaum wusste, wo er morgen sein würde, bei Millionen von Menschen einen derartigen Eindruck hinterließ? Also entschlossen wir uns, ihn selbst danach zu fragen.

Das war allerdings leichter gesagt als getan. Demos hielt sich vielleicht gerade in Boston auf oder in Bangkok oder Berlin, und seine Post blieb unbeantwortet. Trotzdem brachten wir in den letzten vier Jahren eine Reihe von Zusammenkünften zustande.

Demos und Rose kamen in den Osten der Staaten, um uns zu besuchen. Später trafen wir uns im Chalet eines Freundes in der Schweiz. Wir arbeiteten in Monaco zusammen und in Palm Springs. Wir sprachen in Autos, auf Flugplätzen und in armenischen Restaurants. Die beste Zeit mit Demos und Rose aber verbrachten wir in ihrem Heim in Downey, in demselben kleinen Haus, das sie sich 1934 nach der Geburt ihres ersten Kindes gebaut hatten. Das Haus von Demos' Vater steht nebenan und ist leer seit des Vaters Tod. Der Bau ist weitaus stattlicher und bietet mehr Platz, aber mit dem kleineren Haus verbindet Demos und Rose eben doch manche Erinnerung.

Mit der Zeit begannen wir, Demos' Geheimnis zu begreifen. Einen Teil davon hatte seine Familie aus Armenien mitgebracht. Diese älteste christliche Nation musste am meisten für ihren Glauben leiden, aber aus dem Leiden erwuchs Erkenntnis.

Diese Erkenntnis ist nun aber nicht an eine Rasse oder eine Nation gebunden. Sie birgt vielmehr ein Geheimnis, das jeder von uns kennen sollte; denn – so sagt Demos – wenn wir es erfassen, „werden wir, ganz gleich in welchem Zustand die Welt um uns ist, die glücklichsten Menschen auf Erden sein".

November 1975
John und Elizabeth Sherrill
Lincoln, Virginia

Kapitel 1

Die geheimnisvolle Botschaft

Vor einiger Zeit, als Rose und ich abends durch Los Angeles nach Hause fuhren, bekam ich plötzlich das Verlangen, von der Hauptstraße abzubiegen und an dem Haus vorbeizufahren, in das Großvater Demos gleich nach seiner Ankunft in Amerika eingezogen war.

Nach zweiundvierzigjähriger Ehe hatte sich Rose an solch plötzliche Impulse von mir gewöhnt, und obwohl es 1 Uhr früh war, sagte sie kein Wort, als ich in das Gebiet hineinfuhr, das allgemein als die „Los Angeles Flats" bekannt war. Aber das quadratische Stuckhaus in der Boston Street Nr. 919 stand nicht mehr. Wir hielten an und betrachteten einen Augenblick lang still vom Auto aus die Hausbauten des Regierungsprogramms, die anstelle der alten Gebäude errichtet worden waren. Dann wendete ich den Wagen und fuhr zurück in Richtung Hauptstraße.

Doch die Erinnerungen an meinen Großvater ließen mich in dieser warmen kalifornischen Sommernacht nicht mehr los. Jetzt wusste ich auch, warum ich den Umweg hatte machen müssen: wegen einer Prophetie nämlich, die Rose und ich kurz vorher in einer Versammlung der „Geschäftsleute des Vollen Evangeliums" in Beverly Hills gehört hatten. Jemand hatte dort die Voraussage gemacht, dass schon sehr bald in vielen Teilen der Welt eine große Christenverfolgung losbrechen werde, auch in den Vereinigten Staaten von Amerika. Er hatte sich darauf berufen, Gottes eigene Worte auszusprechen.

Was sollten wir von einer solchen Aussage halten? Wie hatte meine Familie vor einem Jahrhundert auf eine ähnliche Botschaft reagiert? Damals hatte es eine solche Prophetie auch gegeben, und alles, was sich danach im Leben meines Großvaters, meines Vaters und auch in meinem Leben ereignet hatte, war geschehen, weil man diese Aussage ernst genommen hatte.

Es war 2 Uhr morgens, als wir in Downey ankamen und ich den Wagen in der Einfahrt zu unserem Haus abstellte.

Der Mond schien und die Nacht war wieder einmal viel zu schade, um schon schlafen zu gehen. Ich bin ein Nachtmensch – ein Umstand, über den Rose nicht gerade glücklich ist. So ging sie auch diesmal allein zur Ruhe, während ich den alten Wohnzimmersessel dicht an das Fenster rückte, das Licht löschte und in der Dunkelheit meine Gedanken in die Vergangenheit zurückwandern ließ.

Ich hatte meinen Großvater nie kennengelernt; er starb, bevor ich geboren wurde. Aber die Geschichten über ihn hatte ich wohl mehr als tausend Mal gehört. Ich kannte alle Einzelheiten so gut, dass ich eine andere Landschaft vor meinen Augen sah; eine Landschaft, die unfassbar fern und längst vergangen war, aber als ich so am Fenster saß und auf die Orangenbäume im silbernen Mondlicht blickte, schien sie mir so vertraut, als wäre ich in ihr aufgewachsen. So eine Vorstellung fällt einem Armenier nicht schwer: Wir sind Menschen des Alten Testaments; Vergangenheit und Gegenwart sind in unseren Gedanken oft so verwoben, dass Dinge, die sich vor hundert, tausend oder gar zweitausend Jahren ereigneten, für uns real sind wie das heutige Kalenderdatum.

So oft hatte ich über das kleine Dorf Kara Kala erzählen gehört, dass ich es vor mir sah, fest eingefügt in die felsigen Ausläufer des Berges Ararat, des Berges also, auf dem die Arche Noah auf Land setzte, wie die Bibel sagt. Wenn ich meine Augen schloss, sah ich die Steingebäude, die Schuppen und Scheunen und das Wohnhaus meines Großvaters Demos, das nur aus einem einzigen Raum bestand. Hier, in diesem Haus, hatte meine Großmutter fünf Töchter geboren, aber keinen Sohn. Das galt als Schande unter den Armeniern, so wie es auch eine Schande unter den alten Israeliten gewesen war.

Ich konnte mir Großvater gut vorstellen, wie er jeden Sonntag mit seinen kleinen Mädchen zur Hauskirche ging. Obwohl die meisten Armenier orthodoxe Christen sind, waren Großvater und manche andere in Kara Kala Presbyterianer. Ich konnte ihn durch das Dorf marschieren sehen zu dem Haus, in dem der Gottesdienst gehalten wurde. Er lief nicht gebückt und zaghaft, sondern aufrecht und mutig, unbeeindruckt von den schweigenden Vorwürfen und Fragen.

Eigentlich kann ich es mir nicht erklären, dass Großvater in seiner großen Not nicht sofort die merkwürdige Botschaft angenommen hatte, die immerhin fünfzig Jahre brauchte, um ihren Weg über die großen Berge in jenes einsame Gebiet zu finden.

Die Russen hatten die Botschaft mitgebracht, und obwohl Großvater die Russen mochte, dachte er doch zu nüchtern, um ihnen ihre Erzählungen über Wunder zu glauben. Sie waren damals in Planwagen gekommen und zogen in langen Karawanen in das kleine Dorf ein. Gekleidet waren sie wie unsere Leute auch. Die langen, hochkragigen Gewänder hielten sie an der Hüfte mit Schnüren und Quasten zusammen. Die verheirateten Männer waren außerdem an ihren Vollbärten zu erkennen.

Verständigungsschwierigkeiten gab es keine, da die meisten unserer Leute auch Russisch sprachen. So hörten die Armenier den Erzählungen zu über das, was die Russen das „Ausgießen des Heiligen Geistes" über Hunderttausende von russisch-orthodoxen Christen nannten. Die Russen kamen als Freunde, die Geschenke brachten. Es waren die Gaben des Geistes, die sie mit uns teilen wollten.

Mir war, als hörte ich die Worte, wenn Großvater und Großmutter nach einem solchen Besuch bis tief in die Nacht miteinander sprachen. „Man muss doch aber zugeben", so würde Großvater gesagt haben, „dass alles, worüber die Russen reden, biblisch fundiert ist. Ich meine, Heilungen stehen in der Bibel. Auch das Sprechen in Zungen und Prophetie finden wir da; das Problem ist nur, dass die ganze Sache … nicht armenisch klingt!" Damit meinte er glaubwürdig, praktisch, eben „mit den Füßen auf der Erde".

Und Großmutter, mit ihrem immer schweren Herzen, könnte geantwortet haben: „Weißt du, wenn du über Prophetie und Heilungen sprichst, dann meinst du eigentlich doch Wunder, oder?"

„Ja, da hast du recht."

„Wenn wir jemals ‚den Heiligen Geist erhalten' sollten, so, wie die Russen es sagen, hieße das dann auch, dass wir um ein Wunder bitten könnten?"

„Du meinst doch wohl nicht, dass wir doch noch einen Sohn bekommen?"

Dann wird Großmutter wohl angefangen haben zu weinen. Und ich weiß es auch tatsächlich, dass Großmutter an einem sonnigen Morgen im Mai 1891 weinte. Das war eine seltsame Geschichte. Während der zurückliegenden Jahre hatten mehrere Familien in Kara Kala angefangen, der Botschaft der russischen Pfingstler zu glauben.

Auch Großvaters Schwager, Magardich Mushegan, hatte sich überzeugen lassen. Er bekam die Taufe im Heiligen Geist und erzählte dann bei seinen häufigen Besuchen auf dem Shakarian-Hof von der neuen Freude in seinem Leben.

An diesem besonderen Tag, dem 25. Mai 1891, nähten Großmutter und mehrere andere Frauen in einer Ecke des einzigen Raumes, aus dem das Bauernhaus bestand. Das heißt, Großmutter versuchte zu nähen, aber die Tränen, die über ihre Wangen liefen und den Stoff benetzten, hinderten sie.

Auf der Fensterseite des Zimmers, wo das Licht besser war, saß Magardich Mushegan mit seiner geöffneten Bibel auf den Knien und las.

Plötzlich klappte Magardich die Bibel zu, stand auf und ging durch das Zimmer. Als er vor Großmutter stehen blieb, bewegte sich sein schwerer, schwarzer Bart vor Aufregung auf und ab.

„Goolisar", sagte Magardich, „eben hat der Herr zu mir gesprochen!" Großmutter richtete sich auf und sah ihn erstaunt an: „Wirklich, Magardich?" „Er hat mir eine Botschaft für dich gegeben", sagte Magardich, „Goolisar, genau heute in einem Jahr wirst du einen Sohn bekommen."

Als Großvater später vom Feld zurückkam, erwartete ihn Großmutter schon und erzählte ihm von der wunderbaren Prophetie.

Obwohl Großvater sich freute und es wohl auch glauben wollte, war er doch noch sehr skeptisch und enthielt sich lieber einer Meinung. Er lächelte nur und zuckte mit den Achseln. Dann aber ging er zum Kalender und umrahmte das Datum dick mit schwarzer Tinte.

Drei Monate gingen ins Land, und es stand fest, dass Großmutter wieder schwanger war. Jedermann in Kara Kala wusste zu diesem Zeitpunkt von der Prophetie, und das ganze Dorf war gespannt, wie es wohl ausgehen würde. Dann, am 25. Mai 1892, genau ein Jahr nach der Prophezeiung, brachte Großmutter ein Baby zur Welt – einen Jungen.

Es war das erste Mal, dass unsere Familie dem Heiligen Geist in dieser persönlichen Weise begegnet war. Alle in Kara Kala waren sich einig, dass der kleine Erdenbürger genau den richtigen Namen bekommen hatte: Er hieß Isaak; denn er war, genauso wie der lang ersehnte Sohn Abrahams, das versprochene Kind.

Ich bin sicher, dass Großvater nun ein stolzer und glücklicher Mann war, als er seine Familie am Sonntag nach Isaaks Geburt zur Kirche führte. Aber doch hatte er, wie alle Armenier, eine sehr „sture Ader". Er hielt sich für zu nüchtern im Denken, um ohne Einschränkung zu akzeptieren, dass er eine übernatürliche Weissagung erlebt hatte, so wie sie in der Bibel vorkommen. Vielleicht war die Voraussage ja doch nicht mehr als ein glücklicher Zufall gewesen.

Aber dann, innerhalb eines Tages, verschwanden Großvaters Zweifel ein für alle Mal.

Im Jahre 1900, als Isaak acht und seine Schwester Hamas vier Jahre alt waren, erreichte das Dorf die Nachricht, dass etwa hundert russische Christen in ihren Planwagen über die Berge herüberkämen. Das war wirklich ein Grund zur Freude; denn in Kara Kala war es Brauch, für besuchende Christen ein Fest auszurichten, sobald sie eingetroffen waren. Ungeachtet dessen, dass Großvater mit dem von den Russen verkündeten „vollen Evangelium" nicht ganz einverstanden war, betrachtete er diese Besuche doch als besondere, Gott gewidmete Zeiten und bestand darauf, dass das Willkommensfest auf dem großen Grundstück vor seinem Haus abgehalten wurde.

Großvater war, das sollten wir nebenbei erwähnen, sehr stolz auf seinen schönen Viehbestand. Als die Nachricht eintraf, dass die Russen unterwegs seien, ging er auf die Koppel, um die Herde zu inspizieren. Dabei wollte er dann auch gleich den schönsten und fettesten Mastochsen für das Festmahl aussuchen.

Unglücklicherweise aber stellte sich bei der Besichtigung der Herde heraus, dass genau der fetteste Ochse einen Fehler hatte: Das Tier war nämlich auf einem Auge blind.

Was sollte Großvater nun machen? Er kannte seine Bibel gut und wusste genau, dass er dem Herrn kein fehlerhaftes Tier als Opfer anbieten durfte. Hieß es nicht im 22. Kapitel des 3. Buches Mose, im 20. Vers: „... n*ichts, was einen Fehler hat, sollt ihr opfern, denn es würde euch nicht wohlgefällig machen*"

Welch ein Dilemma! Kein anderes Tier der Herde war groß genug, um hundert Gäste zu sättigen. Großvater sah sich um, niemand beobachtete ihn. Wenn er nun den großen Ochsen schlachten würde und den fehlerhaften Kopf versteckte? Das schien die einzige Lösung, und genau das würde er auch tun. Er führte den halbblinden Ochsen in den Stall, schlachtete ihn eigenhändig und steckte den Kopf schnell in einen Sack, den er in einer dunklen Ecke unter einem Haufen gedroschenen Weizens verbarg.

Großvater war gerade rechtzeitig fertig mit dem Anrichten; denn schon hörte er die Wagen der russischen Besucher nach Kara Kala hereinrumpeln. War das ein willkommener Anblick! Die Staubwolke, die schon von weitem zu erkennen war, gab jetzt die wohlbekannte Karawane der Wagen frei. Jeder der Wagen wurde von vier schwitzenden Pferden gezogen. Neben dem Kutscher des ersten Gefährts saß, aufrecht und gebieterisch wie immer, der weißbärtige Patriarch, der Führer und Prophet der Gruppe. Großvater und der kleine Isaak liefen die Straße hinauf, um die Gäste zu begrüßen.

Im ganzen Ort waren die Festvorbereitungen im Gange, und schon bald röstete der große Ochse an einem Bratspieß über einer riesigen Schicht Holzkohle. Alle kamen an diesem Abend zusammen und setzten sich erwartungsvoll und hungrig an die langen Holztische. Bevor aber das Mahl beginnen konnte, musste die Speise gesegnet werden.

Diese alten russischen Christen pflegten kein Gebet zu sprechen, nicht einmal eine Danksagung vor den Mahlzeiten, bevor sie nicht „die Salbung“, wie sie es nannten, empfangen hatten.

Sie wollten vor dem Herrn warten, bis, so drückten sie es aus, „der Geist des Herrn auf sie gefallen war“. Sie behaupteten – worüber Großvater sich etwas belustigte –, dass sie tatsächlich Gottes herabkommende Gegenwart spüren könnten. Und wenn dies dann geschah, hoben sie ihre Arme auf und tanzten vor Freude.

Wie die Russen es gewohnt waren, warteten sie also auch bei diesem Fest auf die Salbung mit dem Geist. Es dauerte nicht lange, und jeder der Anwesenden konnte es genau beobachten, da begann erst einer und dann ein weiterer auf seinem Platz zu tanzen. Alles schien seinen gewohnten Gang zu gehen; bald würde die Segnung der Speise erfolgen und das Fest könnte beginnen.

Zu Großvaters Verblüffung hob der Patriarch plötzlich die Hand, aber nicht um zu segnen, sondern als Zeichen, dass alle mit dem Beten aufhören sollten. Nachdem er Großvater mit einem merkwürdig durchdringenden Blick angesehen hatte, verließ der weißhaarige, große Mann den Tisch, ohne noch ein Wort zu sagen. Großvaters Augen folgten jeder Bewegung des alten Mannes, als der Prophet mit langen Schritten über den Hof und in den Stall ging. Nach einem Moment erschien er wieder. In seiner Hand hielt er den Sack, den Großvater unter dem Weizenhaufen versteckt hatte.

Großvater begann zu zittern. Wie konnte der Mann das herausbekommen haben? Niemand der Dorfbewohner hatte ihn gesehen, und die Russen hatten ja noch nicht einmal den Dorfeingang erreicht, als er den Kopf versteckt hatte. Der Patriarch stellte den verräterischen Sack vor Großvater ab und ließ das Sackleinen heruntergleiten, sodass jeder den Ochsenkopf mit dem milchigweißen Auge erkennen konnte.

„Hast du nicht etwas zu bekennen, Bruder Demos?“, fragte der Russe.

„Ja, das habe ich“, antwortete Großvater, immer noch zitternd. „Aber wie hast du es gewusst?“

„Gott hat es mir gezeigt“, sagte der alte Mann einfach. „Du glaubst immer noch nicht, dass er zu seinen Leuten noch genauso spricht wie in der Vergangenheit. Darum gab der Geist mir dieses Wort der Erkenntnis aus einem besonderen Grund: Du und deine Familie sollen dadurch zum Glauben kommen. Du hast der Kraft des Geistes widerstanden, aber heute ist der Tag, an dem du nicht länger Widerstand leisten wirst."

An jenem Abend dann bekannte Großvater vor seinen Nachbarn und Christen seinen Betrugsversuch. Während die Tränen ihm über die Wangen in seinen borstigen Bart liefen, bat er sie um Vergebung.

„Zeige mir", sagte er zum Propheten, „wie auch ich Gottes Geist empfangen kann."

Großvater kniete nieder, und der alte Russe legte ihm seine von körperlicher Arbeit gezeichneten Hände auf den Kopf. Augenblicklich begann Großvater voller Freude in einer Sprache zu beten, die weder er noch irgendeiner der Anwesenden verstehen konnte. Die Russen nannten diese verzückte Ausdrucksart „Sprachengebet" oder „Zungenrede" und betrachteten sie als Zeichen dafür, dass der Heilige Geist im Sprecher gegenwärtig war. An diesem Abend erhielt auch Großmutter diese „Taufe im Heiligen Geist".

Dies war der Beginn großer Veränderungen im Leben unserer Familie. Eine der ersten Änderungen betraf die Einstellung gegenüber dem berühmtesten Bürger in Kara Kala. Dieser Mann war in der ganzen Gegend als „der Prophetenjunge" bekannt, obwohl er zur Zeit des Vorfalls mit dem Ochsenkopf schon achtundfünfzig Jahre alt war.

Der wirkliche Name des Mannes war Efim Gerasemowitsch Klubniken. Er hatte eine bemerkenswerte Lebensgeschichte. Er war russischer Abstammung und seine Familie gehörte zu den ersten Pfingstlern, die über die Grenze gekommen waren, um sich in Kara Kala niederzulassen. Von frühester Jugend an hatte sich bei Efim die Gabe des Gebets gezeigt. Oft fastete er und betete rund um die Uhr.

Jedermann in Kara Kala wusste, dass Efim mit elf Jahren die Stimme des Herrn gehört hatte, dass er wieder eine seiner Gebetswachen abhalten sollte. Dieses Mal hielt Efim sieben Tage und Nächte durch und bekam dabei eine Vision.

Das allein war noch nichts Besonderes. Tatsächlich, so hatte Großvater immer wieder gebrummelt, würde ja wohl jeder, der solange nicht gegessen und nicht geschlafen hätte, anfangen Dinge zu sehen. Aber was Efim während dieser sieben Tage zustande brachte, musste einfach auch den kritischen Großvater überzeugen.

Efim konnte weder lesen noch schreiben. Als er jedoch in der kleinen Steinhütte in Kara Kala saß, sah er vor sich eine Vision von Landkarten und eine Botschaft in wunderschöner Handschrift – und schließlich bat er um Federhalter und Papier. Sieben Tage lang saß er dann an dem rohen Holztisch, der der Familie sonst als Esstisch diente, und schrieb eifrig Form und Gestalt der Buchstaben und Bilder auf, die vor seinem Auge abliefen.

Als er fertig war, wurde das Manuskript zu den Leuten im Dorf gebracht, die lesen konnten. Es stellte sich heraus, dass dieses analphabetische Kind eine Reihe von Anweisungen und Warnungen in russischen Schriftzügen aufgezeichnet hatte. In dem Text hieß es, dass zu einem unbestimmten Zeitpunkt in der Zukunft jeder Christ in Kara Kala in furchtbarer Gefahr schweben werde. Eine Zeit unaussprechlicher Tragik für das Gebiet wurde vorausgesagt, eine Zeit, in der Hunderttausende von Männern, Frauen und Kindern brutal ermordet werden würden. In der Warnung stand auch, dass jedermann in der Umgebung in ein Land jenseits des Ozeans fliehen sollte. Obwohl der Prophetenjunge nie ein Geografiebuch gesehen hatte, zeichnete er eine genaue Karte des Landes, in das die fliehenden Christen gehen müssten. Zum Erstaunen der Erwachsenen war das Wassergebiet, das so genau in der Zeichnung dargestellt war, nicht das benachbarte Schwarze Meer oder das Kaspische Meer, auch nicht das weiter gelegene Mittelmeer, sondern der unvorstellbar weit entfernte Atlantische Ozean! Darüber gab es keinen Zweifel, auch nicht über das Land auf der anderen Seite: Die Landkarte zeigte ganz deutlich an, dass die Ostküste der Vereinigten Staaten von Amerika gemeint war.

Aber die Flüchtlinge sollten sich dort nicht niederlassen, fuhr die Weissagung fort; sie sollten weiterreisen, bis sie die Westküste des neuen Landes erreichten. Dort, so schrieb der Junge, würde Gott sie segnen und ihnen Wohlstand geben und ihren Samen zum Segen für die Nation setzen.

Etwas später schrieb Efim auch eine zweite Weissagung nieder. Aber alles, was die Leute darüber noch wussten, war, dass diese Weissagung eine noch spätere Zukunft betraf, in der die Menschen noch einmal fliehen sollten. Efim bat seine Eltern, die Prophetie in einem Umschlag zu versiegeln und wiederholte die Weisungen, die er hierüber empfangen hatte. In seiner Vision war ihm gesagt worden, dass nur ein künftiger Prophet, den der Herr selbst für diese Aufgabe auswählen werde, den Umschlag öffnen dürfe und die Prophetie der Gemeinde verkündigen müsste. Jeder andere, der vor der Zeit den Umschlag öffnete, werde sterben.

Natürlich lächelten viele Leute in Kara Kala über diese Schwärmereien eines kleinen Jungen. Sicherlich müsse es doch irgendeine Erklärung für die wunderartigen Niederschriften geben.

Vielleicht hatte der Junge sich selbst heimlich Lesen und Schreiben beigebracht, nur um dem Dorf diesen dummen Streich zu spielen. Andere wiederum begannen, Efim den „Prophetenjungen“ zu nennen, und waren schnell von dem Wahrheitsgehalt der Botschaft überzeugt. Jedes Mal, wenn Nachrichten über neue politische Unruhen die stillen Berge um den Ararat erreichten, holten sie die vergilbten Blätter hervor, um sie erneut zu lesen. Die Unruhen zwischen den moslemischen Türken und den christlichen Armeniern schienen tatsächlich intensiver zu werden. Hatte nicht im August 1896, vier Jahre bevor Großvater den blinden Ochsen schlachtete, ein türkischer Mob über sechstausend Armenier in den Straßen Konstantinopels ermordet?

Aber Konstantinopel lag weit weg und seit der Offenbarung der Prophetie waren Jahre vergangen. Es stimmte zwar, dass biblische Prophezeiungen Dutzende, ja Hunderte von Jahren vor dem betreffenden Ereignis gegeben wurden. Aber die meisten Menschen in Kara Kala, einschließlich Großvater, waren der Meinung, dass derartige echte prophetische Gaben mit Fertigstellung der Bibel aufgehört hätten.

Aber dann, kurz nach der Jahrhundertwende, verkündete Efim, dass die Zeit für die Erfüllung der Worte, die er vor fast fünfzig

Jahren niedergeschrieben, hatte, jetzt gekommen sei. „Wir müssen nach Amerika fliehen“, sagte er, „alle, die hierbleiben, werden umkommen.“

In Kara Kala packten hier und dort einige Familien der Pfingstler ihre Habe zusammen und ließen den Besitz zurück, der ihnen durch undenklich viele Generationen vererbt worden war. Efim und seine Familie waren unter denen, die zuerst weggingen. Jede Familie von Pfingstlern, die Armenien verließ, wurde von den Zurückbleibenden verspottet. Die Skeptiker und Ungläubigen, darunter auch viele Christen, weigerten sich einfach zu glauben, dass Gott modernen Menschen in einem modernen Zeitalter ganz genaue Anweisungen geben könne.

Aber Gottes Anweisungen erwiesen sich als richtig. Im Jahr 1914 begann eine Zeit unsagbaren Schreckens für Armenien. Mit unbarmherziger Effizienz betrieben die Türken das blutige Geschäft, zwei Drittel der armenischen Bevölkerung in die mesopotamische Wüste zu vertreiben.

Über eine Million Männer, Frauen und Kinder starben während dieser Todesmärsche, einschließlich aller Bewohner von Kara Kala.

Eine weitere halbe Million Menschen wurde in ihren Dörfern niedergemetzelt, in einer Verfolgung, die Hitler als Vorbild für die Vernichtung der Juden diente. „Die Welt schritt nicht ein, als die Türkei die Armenier ausrottete“, erinnerte er seine Gefolgsleute, „sie wird auch jetzt nicht eingreifen.“

Die wenigen Armenier, denen es gelang, den belagerten Gebieten zu entkommen, erzählten dann von großen Heldentaten. Sie berichteten, dass die Türken den Christen manchmal die Möglichkeit anboten, ihren Glauben zu verleugnen – taten sie es, konnten sie ihr Leben retten. Die am häufigsten dabei angewandte Methode war es, eine Gruppe Christen in eine Scheune einzuschließen und diese dann anzuzünden. „Wenn ihr bereit seid, Mohammed zu akzeptieren und Jesus Christus zu verleugnen, öffnen wir die Türen“, riefen sie. Aber immer wieder wollten die Christen lieber sterben und sangen Lobeshymnen, während die Flammen an ihnen hochzüngelten.

Diejenigen, die der Warnung des Prophetenjungen gefolgt waren und Zuflucht in Amerika gesucht hatten, hörten die Nachrichten mit Entsetzen.

Großvater Demos war unter denen, die geflohen waren. Nach seiner Erfahrung mit dem russischen Patriarchen konnte auch Großvater die Richtigkeit der Prophetie nicht länger bestreiten. Im Jahre 1905 verkaufte er den Hof, der seit Generationen der Familie gehört hatte, und versuchte, den bestmöglichen Preis dafür zu erzielen. Dann suchte er das Hab und Gut aus, das die Familienmitglieder auf ihren Rücken tragen konnten. In seinem Bündel befand sich auch der schwere Messingsamowar, der mit Holzfeuerung betrieben wurde. Zusammen mit seiner Frau, seinen sechs Töchtern Shushan, Esther, Siroon, Magga, Yerchan und Hamas, und natürlich mit dem Stolz seines Lebens, dem dreizehnjährigen Isaak, machte er sich auf den Weg nach Amerika.

Die Familie erreichte sicher New York, aber der Prophetie folgend, ließen sie sich dort nicht nieder. Gemäß der schriftlichen Anweisung zogen sie weiter über das weiträumige und verwirrend neue Land, bis sie nach Los Angeles kamen. Dort fanden sie zu ihrer großen Freude eine kleine, aber ständig wachsende armenische Gemeinschaft, in der sogar mehrere Freunde aus Kara Kala lebten.

Mit Hilfe dieser Freunde ging Großvater dann auf Wohnungssuche. „The Flats“ war der billigste Stadtteil von Los Angeles, aber trotzdem mussten sich drei Familien zusammentun, damit es möglich wurde, in das quadratische Stuckhaus in der Boston Street 919 einzuziehen.

Die Überfahrt mit dem Schiff, die Reise durch die Vereinigten Staaten und sein Anteil am neuen Heim hatten das gesamte Geld aufgebraucht, das der Verkauf des Familienhofes erbracht hatte. Deshalb musste sich Großvater nun sofort auf Arbeitssuche begeben. Aber alles blieb ohne Erfolg. Die große Wirtschaftsdepression des ausgehenden 19. Jahrhunderts war in Kalifornien noch spürbar. Es gab keine Arbeit, besonders nicht für einen Neuankömmling, der kein Wort der Landessprache kannte. Jeden Morgen ging Großvater früh zu den Arbeitsvermittlungsstellen, und jeden Abend kam er mit schwereren Schritten zurück als am Tag zuvor.

Aber jede Woche gab es einen Lichtblick, durch den alle Sorgen ihre Wichtigkeit zu verlieren schienen: der sonntägliche Gottesdienst. Das Haus an der Boston Street hatte an der Vorderseite eine große „gute Stube“, die sehr schnell zum Versammlungsort der Gemeinde wurde. Der Gottesdienst wurde hier genauso abgehalten wie in den Hauskirchen im alten Kara Kala. In der Mitte des Raumes stand ein großer Tisch, auf dem eine geöffnete Bibel lag. Rechts von diesem Tisch saßen die Männer, wobei die Sitzordnung sich nach dem Alter richtete. Die ältesten Männer saßen dem Tisch am nächsten, dahinter die Jüngeren und weiter ab die Knaben. Auf der linken Seite des Raumes saßen, so wie es immer gewesen war, die Frauen, ebenfalls in der Reihenfolge ihres Alters. Die Gemeindeältesten trugen weiterhin ihre schwarzen Vollbärte, obwohl gelegentlich schon einer der jüngeren Männer jedermann schockierte, weil er sich nur einen Schnurrbart wachsen ließ.

Es wurde erwartet, dass die Männer zum Gottesdienst (wenn auch nicht während der Woche) ihre leuchtend bunten Gewänder trugen und die Frauen ihre langen, bestickten Kleider mit den gehäkelten Kopftüchern, deren Machart sich seit Generationen nicht verändert hatte.

Welch ein großer Trost muss es für Großvater gewesen sein, durch diese Gemeinschaft von Christen geistlich gestützt zu werden! Sie hatten seit langem gelernt, dass Gott direkt durch die Bibel zu ihnen sprechen konnte.

Sicher hatte Großvater sich in seiner Herzensnot, Arbeit zu finden, oft auf die kleine Orientteppichbrücke gekniet, die sie aus der Heimat mitgebracht hatten und die jetzt in dem Versammlungsraum lag. Dann hatte er um „ein Wort“ gebeten, und die ganze Gemeinde hatte begonnen, leise mitzubeten, oft in unbekannten, verzückten Sprachen, in „Zungenrede“.

Einer der Ältesten stand dann auf, ging zur Bibel und legte seinen Finger blindlings auf eine Stelle der aufgeschlagenen Seite. Die Worte schienen immer genau auf die jeweilige Not ausgerichtet zu sein. Sie handelten vielleicht von der Treue des Herrn oder sprachen von den kommenden „Milch-und-Honig-Tagen“. Nun, die kleine armenische Gemeinde erwartete sehnsüchtig das

Kommen dieser Tage. Aber zumindest während sie wartete gab es diese wunderbaren Momente der Gemeinschaft.

Eines Tages erlebten sie eine weitere Ermutigung. Großvater und sein Schwager Magardich Mushegan – derselbe Mann, der Isaaks Geburt vorhergesagt hatte – gingen gerade die San Pedro Street in Los Angeles entlang, um Arbeit in den Mietstallungen zu suchen. Als sie an einer Seitenstraße, der Azusa Street, vorbeikamen, hielten sie plötzlich an. Es war nicht der Geruch von Pferden und Zaumzeug, der ihnen entgegenwehte, nein, etwas anderes machte sie stutzig: Hörte es sich nicht so an, als ob hier irgendwo Menschen in neuen Zungen zu Gott beteten? Die beiden Männer hatten nicht gewusst, dass es auch in den Vereinigten Staaten Menschen gab, die Gott so anbeteten, wie sie es selbst gewohnt waren. Sie eilten zu dem umgebauten Stall, aus dem die Klänge kamen, und klopften an die Tür. Mittlerweile hatte Großvater ein paar englische Worte gelernt.

„Dürfen wir … rein?“, fragte er.

„Natürlich!“ Die Tür schwang auf. Sie wurden umarmt, Hände wurden in Danksagung zu Gott erhoben, es wurde gesungen und der Herr gepriesen. So kehrten Großvater und Magardich mit der Neuigkeit in die Boston Street zurück, dass Pfingsten sogar in dieses ferne Land über dem Meer gekommen war. Niemand wusste damals, dass Azusa Street einmal ein berühmter Name werden sollte. In diesem alten Mietstall nahm nämlich eine Erweckung ihren Anfang, die in vielen Teilen der Welt für die charismatische Erneuerung wie ein zündender Funke wirken sollte. Aber in jenem Moment sah Großvater diese Gruppe von Gläubigen nur als eine willkommene Bestätigung der Verheißung Gottes, etwas Neues und Wunderbares in Kalifornien zu tun.

Aber dieses Neue und Wunderbare sollte er dann nicht mehr erleben. Als schließlich der lang ersehnte feste Arbeitsplatz kam, endete dieser in einer Tragödie, die niemand recht wahrhaben wollte.

Eines Tages im Jahre 1906 kam Großvater mit schwungvollem Schritt nach Hause. „Du hast Arbeit gefunden!“, sagte Großmutter.

„Jawohl, habe ich!“

In wenigen Minuten stand die ganze Familie um Großvater herum, als er die große Neuigkeit erzählte.

Oben in Nevada, einem Nachbarstaat Kaliforniens, stellte die Eisenbahn noch Arbeiter ein.

Großmutter wurde blass. Sie hatte von Nevada gehört, einer Wüste, wo die Temperaturen auf 45 Grad im Schatten kletterten und die Männer bei ihrer schweren Arbeit tot umfielen, weil sie die Hitze nicht ertragen konnten. „Aber du vergisst“, erwiderte Großvater, „dass ich Landwirt bin. Ich bin es doch gewohnt, draußen in der Sonne zu arbeiten. Außerdem, Goolisar, Mutter meines Sohnes, haben wir denn eine andere Wahl?“

So rief Großvater die Ältesten der Gemeinde zusammen und erbat von ihnen den traditionellen Segen vor dem Beginn der Reise. Die notwendigste Kleidung in eine Decke eingerollt, machte er sich schließlich auf den Weg in die Wüste. Bald darauf brachte der Briefträger wöchentlich eine Geldanweisung in das Haus in der Boston Street. Und dann, an einem Sommerabend, kam das Telegramm, das Großmutter immer befürchtet hatte. An einem glühend heißen Tag war Großvater zusammengebrochen, während er an einem Schienenstrang arbeitete. Die Leiche wurde mit der Eisenbahn zurücktransportiert.

Großvaters Tod brachte meinen eigenen Vater, Isaak, in eine Stellung, der er noch nicht gewachsen sein konnte – mit vierzehn Jahren war er nun Oberhaupt der Familie.

Seit Monaten schon hatte Vater an einer Straßenecke im Zentrum der Stadt Zeitungen verkauft. Er verdiente fast zehn Dollar im Monat, was ein wertvolles Zubrot war, als Großvater noch lebte. Jetzt aber reichte es kaum, um die Mutter und sechs Schwestern zu ernähren. Selbst so große journalistische Momente wie das Erdbeben von San Francisco im Jahre 1906, als er sechs Bündel Extrablätter innerhalb einer Stunde verkaufte, brachten kaum mehr als ein paar Liter Milch zusätzlich auf den Tisch.

Vater wollte auch kein Geld annehmen, für das er nicht gearbeitet hatte. In diesen ersten Jahren nach der Jahrhundertwende waren noch Goldmünzen im Umlauf. Die Fünfdollargoldmünze war etwa so groß wie das Fünfcentstück. Eines Tages legte ein eiliger Kunde eine Münze in die Hand meines Vaters, nahm drei Cent Wechselgeld in Empfang und lief schnell weiter. Vater wollte die Münze gerade in seine blaue Zeitungsjungenschürze mit dem Aufdruck „Los Angeles Times“ gleiten lassen, da bemerkte er plötzlich, dass das vermeintliche Fünfcentstück, das er in der Hand hielt, in Wirklichkeit fünf Dollar waren.

„Mister“, schrie er. Aber der Kunde war schon einen Block weiter. Vater warf ein Gewicht auf seine Zeitungen und spurtete dem Mann nach. Eine Straßenbahn rasselte vorbei und ohne lange zu überlegen sprang Vater auf, zahlte das Fahrgeld aus seinem eigenen wertvollen Verdienst und folgte dem Mann. Als er ihn endlich, ein ganzes Stück weiter, auf der Strecke entdeckte, verließ Vater die Bahn und lief hinter dem Mann her. „Mister!“ Der Mann drehte sich um. „Mister, dies nicht fünf Cents!“, sagte Vater in seinem gebrochenen Englisch. Er streckte seine Hand aus und hielt dem Mann die in der Sonne blitzende Goldmünze entgegen.

Ich muss oft an den Mann denken, der ohne das leiseste anerkennende Brummen sein Geld zurücknahm. Hätte er die hungrigen Gesichter sehen können, die jeden Abend vor der Tür der Boston Street 919 warteten, hätte er sicher gesagt, dass der Zeitungsjunge das Geld behalten dürfe.

Die monatlichen zehn Dollar reichten einfach nicht für die Familie. Abends, nach der Arbeit, begann Vater bei der Arbeitsvermittlung seine Runden zu drehen, so wie es auch sein Vater schon getan hatte. Aber wenn sogar die Arbeit für Männer knapp war, dann gab es erst recht keine Arbeit für Jungen. Endlich hörte er, dass in einer Ledergurtfabrik eine Stelle frei wäre. Der Lohn war zwar gering, fünfzehn Dollar im Monat, aber das war immerhin mehr, als er beim Zeitungsverkauf verdienen konnte; so nahm Vater die Arbeit an.

Eines Tages, im Jahre 1908, als mein Vater sechzehn Jahre alt war, hatte die Großmutter eine Überraschung für ihn.

„Isaak“, sagte sie, „ich habe wunderbare Neuigkeiten.“

„Die können wir brauchen“, antwortete Vater und hustete in sein Taschentuch. Der feine Staub in der Lederfabrik legte sich auf seine Lungen und verursachte einen dauernden Husten.

„Ich habe eine Arbeit gefunden", platzte Großmutter heraus. Aber Vater meinte, wohl nicht richtig gehört zu haben. „Keine armenische Frau arbeitete für Lohn! In der alten Heimat sorgten die Männer für die Familien", erinnerte er Großmutter, während er sich in der Küche den Lederstaub aus den Haaren wusch.

„Aber Isaak, kannst du denn nicht einsehen, dass diese Verantwortung dich nervlich fertigmacht? Du bist jetzt schon so dünn wie ein Fleischspieß im Kebab, und gestern habe ich gehört, wie du deine Schwester Hamas grundlos angeschrien hast!"

Vater errötete, aber er beharrte auf seinem Standpunkt. „Du wirst nicht anfangen zu arbeiten", sagte er.

„Das habe ich aber schon", lächelte Großmutter. „Bei einer netten Familie im Hollenbeck-Park. Waschen, bügeln, so ein bisschen saubermachen."

„Dann kann ich ja gehen und meine Sachen packen", sagte Vater leise und verließ die Küche. Langsam ging er die Treppe zu seinem Zimmer hinauf, und Großmutter folgte ihm.

Sie blieb in der Tür stehen, während er seine wenige Kleidung zu einem Bündel rollte. „Wenn du arbeitest, wirst du mich hier ja nicht mehr brauchen."

Am folgenden Tag ließ Großmutter den Leuten vom Hollenbeck-Park ausrichten, dass sie wohl doch nicht kommen würde, um sich um die Wäsche zu kümmern.

Aber durch die Arbeit in der Ledergurtfabrik wurde Vaters Husten immer schlimmer. Auch als er im Jahr darauf Vormann wurde und nun nicht mehr nur die Drecksarbeit zu machen brauchte, wurde der Husten nicht besser. Großmutter hat mir oft erzählt, wie sie nachts wach lag und hörte, wie Vater sich mit seinen Hustenanfällen herumquälte. Als sie ihn endlich überreden konnte, einen Arzt aufzusuchen, konnte dieser nur bestätigen, was jeder in der Familie schon wusste: Entweder gab Vater die Arbeit in der Ledergurtfabrik auf oder er würde nicht mehr lange zu leben haben.

Nun stellte sich die Frage, wie er auf andere Weise den Unterhalt der Familie sichern könnte. Und mit dieser Frage wandte Vater sich dann, wie immer in Zeiten der Unsicherheiten, an die Gemeinde.

Die armenischen Pfingstleute hielten ihre Gottesdienste nicht mehr in der Wohnstube des Hauses in der Boston Street. Nachdem die Männer hier und da Arbeit gefunden hatten, begannen sie gleich, ein Gemeindehaus zu bauen. Es war ein kleiner Holzbau in der Gless Street, vielleicht 200 Quadratmeter Grundfläche. Die Sitzmöglichkeiten bestanden aus Bänken ohne Lehnen, die sehr schnell an die Wände geschoben werden konnten, wenn die Freude im Herrn die Gemeinde im Geist tanzen ließ. An der Stirnseite des Raumes stand der traditionelle Tisch.

Ich kann mir gut vorstellen, wie Vater zum Tisch hinging, so wie es auch schon sein Vater bei vielen Gelegenheiten getan hatte. Dann kniete er sich auf den kleinen dunkelbraunen Teppich, während sich hinter ihm die Ältesten gruppierten. Unter ihnen war auch Magardich und Magardichs Sohn Aram Mushegan, der so kräftig gewesen sein soll, dass er einen Pferdewagen allein vom Boden hochstemmen und so lange in der Luft halten konnte, bis ein anderer ein Rad repariert hatte.

Es war Aram, der seinen Finger dann auf eine Bibelstelle legte und schöne, aber auch merkwürdige Verse vorlas:

„Gesegnet wirst du sein in der Stadt, gesegnet auch auf dem Acker. Gesegnet wird sein die Frucht deines Leibes, die Frucht deines Landes und die Frucht deines Viehs, die Früchte deiner Rinder und die Früchte deiner Schafe ...“

Land? Vater wunderte sich. Vieh? Aber die wundersamen Worte des 28. Kapitels im 5. Buch Mose gingen noch weiter:

„Der Herr wird dem Segen gebieten, dass er mit dir sei in deinem Keller und in allem, was du vornimmst, und wird dich segnen in dem Lande, das dir der Herr, dein Gott, gegeben hat.“

Als er so zuhörte, erkannte Vater plötzlich, dass es nur eine Sache in der Welt gab, die er wirklich gern tun wollte, die Sache nämlich, über die er den ganzen Tag lang an den Schneidemaschinen nachdachte. Er wollte mit Kühen zu tun haben und mit frischen, grünen und wachsenden Dingen, und vor allem wollte er draußen in der sauberen Luft arbeiten.

Um aber Land zu kaufen, benötigte man viel Geld, und langsam machte Vater sich klar, dass dieser Gedanke doch gar nicht so einfach auszuführen sein würde. Doch die Verheißung der Schrift ließ ihn nicht mehr los, und so tat er mutig einen ganz entscheidenden Schritt. Er kündigte in der Lederfabrik und war zwei Wochen später ohne Arbeit.

Fast gleichzeitig machte er eine Entdeckung. Die Früchte und Gemüsesorten, die in den Geschäften der Stadt zu bekommen waren, lagen preislich für viele Familien einfach zu hoch. Außerdem waren die Früchte oft noch klein und unansehnlich, ganz so, als wären sie zu früh gepflückt worden. Ließe sich nicht vielleicht daraus etwas machen, überlegte er, wenn er wirklich frische Ware vom Land hereinbringen und von Haus zu Haus verkaufen würde?

So baute Vater dann seinen Handel auf. Südlich und östlich von Los Angeles gab es Gebiete mit kleinen Bauernhöfen, oft im Besitz von Armeniern, auf denen die erlesensten Früchte und Gemüsesorten angebaut wurden. Vater nahm das wenige Geld, das er Monat für Monat für die Aussteuer der Schwestern zurückgelegt hatte, und tätigte damit zwei Käufe: einen Flachwagen und dazu ein zweijähriges, rostbraunes Pferd, das Jack hieß.

Am nächsten Tag fuhr Vater mit Jack und seinem Wagen hinaus zu dem kleinen Eisenbahnknotenpunkt Downey, der in jenen Tagen noch kein Vorort der Stadt war, sondern eine vierundzwanzig Kilometer entfernte Kleinstadt. Die Fahrt dauerte fast drei Stunden, aber Vater wurde die Zeit keine einzige Minute zu lang. Die saubere, frische Luft durchflutete und heilte seine angegriffenen Lungen, und in seiner Vorstellung begann ein Traum zu wachsen: Eines Tages würde er Landwirt sein. Er würde sogar Kühe besitzen und eine Milchwirtschaft; der beste Milchhändler des Landes wollte er werden.

Aber erst einmal gab es viel Arbeit, die getan werden musste. An jenem Tag ging Vater in Downey von Hof zu Hof, kaufte hier Salat, dort Orangen und Grapefruits und auch Karotten, – was auch immer an Früchten und Gemüse in der Jahreszeit gerade geerntet werden konnte. Dann fuhr er zurück nach Los Angeles, und der Wagen war voll beladen mit erstklassiger Ware. Während Jack mit Hufgeklirre und Schnauben durch die Straßen zog, rief Vater seine Waren aus:

„Reife Erdbeeren! Süße Orangen! Frischer Spinat!“ Seine Ware war gut, die Preise angemessen, und als er das nächste Mal kam, stellte er zu seiner Verwunderung fest, dass die Hausfrauen schon auf ihn warteten.

Ein weiteres Jahr verging. Vater war inzwischen neunzehn Jahre alt geworden und ließ sich einen flotten Schnurrbart wachsen. Das Geld für die Aussteuer seiner Schwestern hatte er erstattet und sogar noch etwas dazugelegt. Jetzt, da seine Gesundheit wiederhergestellt war und das Geschäft lief, war Vater der Meinung, dass die Zeit gekommen sei, an die Gründung einer eigenen Familie zu denken.

Natürlich hatte er sich auch schon das Mädchen ausgesucht, das er gern zu seiner Frau machen wollte: eine Fünfzehnjährige, dunkeläugig und schwarzhaarig, mit Namen Zarouhi Yessayian. Nicht, dass er Zarouhi persönlich gekannt hätte; denn nach armenischem Brauch durften Jungen und Mädchen nicht miteinander sprechen, bis ihre Familien die Hochzeit der beiden beschlossen hatten. Vater wusste nur, dass ihm jedes Mal, wenn er am Haus der Yessayians an der Ecke der Gless Street vorbeikam, das Herz bis zum Halse schlug.

Da sein leiblicher Vater nicht mehr lebte, musste ein Ältester der Gemeinde in aller Form um Zarouhis Hand bitten. Dieser Älteste erklärte der Yessayian-Familie die Absichten und Pläne Vaters dann so: Sobald er, Vater, genug Geld für eine Anzahlung zusammen hatte, wollte er nach Verkauf seines Geschäfts Weideland kaufen. Danach, so die Prognose des Bräutigams in spe, seien ihm lediglich noch durch den kalifornischen Horizont Grenzen gesetzt.

So heiratete Vater dann, und bald waren er und meine Mutter in der Lage, vier Hektar Land zu kaufen: Getreidefelder, Eukalyptusbäume und Weideland – alles im Herzen von Downey. Aber die Krönung dieser neuen Existenz war der Kauf von drei Milchkühen. Mit eigenen Händen bauten er und Mutter dann ein kleines Haus aus unbearbeiteten Planken. Mutter sagte immer, dass dieses Haus sehr leicht zu pflegen gewesen sei. Die 30 cm breiten Dielenbretter waren so lose verlegt, dass das Scheuerwasser einfach durch die Spalten in den Erdboden laufen konnte.

◇◇◇

Als ich so in Erinnerungen versunken in dem alten Wohnzimmersessel vor mich hinträumte, bemerkte ich auf einmal, dass der Himmel sich hinter den Orangenbäumen schon leicht färbte. Aber meine Gedanken hielten noch ein wenig an der Vergangenheit fest. Am 21. Juli 1913, noch bevor Vater und Mutter ihr kleines Haus in Downey fertiggestellt hatten, wurde ihr erstes Kind geboren. Anders als bei Großvater, der so lange auf einen Sohn warten musste, war das erste Baby meiner Eltern ein Junge. Sie nannten mich Demos.

Im Messing des Samowars, den Großvater auf seinem Rücken aus Kara Kala mitgebracht hatte und der jetzt auf dem Tisch neben mir stand, fing sich das Morgenlicht. Ich drehte mich um und sah, wie seine blankgeputzten Seitenwände in der Dämmerung golden schimmerten.

Und dann überlegte ich noch, ob meine Eltern, als sie mich nach meinem Großvater benannten, sich wohl hatten vorstellen können, welch eine geheimnisvolle und bedeutende Rolle die Prophetie auch in meinem Leben spielen sollte.

Kapitel 2

Rose

Meine Eltern zogen nach Downey um, als ich gerade acht Monate alt war. Trotzdem scheuten sie nicht den weiten Weg, um weiterhin die kleine Gemeinde in der Gless Street zu besuchen. Vater sagte immer, dass ihre Gemeinden ein wesentlicher Kraftquell für die Armenier wären.

Später brachte Vater mir dann zwei Fertigkeiten gleichzeitig bei. Sobald meine Hände groß genug waren, lehrte er mich, wie man melkt. Und als ich so gewachsen war, dass ich auf einer Apfelsinenkiste stehend an Jacks großen Pferdekopf heranreichen konnte, zeigte er mir, wie man anschirrt. Eine meiner frühesten Erinnerungen ist, wie ich sonntags morgens Jack vor den Wagen spannte und mit der Familie – inzwischen hatte ich zwei Schwestern, Ruth und Lucy, bekommen – zum Gottesdienst fuhr.

Eine Fahrt dauerte drei Stunden und der Gottesdienst, einschließlich des Mittagessens, dann noch einmal fünf Stunden. Aber die Zeit wurde mir nicht zu lang, im Gegenteil, ich genoss jede Minute. Interessiert beobachtete ich, wie die kräftig gebauten Farmer und Landarbeiter ihre Hände in die Luft streckten, als der Heilige Geist über die Versammlung kam, und wie sie zum Himmel aufschauten, sodass ihre langen, schwarzen Bärte nach vorn zeigten und parallel zur Tischplatte standen. Ich freute mich, wenn sie mit ihren tiefen, vollen Stimmen die alten armenischen Hymnen sangen. Und sogar die Predigten waren fesselnd, weil sie die Vergangenheit auch uns Jüngeren wieder lebendig machten. „Armenien“, so pflegte uns der Prediger zu erinnern, „ist die älteste christliche Nation der Welt und hat am meisten für seinen Glauben gelitten. Die kürzlich erfolgten türkischen Massaker sind nur ein Glied in der Kette der grausamen Versuche der Nachbarn, unser kleines, standfestes Volk auszumerzen." Schließlich hörten wir diese Geschichte so oft, dass sie uns in Mark und Bein überging.

„Im Jahre 287", begann der Prediger meist seine Erzählung, „überlegte sich der junge St. Gregor, ob er es wohl wagen könne, in sein geliebtes Armenien zurückzukehren." Gregor hatte sich nämlich die Gunst des Königs verscherzt und war des Landes verwiesen worden. In seinem Exil aber hörte er dann die christliche Botschaft. Schließlich entschied er sich, trotz des Risikos zurückzugehen, um seinen Landsleuten das Evangelium weitergeben zu können.

Der König, der von seiner Rückkehr erfuhr, ließ ihn festnehmen und in den tiefsten Kerker der Burg werfen, um ihn dort verhungern zu lassen. Aber zuvor hatte noch die Schwester des Königs den Predigten Gregors zugehört und war zum Glauben gekommen. Unser Prediger verstand es, uns die Situation lebhaft vor Augen zu malen, wie die junge Frau sich in unbewachten Augenblicken die Steinstufen zum dunklen, muffig-feuchten Kerker hinunterstiehlt, einen Laib Brot oder ein Gefäß mit Ziegenmilch unter dem Umhang verborgen. Auf diese Art gelingt es ihr, den Heiligen ganze vierzehn Jahre am Leben zu erhalten.

Dann, nach vierzehn Jahren, befällt den König eine schreckliche Krankheit. Es hat den Anschein, als handele es sich um eine Geistesgestörtheit. Oft findet man den König sich auf dem Boden wälzend und tierische Laute ausstoßend. Wenn er wieder einmal bei Besinnung ist, beschwört er seine Ärzte, ihm doch zu helfen, aber niemand vermag es.

„Du weißt", erinnert ihn seine Schwester, „dass Gregor dir helfen könnte." „Aber Gregor ist doch schon seit vielen Jahren tot", entgegnet der König, „das Einzige, was von ihm noch übrig ist, sind seine Knochen; aber sie werden unten im Kerker wohl auch schon vermodert sein."

„Nein, er ist am Leben", sagt sie leise und erzählt, wie sie vierzehn Jahre lang für ihn gesorgt habe. Als sie Gregor dann aus dem Kerker herausholen, ist sein Haar zwar so weiß wie der

Schnee auf dem Ararat, aber Geist und Verstand sind ungebrochen und klar. Im Namen Jesu Christi gebietet er dem Dämon, der den König quält, auszufahren. In dem Augenblick wird der König wieder vollkommen gesund. Im Jahre 301 machen er und St. Gregor sich dann gemeinsam auf, dem ganzen Armenien die „Frohe Botschaft" zu bringen.

Auf der langen Heimfahrt erlebte ich die spannende Geschichte noch einmal. Ich sah den geduldigen Mann im dunklen Verlies, wie er jahrein, jahraus gefangen gehalten wurde und dabei doch niemals den Glauben und die Hoffnung verlor und den Ablauf des vollkommenen Zeitplanes Gottes abwartete.

◊◊◊

Als es endlich so weit war, dass auch die letzte ihrer sechs Töchter geheiratet hatte, zog Großmutter zu uns, um mit uns gemeinsam in dem kleinen Holzhaus zu leben.

Ich kann mich gut an sie erinnern. Sie war eine zierliche, weißhaarige Frau, deren Augen vor Stolz über ihren einzigen Sohn leuchteten. Das einzig Bedauernswerte für sie war, und dies erzählte sie uns oft, dass Großvater Demos es nicht mehr erleben durfte, dass die Shakarians es wieder zu eigenem Landbesitz gebracht hatten. In dem kleinen Holzhaus starb Goolisar dann auch als eine glückliche und zufriedene Frau.

Schon zu der Zeit, als ich zehn Jahre alt war, brachte das Molkereigeschäft gute Erträge. Aus den drei Kühen, die wir am Anfang hatten, waren inzwischen dreißig geworden und später wuchs der Viehbestand dann auf hundert, sogar auf fünfhundert Stück an. Zu den ursprünglichen zehn Morgen Land waren siebenundsiebzig Hektar dazugekommen. Jetzt träumte Vater davon, einmal die größte und schönste Milchwirtschaftsfarm in ganz Kalifornien zu besitzen. Wenn Arbeit der einzige hinderliche Stein auf dem Weg zu diesem Ziel sein sollte, dann versuchte Vater sein Möglichstes, um diesen Stein aus dem Wege zu räumen. Dabei setzte er uns auch kräftig mit ein.

Als Hilfskräfte standen außer mir jetzt noch eine ganze Anzahl aus Mexiko stammender Arbeiter zur Verfügung, die in einem eigenen Blockhaus wohnten und für die Arbeit in den Ställen eingesetzt wurden. Vater und ich hatten inzwischen Spanisch gelernt, und bald wusste man nicht mehr, wessen Geschichten den anderen mehr Vergnügen bereiteten: ihre Erzählungen über Mexiko oder Vaters Erinnerungen an das Leben in Armenien. Oft konnten sie gar nicht genug von diesem ihnen so fremden Land hören, von Efim, dem Prophetenjungen, oder von Magardich Mushegan, der Vaters Geburt vorausgesagt hatte. Jedes Mal, wenn ein neuer Helfer zu uns stieß, musste Vater die ganzen Geschichten von vorn erzählen.

Anschließend musste er dann auch jedes Mal von Efims Beerdigung im Jahre 1915 erzählen, der größten Beerdigung, die man je in den Flats von Los Angeles erlebt hatte. Efim hatte sich nicht der Gemeinde in der Gless Street angeschlossen, wo die Gottesdienste in Armenisch gehalten wurden, sondern war ein paar Häuserblocks weiter zur russischsprachigen Gemeinde gegangen.

Am Tage der großen Beerdigung waren nicht nur diese beiden Gemeinden zusammengekommen, sondern sogar die orthodoxen Armenier und Russen hatten ihre Bedenken über die „wilden Pfingstvorgänge“ hinuntergeschluckt und wohnten der Feier bei; denn viele von ihnen waren nämlich auch nur als Ergebnis der Prophetie von Efim nach Amerika gekommen.

„Und was ist eigentlich mit der zweiten Prophezeiung?“, fragten die Mexiko-Amerikaner oft, „die wird sich doch gewiss auch noch erfüllen!“

„Ja, aber sie wird noch sicher verwahrt. Efims Söhne haben sie.“

„Und du würdest sterben, wenn du es wagtest, sie zu öffnen?“

„Ganz sicher, es sei denn, ich wäre derjenige, den der Herr dazu bestimmt.“

„Und wer, glaubst du, wird dieser Auserwählte sein?“ Aber darauf wusste natürlich keiner die Antwort … “

◇◇◇

Ungefähr zu der Zeit, als der Prophetenjunge starb, zog ich mir eine Verletzung zu, die noch so manches Problem nach sich ziehen sollte.

Eigentlich kann ich mich gar nicht recht erinnern, wo und wann ich mir die Nase gebrochen haben sollte. Ein zehnjähriger Junge, der bei der Arbeit auf einer Farm mithilft, bekommt ja so manchen Stoß ab, ohne viel Aufhebens darum zu machen. Als ich aber feststellte, dass ich lange nicht so gut hören konnte wie die anderen Kinder in meiner Schulklasse, ging Mutter mit mir zum Arzt.

„Ich kann Ihnen schon sagen, was los ist, Zarouhi", sagte der Doktor, „aber nicht, was man als Therapie anwenden könnte. Demos hat nämlich einen Nasenbeinbruch, der falsch verheilt ist. Dadurch sind die Nasen- und Ohrkanäle blockiert. Wir können es zwar mit einer Operation versuchen, aber viel Erfolg ist normalerweise davon nicht zu erhoffen."

Auch in meinem Fall hatte man mit Operationen keinen Erfolg. Fast jedes Jahr ging ich ins Krankenhaus, um noch eine Operation zu versuchen, aber jedes Mal schlossen sich die Ohrkanäle wieder. In der Schule musste ich vorn in der ersten Reihe sitzen, um den Lehrer überhaupt verstehen zu können.

Obwohl ich um keinen Augenblick wusste, in dem ich Jesus nicht als den guten Freund an meiner Seite gefühlt hatte, war er mir doch in diesen Monaten, in denen meine Schwerhörigkeit immer mehr zunahm, näher denn je. Ich konnte nicht mehr an dem Spielen und Herumtollen der anderen Jungen teilnehmen, weil sie mich ausschlossen. „Nehmt nicht Demos", hieß es immer wieder, „der kann ja doch nicht so gut hören." So war ich in dieser Zeit oft allein. Aber dies machte mir nicht viel aus, weil ich eine neue Lieblingsbeschäftigung gefunden hatte: Schon frühmorgens ging ich in die Felder, um Unkraut im Kornfeld zu jäten. Aber diese Beschäftigung war nicht der eigentliche Grund. Ich wollte allein sein mit Gott und laut mit meinem Herrn sprechen. Während der Sommer, in denen ich zwölf und dreizehn Jahre alt war, kamen mir die langen, dunklen Schneisen und die Getreideähren mit ihren großen, geäderten Blättern wie eine grüne Kathedrale vor. Dort hob ich dann meine Hände in die Luft, wie es die Männer beim Gottesdienst taten. „Lass mich bitte wieder hören, Jesus", betete ich, „kümmere dich nicht darum, dass der Doktor sagt, es würde nie besser werden …"

An jenen Sonntag im Jahre 1926, als ich dreizehn war, erinnere ich mich noch bis ins kleinste Detail. Ich weiß noch, wie ich in meinem Zimmer im zweiten Stock unserer neuen Wohnung aufstand und mich anzog. Vater besaß inzwischen tausend Milchkühe und hatte ein doppelgeschossiges Haus im spanischen Stil mit weißen Stuckwänden und rotem Ziegeldach gebaut.

Irgendwie hatte ich ein seltsames, unerklärliches Gefühl, als ich mich zum Kirchgang fertig machte. Es war ein angenehmes Gefühl, so, als wäre mein ganzer Körper in einer besonderen Weise geistlich durchdrungen. Fröhlich, ausgeschlafen und singend lief ich die lange, elegante Wendeltreppe zum Esszimmer hinab. Meine Eltern und Schwestern saßen schon am Tisch. Ich vergaß zu erwähnen, dass die Familie inzwischen um drei kleine Mädchen gewachsen war; Florence, die Jüngste, war noch ein Baby von zwei Jahren, aber die vier älteren Mädchen plapperten aufgeregt über die bevorstehende Fahrt in die Stadt. Einen Moment versuchte ich, mit ihnen mitzuhalten, aber sie schienen mich überhaupt nicht für voll zu nehmen.

Unser alter Gaul Jack brauchte jetzt nicht mehr sonntags die Familienkutsche den langen Weg von vierundzwanzig Kilometer zur Gemeinde zu ziehen. Schließlich war er im letzten Jahr sechszehn Jahre alt geworden, und Vater hielt den Zeitpunkt für gekommen, ihn hinaus auf die Weide zu bringen, damit er den Rest seines Lebens im wohlverdienten Ruhestand genießen konnte. An seine Stelle war jetzt ein langer, schwarzer Studebaker-Tourenwagen getreten, ein Monstrum von Auto, das über den Luxus eines Verdecks ebenso verfügte wie über einen Kasten mit Ersatzachsen unter dem Rücksitz wegen der holperigen Landstraßen.

An diesem Sonntag lag in der kleinen Kirche eine ungewöhnliche Spannung in der Luft, die daher rührte, dass jeder noch von einem Erlebnis der letzten Woche ergriffen war. Vor zwei Monaten hatte die Mutter einer der Frauen aus der Gemeinde Armenien verlassen, um zu ihrer Tochter nach Amerika zu ziehen. Doch seltsamerweise hatte man dann nichts mehr von ihr gehört und die Tochter war natürlich mehr als besorgt. Aber die Gemeinde tat in dieser Situation das einzig Richtige: sie betete.

Und nun geschah Folgendes: Während des Gottesdienstes stand Tante Esthers Ehemann, Onkel George Stepanian, plötzlich von seinem Platz auf und ging zur Tür. Eine ganze Zeit starrte er die Straße entlang, als sähe er weit hinter den Horizont. Dann endlich sagte er: „Deiner Mutter geht es gut, sie wird in drei Tagen in Los Angeles sein.“

Drei Tage später kam die alte Dame tatsächlich an.

Aus diesem Grund war die Erwartungsstimmung natürlich auch heute hoch, und jeder überlegte, wie wohl die nächste Segnung vom Herrn aussehen könnte. Vielleicht würde ja jemand geheilt werden oder jemand eine Prophetie bekommen.

Auch ich dachte darüber nach, aber ich kam nicht sehr weit mit meinen Gedanken, denn etwas Seltsames begann zu geschehen; nicht bei einem anderen, sondern an mir. Ich saß mit den anderen Jungen auf einer der letzten Bänke und fühlte auf einmal, wie sich etwas wie eine schwere Wolldecke um meine Schultern legte. Erstaunt sah ich mich um, aber es hatte mich niemand berührt. Ich versuchte meine Arme zu bewegen, aber es war, als müssten sie einen unsichtbaren Widerstand überwinden, so, als wollte ich sie durchs Wasser ziehen. Auf einmal begann mein Kiefer zu zittern wie bei Schüttelfrost, obgleich die „Decke“ sich warm anfühlte. Dann spürte ich, wie sich meine Halsmuskeln spannten. Plötzlich hatte ich ein großes Verlangen zu beten und Jesus zu sagen, wie sehr ich ihn doch liebe.

Als ich meinen Mund aber öffnete, kamen Worte heraus, die ich nicht verstehen konnte. Ich wusste, dass sie nicht armenisch waren. Es waren auch keine spanischen oder englischen Worte und doch strömten sie so selbstverständlich aus mir heraus, als hätte ich sie schon mein ganzes Leben lang gesprochen. Ich drehte mich zu dem Jungen, der neben mir saß. Erst grinste er über das ganze Gesicht, dann schrie er: „Demos hat den Geist bekommen!“ Überall drehten sich die Leute auf ihren Plätzen herum. Jemand fragte mich etwas, aber obwohl ich ihn genau verstand, konnte ich nur in den sprudelnden, freudigen, neuen Lauten antworten. Die ganze Gemeinde begann zu singen und Gott voller Freude zu preisen, während ich den Herrn in meiner neuen Sprache anbetete.

Auch noch nach Stunden, als wir im Auto nach Hause fuhren, antwortete ich jedem, der mich ansprach, in Zungen. Ich ging nach oben in mein Zimmer, schloss die Tür und immer noch schossen aus mir die ekstatischen, unverständlichen Silben heraus. Ich zog meinen Schlafanzug an und machte das Licht aus. Und in diesem Moment kam die Gegenwart des Herrn stärker über mich als je zuvor.

Es war, als würde der unsichtbare Mantel, der den ganzen Abend auf meinen Schultern gelegen hatte, überwältigend schwer – und dennoch war das nicht unangenehm. Ich sank zu Boden und lag dort völlig hilflos, unfähig, aufzustehen, um ins Bett zu gehen. Ich hatte keine Angst bei diesem Erlebnis, im Gegenteil, es war wohltuend und erfrischend – wie der besondere Moment kurz bevor man in einen tiefen Schlaf fällt.

Als ich so in meinem Zimmer lag, bekam die Zeit Ewigkeitswert. Ich hörte eine Stimme, die wie aus der Ewigkeit zu mir sprach. Die Stimme war mir nicht unbekannt, ich hatte sie schon oft in meiner grünen Kathedrale draußen in den Kornfeldern gehört.

„*Versuch einmal, dich aufrecht hinzusetzen, Demos*“, sagte sie. Ich versuchte es. Eine unbeschreiblich starke, doch unendlich sanfte Macht hielt mich am Boden fest. Ich wusste, dass ich ein kräftiger Junge war – nicht so stark wie Aram Mushegan, aber doch ganz schön zäh für einen Dreizehnjährigen. Trotzdem hatten meine Muskeln jetzt nicht mehr Kraft als die eines neugeborenen Kälbchens.

Wieder hörte ich die Stimme: „*Demos, wirst du jemals an meiner Macht zweifeln?*“

„Nein, Herr Jesus.“

Dreimal wurde diese Frage wiederholt, und dreimal gab ich Antwort. Dann, ganz plötzlich, schien die Kraft, die mich völlig umgeben hatte, auch in meinem Innern zu sein. Ich spürte eine Welle übermenschlicher Energie, die mich aus dem Haus heraus und in die Himmel und die Gegenwart Gottes hineinzutragen schien. Ich fühlte mich so, als könnte ich aus Gottes Perspektive auf die Erde hinabsehen, alle menschlichen Unzulänglichkeiten aus der Sicht seines Gnadenreichtums betrachten. Während dieser ganzen Zeit sprach Gott zu meinem Herzen: „*Demos, die Kraft ist das Geburtsrecht eines jeden Christen. Nimm sie an, du kannst über diese Kraft verfügen, Demos.*“

Auf einmal brach der Tag für mich an. Draußen vor dem Fenster hörte ich die Spottdrosseln ihr Lied zwitschern.

Mit einem Satz saß ich aufrecht. Was konnte ich da hören, war es denn wirklich möglich …? Seit Jahren schon hatte ich doch keinen Vogel mehr singen gehört!

Ich sprang auf, fühlte mich wunderbar heil und lebendig und zog mich schnell an. Es war fünf Uhr früh, und Vater und ich mussten um halb sechs mit dem Melken beginnen. Als ich meine Zimmertür an diesem herrlichen Morgen öffnete, hörte ich unten in der Küche die Frühstückseier in der Pfanne brutzeln.

Das Klirren von Tellern und Tassen, der Gesang der Vögel, das Klappern meiner Sandalen auf der Steintreppe – erst jetzt bemerkte ich, dass ich diese kleinen Geräusche so lange hatte vermissen müssen. „Vater, Mutter", rief ich und stürzte in die Küche, „ich kann hören!"

Allerdings wurde nie eine vollkommene Heilung daraus. Als Mutter und ich erneut zum Arzt gingen, stellte er neunzig Prozent Normalhörigkeit fest. Warum ich eine Schwäche von zehn Prozent zurückbehielt, weiß ich nicht, und eigentlich kümmert es mich auch gar nicht. Ich erinnere mich, wie ich später an demselben Montagmorgen nach dem Melken in meine grüne Kathedrale ging. Das Korn stand hoch, reif zur Ernte. Ich setzte mich zwischen zwei Reihen nieder, riss eine Ähre ab, knabberte an den Körnern und trank etwas Milch dazu. „Herr", sagte ich dann, „eines weiß ich ganz sicher: Wenn du Menschen heilst, dann tust du es, weil du eine bestimmte Aufgabe für sie hast. Bitte, Herr, zeige mir, welche Arbeit ich tun soll."

Zu der Zeit, als alle anderen Jungen aus meiner Klasse davon träumten, einmal große Baseballstars zu werden, nahm ich mir fest vor, ein Prophet zu werden. Schließlich war ich nur ein bisschen älter, als der Prophetenjunge damals gewesen war, als er seine Vision bekam. Aber die Jahre vergingen, und ich empfing diese wunderbare Gabe nicht. „*Prophetie wird zwar eine große Rolle in deinem Leben spielen*", schien der Herr sagen zu wollen, „*aber ein Prophet wirst du nicht sein.*"

Eines Tages hatte ich dann ein Erlebnis, das mich überlegen ließ, ob ich wohl die Gabe der Heilung erhalten sollte. Meine jüngste Schwester Florence war gerade sechs Jahre alt, als sie draußen in der Scheune gegen einen Stützpfosten fiel und sich dabei den rechten Ellenbogen zerschmetterte. Nachdem der Chirurg und der Knochenspezialist ihre Hilfeleistung beendet hatten, waren sie zuversichtlich, dass Florence zumindest ihre Hand weiterhin werde gebrauchen können. Aber der Ellenbogen, darüber machten sich die Ärzte keine Illusionen, würde für immer steif und verkrümmt bleiben. „Sobald der Gipsverband herunter ist, können wir mit der Therapie beginnen", sagten sie. „Wenn sie viel Geduld hat, wird sie zehn oder sogar zwanzig Prozent Bewegungsfähigkeit zurückerhalten, aber das ist auch wirklich das Äußerste, was sich erhoffen lässt."

Bald danach, in einer Sonntagsversammlung in der Gemeinde, spürte ich wieder diese „warme, schwere Decke", die sich über meine Schultern legte. Ich brauchte nicht zu fragen, was das für ein Gefühl war oder was ich zu tun hätte, die Antwort war deutlich in meinem Herzen: Ich sollte quer durch den Raum gehen und um Heilung für den Arm von Florence beten.

So stand ich, während die Gemeinde gerade ein Lied sang, leise von meiner Bank auf und ging hinüber zur Frauenseite. Ich lehnte mich zu Florence herunter, die mit ihrem riesigen Gipsverband auf der letzten Bank saß. Die Wärme der „Decke" breitete sich über meine Arme aus und war bis in die Fingerspitzen zu spüren.

„Florence", flüsterte ich, „ich werde jetzt für deinen Ellenbogen beten." Ernsthaft sahen mich ihre großen, schwarzen Augen an. Dann legte ich meine Hände auf den Verband. Eigentlich betete ich kaum, sondern stand einfach neben ihr und spürte, wie die Hitzewelle meine Arme und Hände hinunterlief bis zu dem Gipsverband, der den Ellenbogen von Florence umschloss.

„Ich kann es spüren", flüsterte sie mir ins Ohr, „es fühlt sich so heiß an."

Und das war alles. Innerhalb eines Augenblicks verließ mich die Hitzewelle. Ich ging an meinen Platz zurück. Wahrscheinlich hatten nicht einmal mehr als ein halbes Dutzend Leute den Zwischenfall überhaupt bemerkt.

Einige Wochen später wurde der Gips entfernt. Abends, beim Essen, erzählte Mutter uns dann, wie der Arzt seine Hand auf die weiße, faltige Haut von Florences Ellenbogen gelegt hatte, mit der anderen ihr Handgelenk nahm und dann behutsam versuchte, den verletzten Arm ein paar Zentimeter zu strecken. Als der Unterarm sich voll vor- und zurückbeugen und der Ellenbogen sich in weitem Zirkel drehen ließ, huschte ein ungläubiges Lächeln über sein Gesicht. „Na …!", sagte er wiederholt. „Na ja, besser, als ich erwartet hatte. Viel besser sogar! Ehrlich gesagt, es kommt mir vor, als wäre dieser Arm nie gebrochen gewesen!"

So ging ich in diesem Sommer oft ins Kornfeld, um den Herrn zu fragen, ob Heilung wohl sein Arbeitsauftrag für mich sei. Auch diesmal war die Antwort unmissverständlich: „*Selbstverständlich will ich, dass meine ganze Gemeinde diese Arbeit tut. Du wirst viele wunderbare Heilungen sehen, manche von ihnen werden durch dich geschehen, Demos. Aber der besondere Auftrag, den ich für dich habe, ist noch ein anderer.*"

Mit siebzehn Jahren war ich im zweiten Schuljahr der Highschool. Ich hätte schon weiter sein müssen, aber die Hörschwäche hatte mich zwei Jahre zurückgeworfen. Vater kaufte zu der Zeit gerade eine zweite Farm, sodass wir jetzt genug Platz hatten, um eigene Silos zu errichten. Wir hatten außerdem genügend Kapital, um automatische Melkmaschinen anzuschaffen. Auch in anderen Geschäftsbereichen konnte Vater Fuß fassen. Für uns und die benachbarten Molkereien war es immer ein großes Problem gewesen, die Milch von den Farmen zur Flaschenfüllanlage zu transportieren. Also baute Vater einen Zubringerdienst auf. Als ihm auffiel, dass die Schinkenpreise in Los Angeles zu hoch lagen, ging er auch in die Schweinezucht. Danach kam das Abpacken von Fleisch an die Reihe. „*Der Herr wird dir Segen geben zu allen deinen Unternehmungen …*" Es schien wirklich so, als würde alles gedeihen, was Isaak, der Sohn der Verheißung, anfasste.

Sein Erfolg war umso bemerkenswerter, weil sich dies alles in den frühen Dreißigerjahren, der Zeit der Wirtschaftsdepression, abspielte. Vater hatte mir damals erst eine kleine Herde zur eigenen Bearbeitung anvertraut, aber ich erinnere mich, dass mein Buchhaltungslehrer mir manchmal nachdenklich vorrechnete, dass ich mit meinen dreißig Kühen mehr Gewinn machte als so mancher „alte Hase" in Downey High.

Unser Haus wurde zum Anziehungspunkt für Politiker, Geschäftsleute und Lokalprominenz, und meine Mutter, das schüchterne, kleine Emigrantenmädchen aus Armenien, sah sich vor die Aufgabe gestellt, für einflussreiche und prominente Leute Gastgeberin zu sein. Ihre *Dolmas, Kuftas* und *Katahs* wurden in ganz Südkalifornien berühmt – sie war wirklich eine ausgezeichnete Köchin.

Was mir aber bei Mutter besonders imponierte, war die Tatsache, dass sie für jeden ihrer Gäste die gleiche Mühe aufwandte. In jenen Tagen klopften häufig Landstreicher an die Tür und sie wurden genauso zuvorkommend bewirtet wie der Bürgermeister von Downey, nämlich mit dem besten Geschirr, einer Decke auf dem Tisch und silbernem Essbesteck. War einmal kein warmes Essen vorbereitet, so bereitet sie eines zu. Während der Gast dann dem Fleisch, Gemüse und dem hausgemachten Gebäck zusprach, nötigte sie ihn immer wieder in ihrem einfachen Englisch: „Sitz nur, sitz, keine Eile, wenn essen!"

Ich aber wurde mittlerweile immer mehr von einer anderen Adresse angezogen. Sobald ich geschäftlich im Osten der Stadt zu tun hatte, erfand ich einen Vorwand, um an dem cremefarbigen Haus in der Union Pacific Avenue Nr. 4311 vorbeischlendern zu können, das Sirakan Gabrielian gehörte. Dabei hoffte ich, dass plötzlich und zufällig seine Tochter über den Hof gehen würde. Nicht, dass ich mit ihr hätte sprechen können, wenn sie wirklich erschienen wäre; denn eine Unterhaltung zwischen Jungen und Mädchen war in armenischen Kreisen immer noch unvorstellbar, es sei denn unter Verlobten. Aber allein das Wissen, dass sie in der Nähe war, erfüllte mich mit einem unbeschreiblichen Glücksgefühl. Außerdem gab es ja auch noch den Sonntag, auf den man sich freuen konnte; denn sonntags saß Rose Gabrielian mit den anderen Mädchen auf der Frauenseite der Kirche und sie war dort das hübscheste Mädchen, dem die Augen der Jungen heimlich folgten.

Der Vorname ihres Vaters war Sirakan, das bedeutet auf Armenisch so viel wie „Liebling". Mir gefiel das. Wie mein eigener Vater hatte Sirakan Gabrielian mit nichts angefangen. Nach und nach kratzte er dann hundert Dollar zusammen und kaufte, genau wie Vater, Pferd und Wagen. Aber anstatt Früchte und Gemüse zu transportieren, sah er eine andere Marktlücke: Er sammelte Lumpen und Altwaren, eine Dienstleistung, die gerade nach der Jahrhundertwende in Los Angeles sehr gebraucht wurde. Schon bald konnte er sich ein zweites Gefährt kaufen, dann noch ein drittes.

Sirakan und seine Familie waren eigentlich armenisch-orthodox. Doch weil sie nahe an der Gless Street wohnten, hörten sie Woche für Woche die freudigen Klänge, die aus den geöffneten Fenstern des Gemeindehauses drangen. Eines Tages entschloss sich Sirakan daher, der Sache einmal nachzugehen, und dann dauerte es nicht mehr lange, bis er sich der Gemeinde anschloss. Dabei büßte er beinahe sein Leben ein. Vielen orthodoxen Armeniern erschien die Pfingstbewegung wie ein Verrat am alten Glauben. Wenn sie feststellten, dass sich einer von ihnen dieser verhassten Gruppe anschloss, war er für sie auf allen Gebieten gestorben, und das nicht nur sinnbildlich. Also beschlossen sie, ihn zu begraben.

Eines Tages, als Sirakan mit einer Wagenladung bei der städtischen Abfallgrube ankam, erwartete ihn schon eine Gruppe orthodoxer Gläubiger. Sie fesselten ihm Arme und Beine und trugen ihn in eine Grube, die sie vorher im sandigen Boden ausgehoben hatten.

Er lag schon in der Grube und dreißig Zentimeter hoch Dreck auf ihm, als ein Wagen mit Pfingstlern eintraf, die ihn aus seiner ungewöhnlichen Lage befreiten, was nicht ohne eine handgreifliche Auseinandersetzung zu machen war.

Ich hörte ihm gerne zu, wenn er diese Geschichte erzählte. Auch wenn er über seine Heirat sprach, rückte ich gleich ein Stück näher und spitzte die Ohren. Als Sirakan einundzwanzig Jahre alt war, entschloss sich sein Vater, in die Heimat zu fahren, um sich eine Frau zu suchen; denn Sirakans Mutter war einige Jahre zuvor gestorben. Sirakans Müll- und Altwarenhandel ging ausgezeichnet, und so bat er seinen Vater, ihm auch eine Braut mitzubringen.

In beiden Anliegen hatte Sirakans Vater Erfolg. Für seinen Sohn wählte er ein hübsches, dreizehnjähriges Mädchen, Tiroon Marderosian. Um ihre Einreise zu erleichtern, wurde sie schon in Armenien stellvertretend getraut und trat dann die lange Reise zu ihrem Ehemann an, den sie vorher nie gesehen hatte. Erst später begriffen beide, wie gnädig Gott den Zeitplan geordnet hatte. Einige Wochen nach ihrer Ausreise griffen die Türken jenen Teil Armeniens an; die beiden Bräute waren die letzten Menschen, die ihr Dorf lebend verlassen konnten.

Tiroons Empfang in Los Angeles muss wohl der seltsamste gewesen sein, den eine so junge Ehefrau je erlebt hat. Sirakan hatte seinen Vater und die beiden Frauen nicht vor dem folgenden Tag erwartet. Als er von der Müllhalde der Stadt zurückkam, stand im Wohnzimmer plötzlich ein verschrecktes, ängstliches Kind. Blitzartig erkannte er, dass dies seine Frau sein müsse – und er selbst war doch von Kopf bis Fuß mit Dreck und Schmutz bedeckt.

„Bleib dort!“, schrie er sie an. „Bleib dort stehen!“ – als hätte das arme Mädchen woanders hingehen können. Dann stürzte er in den hinteren Teil des Hauses und erschien nach einer halben Stunde wieder – geschrubbt und gebürstet. Jeder Zoll duftete nach Sauberkeit und Lavendel, als Sirakan „Liebling“ Gabrielian der sehr erleichterten jungen Dame die formelle Begrüßungsrede hielt.

Dies waren also Roses Eltern, die schon bald einen Ehemann für sie aussuchen würden. Ich konnte aber nicht direkt um die Hand ihrer Tochter anhalten, sondern die beiden Familien mussten darüber verhandeln.

Wie habe ich an dem Abend gezittert, als ich mit meinen Eltern über die Sache sprach! Es war im Jahre 1932, an einem Juniabend. Die ganze Familie saß um den Esszimmertisch, die Verandatüren standen offen und ab und zu linderte eine kühle Brise die Hitze dieses Sommerabends. „Vater“, begann ich, „du weißt, dass ich jetzt neunzehn bin.“ Vater murmelte etwas, wischte sich seinen Schnurrbart und schnitt sich noch ein großes Stück vom Braten ab.

„Und meinen Highschool-Abschluss bekomme ich jetzt auch“, bohrte ich weiter. „Außerdem helfe ich dir, den Molkereibetrieb rentabel zu gestalten. Und du warst neunzehn, als du geheiratet hast.“ Meine fünf Schwestern ließen alle auf einmal ihre Gabeln fallen. Auch Mutter schien verwirrt. Ob ich denn schon ein bestimmtes Mädchen im Sinn hätte, fragte sie. Und ob sie Armenierin sei und vor allen Dingen Christin? Auf alle Fragen konnte ich ein uneingeschränktes „Ja“ sagen.

„Es ist …“, stotterte ich, „sie ist … es ist Rose Gabrielian.“

„Aahhh …“, machte Mutter.

„Soo …“, sagte Vater.

„Oohhh …“, grinsten meine Schwestern alle gleichzeitig.

Und damit begann die umständliche, jahrhundertealte Prozedur des Heiratsantrages. Zunächst musste, obwohl die Familien sich jede Woche beim Gottesdienst sahen und eng befreundet waren, ein offizielles Treffen arrangiert werden.

Diese heikle Angelegenheit wurde immer durch einen sorgfältig ausgewählten Vermittler besorgt. Nach längerer Diskussion, bei der ich natürlich nicht befragt wurde, einigten sich Vater und Mutter auf Raphael Janoian, den Ehemann von Vaters Schwester Siroon, dem sie das nötige Feingefühl für diese Aufgabe zutrauten. Ich sagte mir, dass dies ein gutes Omen sei, denn von den sechs Männern, die meines Vaters sechs Schwestern geheiratet hatten, war mir Onkel Janoian der liebste. Er besaß einen großen Schrottplatz und hatte mir, als ich vierzehn war, erlaubt, dort nach Autoteilen zu suchen, aus denen ich dann mein erstes Auto zusammenbastelte. Da die Gabrielians ihre Transporte immer auf seinen Schrottplatz brachten, hatte er natürlich guten Kontakt zu den Brauteltern.

Ich weiß noch genau, wie aufgeregt ich ihm entgegenlief, als er seinen Wagen nach dem formellen Besuch bei Sirakan Gabrielian in unsere Einfahrt lenkte.

Aber anscheinend wollte Onkel Janoian das Ergebnis seines Auftrags nicht so schnell preisgeben. Langsam und bedächtig ging er ins Wohnzimmer, setzte sich, bat um eine Tasse schwarzen, süßen Tee und rührte ihn dann anhaltend und gelassen um.

„Raphael“, drängte Vater ihn, „nun rede schon.“

„Ja, Isaak“, erwiderte Onkel Janoian, „wir haben ein Treffen vereinbart. Die Gabrielians würden sich über einen Besuch der Shakarians am 20. des kommenden Monats freuen.“

Einem Besuch hatten sie also zugestimmt! Damit hatten sie meinen Antrag wenigstens nicht sofort abgelehnt. Das musste ja auch bedeuten, dass Rose auf jeden Fall bereit war, mich in Erwägung zu ziehen! Dieser Gedanke ließ mich schweben.

Endlich kam der 20. Juli heran. Meine tägliche Arbeit im Stall hatte ich in Rekordzeit fertig, und so konnte ich mich für das große Ereignis vorbereiten. Ich badete, duschte und nahm noch ein Bad. Dann putzte ich mir die Zähne, dass ich Zahnschmelz und Zahnfleisch jammern hören konnte; zwei verschiedene Sorten Mundwasser schienen mir danach zum Spülen gerade ausreichend. Den Stalldreck unter meinen Fingernägeln schrubbte ich so lange, bis die Bürste in ihre Einzelteile zerfiel.

Dann hörte ich, wie Vater den Wagen aus der Garage fuhr. Noch ein letzter Sprung die Treppe hinauf, um einen Fleck von meinem Schuh zu entfernen und mit dem Blutstillstift die Stelle zu betupfen, die ich bei meiner dritten Rasur geritzt hatte.

„Demos“, brüllte Vater von der Einfahrt, „was machst du denn noch? Willst du hübscher werden als Rose?“

Auf dem Rücksitz, zwischen meinen Schwestern eingeklemmt, kamen mir die siebenundzwanzig Kilometer zwischen Downey und Los Angeles Ost so lang vor wie noch nie. Endlich hielten wir vor der Union Pacific Nr. 4311 und marschierten den Kiesweg hinauf, vorbei an Tiroon Gabrielians sauber ausgerichteten Reihen von Petersilie, Basilikum und anderen Küchenkräutern. Als die Haustür geöffnet wurde, standen sie alle da: Sirakan und Tiroon, Roses älterer Bruder Edward, Onkel und Großtanten und zahlreiche Cousinen und Cousins. Hinter ihnen allen stand Rose, in einem Sommerkleid, das die Farbe ihres Namens hatte.

Viel Zeit blieb mir nicht, um sie bewundernd anzustarren, denn die Versammlung wurde nach armenischer Sitte sofort in zwei exklusive Gruppen aufgeteilt: Die Männer setzten sich auf die eine Seite des großen Wohnzimmers, die Frauen auf die andere. Ab und zu konnte ich zu Rose hinüberblicken, die mit meinen Schwestern zusammensaß; so sehr ich mich auch bemühte, bekam ich doch nicht heraus, worüber sie sich wohl so angeregt unterhielten. Rose war so alt wie meine Schwester Lucy. Ich fragte mich ernsthaft, ob ich mich mit Rose jemals so zwanglos und natürlich würde unterhalten können, wie die beiden Mädchen es jetzt taten.

Ich beteiligte mich auch nicht an der ernsten Unterhaltung, die in der Mitte des Zimmers auf zwei mit Kissen überhäuften und zusammengerückten Stühlen zwischen Vater und Sirakan Gabrielian geführt wurde. Was immer sie austauschten, beide Männer schienen zufrieden; an der Tür hörte ich dann Mr. Gabrielian zu Vater sagen: „… ich werde deine Ausführungen an Rose weitergeben."

Zwei Wochen später überbrachte Onkel Janoian dann die gewichtige Antwort: Rose, so sagte er, sei bereit, mich zu heiraten.

Danach folgten die traditionellen fünf Abende, an denen im Hause der Braut die zustimmende Antwort gefeiert wird. Es waren fröhliche Abende, an denen viel gesungen, gut gegessen und Reden gehalten wurden. Jeder gratulierte dem anderen, denn unter Armeniern sind es nicht zwei Menschen, sondern zwei Familien, die einander heiraten.

Eines Abends spielte uns Rose etwas auf dem Klavier vor, und ich war stolz darauf, wie schnell ihre Finger über die Tasten flogen. Ich hatte nur einen Versuch mit Geigenstunden unternommen, das aber doch sehr schnell wieder sein gelassen – mit vollstem Einverständnis meines Lehrers und aller Nachbarn, die in Hörweite wohnten. Florence hatte die Geige und den Unterricht geerbt und spielte nun mit ihren acht Jahren ebenfalls vor den versammelten Familien, wobei sie mit dem vollkommen geheilten Arm liebevoll den Bogen führte.

An einem weiteren Abend wurde dem Mädchen nach altem Brauch von dem Jungen das „Geschenk" überreicht, das die neue Beziehung symbolisierte. In diesem Fall war es eine mit Diamanten besetzte Armbanduhr. Das Geschenk war natürlich von meinen Eltern ausgesucht worden, aber mir fiel die Aufgabe zu, durch den Raum auf die Frauenseite zu gehen und die Uhr an Roses Handgelenk zu befestigen. In der plötzlichen Stille, in den Minuten, als alle Blicke auf mich gerichtet waren, wurden meine Finger zu Holz. Zuerst konnte ich den winzigen Verschluss nicht öffnen, dann nicht wieder schließen. Sehnsüchtig dachte ich an den Traktorschuppen, wo ich jedes Maschinenteil auseinandernehmen und ohne nachzudenken wieder zusammensetzen konnte. Endlich reichte Rose mit ihrer rechten Hand herüber und befestigte die Uhr schnell für mich.

Natürlich mussten die Ältesten auch noch besprechen, wo und wann die Hochzeit abgehalten werden sollte. Das Gemeindehaus in der Gless Street, darüber waren sich alle einig, war viel zu klein für die vielen hundert Gäste, die kommen würden. Außerdem würden die orthodoxen Freunde mit ihren Familien eher sterben, als ihren Fuß in dieses „Pfingsthaus“ zu setzen. Nein, die Hochzeit musste nach alter Sitte im Hause des Bräutigams stattfinden, und das Festessen als das Hauptereignis jeder großen armenischen Feier sollte auf dem geräumigen Doppeltennisplatz im Garten eingenommen werden.

Wegen des Hochzeitstermins aber waren die Gabrielians unerbittlich: Wir sollten mindestens noch ein Jahr warten. Die Zeiten hätten sich geändert, so meinten sie, seit meine Mutter mit fünfzehn und Roses Mutter mit dreizehn Jahren geheiratet hatten. Eine Frau benötige heutzutage Reife, um eine Familie zu gründen; wir sollten warten, bis Rose sechzehn Jahre alt war.

Während alle diese Angelegenheiten, die ja uns und unsere Zukunft betrafen, besprochen wurden, sollten Rose und ich dann unsere ersten Worte miteinander wechseln. Eigentlich, so schrieb es die Tradition vor, durfte dies erst nach der Verlobungsfeier geschehen, zu der auch entfernte Bekannte und Freunde geladen wurden. Diese Familientreffen hatten ja nicht mehr als den Rang einer „Vorverhandlung“.

Aber bei dem vierten Abend der Feierlichkeiten hielt ich es einfach nicht mehr länger aus. Ohne auf Traditionen und Gebräuche zu achten, sprang ich auf: „Mrs. Gabrielian“, rief ich über die Köpfe hinweg, „dürfte ich bitte mit Rose sprechen?“

Entsetzt starrte mich Tiroon Gabrielian einen Augenblick lang schweigend an. Dann schüttelte sie den Kopf, wie um zu sagen: Wo soll das nur enden mit der jüngeren Generation? Schließlich führte sie Rose und mich in einen Nebenraum. Dort stellte sie zwei Stühle nebeneinander in die Mitte des Zimmers und ließ uns allein.

Es war das erste Mal in unserem Leben, dass wir zusammen allein sein durften. Und plötzlich verließen mich alle schönen Reden, die ich einstudiert hatte. Ich hatte mir rhetorische Meisterleistungen vorgenommen, wollte ihr meine Gefühle und

Empfindungen erklären. Natürlich wollte ich meine Rede so gut wie möglich in Armenisch halten, weil Sirakan Gabrielian, aufgeschreckt durch den Hollywood-Jargon in der City, die englische Sprache aus seinem Haus verbannt hatte. Ich wollte ihr sagen, dass sie das hübscheste und liebreizendste Mädchen auf der ganzen Erde sei und dass ich mein Leben dafür geben würde, sie glücklich zu machen. Aber ich konnte mich nicht mehr an ein vernünftiges Wort erinnern, und so saß ich da mit gelähmter Zunge und wie ein dummer Junge. Aber plötzlich sagte ich zu meinem großen Erschrecken doch etwas: „Rose", stotterte ich, „ich weiß, dass Gott uns zusammengeführt hat."

Ich konnte es nicht fassen, dass sich ihre glänzenden, braunen Augen mit Tränen füllten. „Demos", flüsterte sie, „mein ganzes Leben habe ich schon gebetet, dass der Mann, den ich heiraten soll, als Allerserstes diese Worte sagen würde."

Drei Wochen später fand dann die offizielle Verlobungsfeier statt, an der die Braut auch ihren Ring entgegennahm. Zum Aussuchen des Ringes gingen wir gemeinsam in ein Juweliergeschäft; wie immer begleitet von der halben Verwandtschaft. An den Namen der Verkäuferin erinnere ich mich seltsamerweise noch genau, sie hieß Mrs. Earhart. Wir sprachen über ihre Tochter Amelia, die gerade von einem Flug über den Atlantik zurückgekehrt war. Mir fiel auf, dass Rose sehnsüchtig auf einen sehr schönen, schmalen Diamantring schaute, aber Mutter entschied sich für einen anderen. Natürlich wäre es keinem von uns eingefallen, Mutters Wahl nicht zu akzeptieren oder zu korrigieren.

Die Verlobungsfeier fand in Form eines Essens statt, zu dem die Gabrielians dreihundert Gäste in ihr Kolonialwarengeschäft geladen hatten. Danach erst war es mir erlaubt, Rose so oft ich wollte zu besuchen. Das tat ich dann auch allabendlich, sofern ich nicht arbeitete, und nahm meist Mutters wohlschmeckende *Paklava* oder *Shakar Lookoom* mit.

Während dieses langen Jahres gingen Mutter, Rose und meine Schwestern oft gemeinsam einkaufen. Traditionsgemäß kaufte die Familie des Bräutigams die Garderobe der Braut, und selbstverständlich brauchte man für den Kauf einer Handtasche oder eines Hutes mindestens ein halbes Dutzend Ausflüge in die Stadt.

Am meisten freute sich Rose über den Kauf eines rotbraunen Kleides mit passenden Schuhen. In der armenischen Gemeinde trugen nur verheiratete Frauen dunkle Kleidung; Rose war überzeugt, sie würde darin um fünf Jahre reifer und gesetzter aussehen.

Am 6. August 1933 war dann die große Hochzeit. An jenem Morgen fuhr die gesamte Shakarian-Sippschaft nach East Los Angeles, um die Braut heimzuführen. Da die Hauptmahlzeit abends gereicht wurde, warteten die Gabrielians nur mit einem Mittagsmahl von fünf Gängen auf, eigentlich nur einem Imbiss nach armenischer Norm. Danach machten sich die beiden Familien in einer blumengeschmückten Autokarawane von fünfundzwanzig Wagen auf den Weg nach Downey.

Daheim war der Zaun um den Tennisplatz unter Kaskaden von Rosen verschwunden. Vom Rest dieses Tages erinnere ich mich nur an einzelne Momente. Pastor Perumeans langer, blonder Bart wippte beim Lesen der alten armenischen Trauordnung auf und ab. Glühbirnen wanden sich an langen Schnüren um die Palmen, und Kellner in weißen Jacken kämpften mit riesigen Tabletts voller *Shishkebab* und dem traditionellen Dattel- und Mandelgericht *Pilaf*, das Mutter seit Tagen vorbereitet hatte.

Ich weiß noch gut, dass wir fünfhundert Gäste hatten, und es schien, als hätte jeder von ihnen ein Gedicht auf Armenisch verfasst, das von der gesamten Versammlung gehört und beklatscht werden musste. Gegen elf Uhr abends war mir schwindlig vor Erschöpfung und in Roses Augen standen Tränen, weil die engen, weißen Schuhe, die sie seit dem Morgen trug, fürchterlich drückten und die Füße sehr schmerzten.

Als wir dann aber vor dieser endlosen Schlange von Freunden und Familienangehörigen standen, um ihnen Gute Nacht zu sagen, waren wir einer Sache gewiss: Rose und ich waren endlich, gründlich, unwiderruflich und dauerhaft verheiratet – im höchst armenischen Sinn des Wortes.

Kapitel 3

Die Zeitbombe

Es war armenische Tradition, an die wir uns natürlich hielten, dass die Braut und der Bräutigam die ersten ein oder zwei Jahre ihrer Ehe mit den Eltern des Bräutigams verbrachten. Während dieser Zeit machte uns eine Sache sehr viel Sorgen: die Gesundheit meiner Schwester Lucy. Mit elf Jahren hatte sie bei einem Schulbusunglück eine Verletzung erlitten und klagte jetzt mehr und mehr über Atembeschwerden. Keine Therapie schien andauernde Heilung zu bringen, weder operative Behandlung noch Gebet half. Immer wieder fragte ich: „Warum greifst du nicht ein, Gott? Wenn du den Ellenbogen von Florence geheilt hast, ist es dir doch ein Kleines, Lucy von ihren Atembeschwerden zu befreien!"

Rose und ich lebten also bei meiner Familie, als Richard, unser Sohn, im Oktober 1934 geboren wurde. Jetzt brauchten wir natürlich mehr Platz und begannen gleich, auf dem Nachbargrundstück ein Haus zu bauen. Die nächsten Jahre forderten auch in der Molkereiarbeit unseren ganzen Einsatz. Selbst während der Wirtschaftskrise wuchs das Geschäft in einem Ausmaß, das Vater sich nie hätte träumen lassen. Wie hätte er es damals auch erhoffen können, als er im Staub der Ledergurtfabrik schuftete und später mit Jack und dem Gemüsewagen über Land zog! Ein Traum war Wirklichkeit geworden! Unser Molkereibetrieb war jetzt schon der größte in Kalifornien. Aber Vater hatte einen neuen Wunschtraum – die Molkerei sollte die größte in der ganzen Welt werden! Man erzählte uns, dass es nirgends auf der Welt eine Molkerei gäbe, die dreitausend Kühe täglich melken könnte. Das wurde unser Ziel.

Aber zu diesem Wunschtraum gesellte sich noch ein anderer: Wir wollten unsere Milchwagenkolonne vergrößern. Jetzt schon zählte sie 300 LKW; mit 500 Wagen würden wir den ganzen Staat versorgen können. Die Lastwagen könnten auch zur Beförderung von Silofutter oder zum Viehtransport eingesetzt werden. Die ehrgeizigen Ziele wurden immer höher hinaufgeschraubt. Warum? Weil es in Amerika keine Grenze für das gab, was ein körperlich hart arbeitender Armenier erreichen konnte und vielleicht in Zukunft noch erreichen würde.

Als mein eigenes Projekt übernahm ich den Bau der „Reliance Number Three", zu Deutsch „Vertrauen Nummer Drei". Das war unsere dritte Molkerei, die eine Kapazitätssteigerung auf dreitausend Kühe ermöglichen sollte.

Nachdem wir ein Grundstück von vierzig Morgen Größe gekauft hatten, begann ich mit dem Bau von Zäunen, Silos, einer modernen Scheune und natürlich der Molkerei. Hier sollte auch eine Anlage installiert werden, in der die Milch direkt, ohne von Hand berührt zu werden, von der Kuh in die Flasche geleitet werden konnte.

Hin und wieder fragte ich mich flüchtig, ob Gott wohl immer noch den Plan für mein Leben hatte, den ich als Junge so sicher zu kennen meinte. Tatsache war aber, dass Gott nicht mehr im Mittelpunkt meines Lebens stand. Natürlich fuhren wir immer noch jeden Sonntag in die Gless Street, aber wenn ich mir selbst gegenüber ehrlich war, wurde mir klar, dass das Geschäft und nichts anderes der Gegenstand aller meiner Gedanken und Kräfte war. Es wurde schon bald zur Regel, dass ich morgens um sieben Uhr mit der Arbeit begann und erst um elf Uhr in der Nacht wieder aufhörte.

Im Jahre 1936 nahm ich ein neues Projekt in Angriff – eine Kunstdüngerproduktion. Von da an saß ich oft die ganze Nacht hindurch an meinem Schreibtisch.

Sogar meine Gebete waren auf den Preis der Futtermittel oder auf die Kilometerleistung unserer Lastwagen ausgerichtet. Zum Beispiel gab es da die überaus wichtigen Entscheidungen, die ein Milcherzeuger bei der Wahl der Zuchttiere fällen muss. Ein besonders guter Bulle konnte auch in den Dreißigerjahren schon 15 000 Dollar kosten. Aber trotz dieses hohen Preises, der daher kam, dass der Bulle von einer besonderen, preisgekrönten Zucht abstammte, war der Kauf eines Bullen immer mit einem großen Risiko verbunden. Die Unbekannte dabei war, ob das Tier seine begehrenswerten Qualitäten beständig an seine Nachkommenschaft vererben konnte; denn die Chancen standen dabei nicht besser als eins zu tausend. So betete ich dann im Lärm und Staub des Auktionsrings: „Herr, du hast diese Tiere geschaffen. Du siehst jede einzelne Zelle und Faser. Zeige mir, welchen Bullen ich kaufen soll." Sehr oft kaufte ich das magerste Bullenkalb aus der Arena und durfte dann erleben, wie es beste, wertvolle Zuchttiere zeugte.

Auch in den Kuhställen wunderte ich mich oft über die Frucht meiner Glaubenshaltung. In vielen Nächten legte ich meine Hände auf ein fieberndes Kalb oder eine Kuh in schwierigen Wehen und beobachtete, wie der Tierarzt es nicht fassen konnte, dass das Gebet auch da noch half, wo er schon aufgegeben hatte.

Ja, an meinem Glauben hielt ich fest, da bestand kein Zweifel. Das Wort „Reliance" in unserem Firmennamen bedeutete Vertrauen auf Gott, und so verließen wir uns auch auf Gott, jeden Tag neu. Es schien fast so, als würde ich immer nur in Empfang nehmen, ohne viel dafür zu geben.

Darum verwirrte mich die Prophetie auch so sehr, die wir empfingen. Milton Hansen war von Beruf Hausmaler, und das in einer Zeit, in der niemand sein Haus streichen ließ. Er war ein langer, dünner, blonder Norweger, und obwohl er mit ungewöhnlich vielen Sorgen belastet war, konnte ich mir keinen fröhlicheren Menschen denken als ihn. Schon von weitem hörten wir, wenn er zu Besuch kam. Wenn einer so lauthals und aus vollem Herzen ein Evangeliumslied sang, konnte es nur Milton sein.

Als wir eines Abends in unserer kleinen Stube zusammensaßen, hob Milton plötzlich seine langen Arme und begann zu zittern. Einer Gepflogenheit folgend, schloss er immer, wenn der Geist auf ihn kam, seine Augen, erhob die Hände und sprach überlaut und wie ein Redner. An diesem Abend donnerte er, dass

Rose und ich „auserwählte Gefäße“ seien und dass wir „Schritt für Schritt geführt“ werden würden.

„Bleibt auf die Dinge Gottes ausgerichtet“, rief Milton laut. „Ihr werdet durch Stadttore gehen und niemand wird sie vor euch schließen. Ihr werdet überall auf der Welt mit Staatsoberhäuptern über heilige Dinge reden.“ Ich schaute zu Rose hinüber und sah, dass sie genauso überrascht war wie ich. Staatsoberhäupter? Weltreisen? Weder Rose noch ich waren jemals außerhalb Kaliforniens gewesen. Außerdem hatten wir ein dreijähriges Kind und Rose erwartete noch ein Baby. War es da nicht geradezu selbstverständlich, dass sich unsere Träume und Wünsche nur um unseren kleinen Haushalt drehten?

Milton musste unseren Gesichtsausdruck bemerkt haben, denn in seiner normalen, freundlichen Stimme bat er: „Macht mir bitte keinen Vorwurf, Freunde. Ich wiederhole nur das, was der Herr gesagt hat. Ich verstehe es ja selbst nicht!“ Ich bin sicher, dass ich Miltons Prophetie sofort vergessen hätte, wenn nicht noch ein zweites überraschendes Erlebnis hinzugekommen wäre.

Einige Tage später nämlich folgte ich einem inneren Drängen und ging in den Mittwochgottesdienst einer Gemeinde, in der ich zuvor noch nie gewesen war. Gegen Ende des Gottesdienstes wurde ein Altarruf gegeben, und weil ich wusste, dass mein geistliches Leben nicht so war, wie es sein sollte, ging ich nach vorn und kniete an den Altarstufen nieder. Der Pastor ging an der Reihe kniender Leute entlang und legte einem nach dem anderen die Hände auf. Als er dann zu mir kam, sagte er in einer Stimme, die durch den ganzen Raum schallte: „Mein Sohn, du bist ein Gefäß, das für einen ganz bestimmten Dienst auserwählt ist. Du wirst hohe Staatsmänner in vielen Teilen der Welt im Namen des Herrn besuchen. Wenn du an eine Stadt kommst, werden dir die Tore offenstehen und niemand wird sie vor dir schließen können.“

Etwas schwankend kam ich wieder auf die Füße. Was für ein unglaublicher Zufall! Dieser Pastor konnte doch unmöglich mich oder Milton kennen. War dies wirklich eine persönliche Botschaft Gottes für mich? Und wenn ja, warum war sie dann so unbegreiflich? „Bleibe auf die Dinge Gottes ausgerichtet“, hatte

Milton gesagt, und ich wusste, dass dies eine gesunde Theologie war. Aber gleichzeitig wurde mir klar, dass ich mich bisher viel zu sehr auf die Belange der Shakarian-Familie konzentriert hatte.

Die folgenden zwei Jahre brachten für die Familie zwei entscheidende Ereignisse. Das erste war die Geburt unserer Tochter Geraldine im Oktober 1938. Das zweite Ereignis war der Tod meiner Schwester Lucy im darauffolgenden Frühling. Sie war nur zweiundzwanzig Jahre alt geworden, genauso alt wie Rose, und sie war die hübscheste aller meiner Schwestern, ein feinfühliges und sehr kluges Mädchen. Sie hatte einen Wunsch gehabt, der in jenen Tagen unter den armenischen Mädchen ungewöhnlich war, sie wollte Lehrerin werden. Das Whittier College, an dem sie studiert hatte, ließ am Tage ihrer Beerdigung den gesamten Unterricht ausfallen, was wirklich eine außergewöhnliche Ehrung war. Zum ersten Mal nach vielen Jahren stellte ich mir damals auch wieder die großen Fragen: „Warum leben wir? Was bedeutet der Tod? Was ist Leben?

Ich schaute mir die Freunde und meine Familie an, als sie sich zum traditionellen Beerdigungsmahl in der Gless-Street-Gemeinde versammelten, und konnte mich über all diese Vorgänge nur wundern.

Wenn jemand aus armenischen Kreisen starb, so hatten sich alle Anverwandten zu versammeln, von den engsten Blutsverwandten bis zu den entferntesten Cousinen, die durch Heirat dazugekommen waren. Die Tradition forderte nach der Grablegung ein formelles, gesetztes Mahl. In Armenien, wo die Verwandten zum Teil einen Heimweg von hundertfünfzig Kilometer über unwegsame Bergwege zurücklegen mussten, war dieses Mahl eine Notwendigkeit. Hier in Kalifornien war das Essen mehr eine Gemeinschaftsfeier der Familie.

Ich saß neben meinem Vater an dem einen Tischende, mir gegenüber hatte Mutter Platz genommen. Neben ihr saß Rose mit Baby Gerry auf dem Schoß und der vier Jahre alte Richard. Onkel Magardich Mushegan war schon vor einigen Jahren gestorben, so saß Magardichs Sohn Aram jetzt mit seinem Sohn Harry neben Richard. Auch Vaters sechs Schwestern waren samt ihren Ehemännern gekommen; nicht zu vergessen meine eigenen

Schwestern, Ruth, Grace und Roxanne mit ihren Männern und Familien. Zum ersten Mal bemerkte ich, dass sogar Florence mit ihren fünfzehn Jahren nach armenischen Maßstäben schon eine erwachsene Frau war. An anderen Tischen im Raum saßen die zahllosen Nichten, Cousinen und anderen Verwandten.

Jeder von ihnen hatte irgendwie Erfolg gehabt. Hier saßen starke Leute, stolze Menschen; die Männer mit massigen, wohlgenährten Bäuchen, die Frauen in rauschender, schwarzer Seide. Ich dachte an die Prophetie, die jeden Einzelnen von ihnen in dieses überreiche Land geführt hatte. „*Ich werde dich segnen und dir Erfolg geben*", hatte Gott in Kara Kala versprochen. Mit einem Blick durch diesen Raum konnte ich feststellen, dass er es auch wirklich getan hatte.

Aber es gab noch einen anderen Teil der Prophetie: „*Ich werde deinen Samen zum Segen für die Nationen machen*." Erfüllten wir auch diesen Teil? In gewisser Hinsicht sicherlich: Diese Leute waren alle gute Nachbarn, gute Arbeiter, gute Unternehmer. Aber … war das alles? „Das kann einfach nicht alles sein", sagte ich zu Rose, als wir auf der Heimfahrt nach Downey waren. „Ich weiß, dass Gott uns in den Dienst für andere Menschen ruft. Ich weiß bloß nicht, in welchen!"

So achtete ich in den folgenden Monaten besonders auf die Arbeiter, mit denen ich jeden Tag zu tun hatte. Es waren sehr viele – nicht nur unsere eigenen Cowboys, sondern auch Getreideverkäufer, Lastwagenfahrer und Flaschenlieferanten. Und während ich sie beobachtete, machte ich eine Entdeckung: Diese Männer sprachen nie über Gott. Es dauerte eine Weile, bis ich das ganz verstand. Für mich war Gott so real wie Rose und die Kinder. Er war ein Teil eines jeden Tages und jeden Momentes. Natürlich wusste ich, dass es Leute gab, die Gott nicht kannten, die auf Inseln irgendwo im Pazifik lebten – schließlich schickten wir ja regelmäßig eine Kollekte für die Missionare in Heidenländer. Aber dass es hier, mitten in Los Angeles, wo an jeder Straßenecke eine Kirche stand, erwachsene Männer geben konnte, die nicht glaubten, war eine Tatsache, die mir nie vorher so recht bewusst geworden war. Jetzt aber, als es mir klar wurde, musste ich handeln. Was war zu tun? Während einer Nacht, in der ich darüber betete, spielte sich plötzlich vor meinen Augen eine nicht nur wunderliche, sondern erschreckende Szene ab. Ich sah den Lincoln Park – da gab es keinen Zweifel –, ein großes Freigelände mit weiten Rasenflächen und altem Baumbestand, sechzehn Kilometer von Downey entfernt. Ich kannte den Park gut, weil ich mit der Familie oft zu Picknickausflügen dorthin fuhr.

Dieser Platz war so beliebt, dass sich an Sonntagnachmittagen im Sommer oft mehr als viertausend Leute dort sonnten oder mit ihren Kindern auf dem Rasen spielten. Aber das Merkwürdige an dieser an sich so friedlichen Szene war, dass ich auf einmal auf einer Empore stand, die mitten auf einer der Rasenflächen aufgebaut war, und den Leuten von Jesus erzählte.

Am nächsten Morgen war diese lächerliche Idee immer noch da, anstatt mit einem gesunden Nachtschlaf verschwunden zu sein. Als ich mir meine Krawatte band, sprach ich mit Rose darüber.

„Liebling", sagte ich, „stelle dir doch bitte einmal diese unmögliche Szene vor, in der ich auf einer Plattform stehe und zu einer Menschenmenge spreche …"

„… im Lincoln Park!", beendete sie für mich. Ich drehte mich vom Spiegel weg, den Daumen noch am Krawattenknoten.

„Ich sah genau das gleiche Bild!", sagte sie. „Ich konnte es nicht loswerden, nur schien es mir so absurd zu sein, dass ich dir nichts davon sagen wollte."

Wir blinzelten uns im sonnenlichtdurchfluteten Schlafzimmer an und konnten natürlich nicht ahnen, wie oft wir dieses Phänomen der Übereinstimmung noch erleben sollten. Mir jedenfalls schien es zu der Zeit nicht mehr als ein Zufall zu sein, und ein bedeutungsloser dazu.

„Du kennst mich doch, Rose", lächelte ich, „wenn ich zu mehr als zwei Leuten gleichzeitig sprechen muss, wird meine Zunge so gelähmt, dass ich nicht einmal mehr meinen eigenen Namen sagen kann." Ich war ein Molkereibesitzer, langsam im Denken und noch langsamer im Reden. Ich wusste, dass ich nie in Worte fassen könnte, was Jesus mir bedeutete.

Aber Rose war es, die immer wieder mit dieser Idee anfing:

„Erinnerst du dich noch? Wir hatten Gott doch gefragt, was wir für ihn tun könnten. Was ist, wenn dies seine Antwort ist? Hätten wir denn sonst beide zur gleichen Zeit eine so seltsame und befremdende Idee haben können?“

Mir blieb also nichts weiter übrig, als mich bei den Behörden über die Nutzungsmöglichkeiten des Lincoln Parks zu informieren. Zu meiner großen Erleichterung fand ich heraus, dass der Park nur der öffentlichen Erholung vorbehalten war und nicht zu privaten Zwecken, gleich welcher Art, genutzt werden durfte.

Aber Rose, die sich dann selbst umsah, entdeckte auf der anderen Seite der Straße einen freien Platz, von dem aus man den ganzen Park überblicken konnte. Dieser Platz gehörte einem Mann, der dort eine Straußenfarm aufgebaut hatte in der Hoffnung, viele Parkbesucher anzulocken. Aber das Geschäft lief nicht so sehr gut und so begrüßte er es, dass wir einen Teil des großen Geländes für die Sonntagnachmittage mieten wollten.

Und plötzlich, ich wusste kaum, wie es geschehen war, hatte ich mich verpflichtet, diese verrückte Sache wirklich zu tun. Zunächst gab es so viele praktische Details zu klären, dass ich gar keine Zeit hatte, mich zu fürchten. Polizeiliche Genehmigungen mussten eingeholt, ein Rednerpult aufgestellt und Verstärkeranlagen gemietet werden. Rose machte den Vorschlag, einige Mädchen von der Gemeinde kommen zu lassen, die dann singen könnten.

Was die Ansprache betraf, so tröstete ich mich damit, dass ich in meinem Leben ja unzählige Predigten gehört hatte, von denen eigentlich etwas hängen geblieben sein musste. Außerdem hatten wir ja auch noch die Musik, die die übrige Zeit ausfüllen sollte.

Aber als der erste Sonntag näherrückte, wachte ich nachts oft in Schweiß gebadet auf. Immer wieder hatte ich denselben Traum: Ich stand auf einer geradezu lächerlich großen Plattform, rief und ruderte mit den Armen umher, während einige Männer, mit denen ich am Tag zuvor geschäftlich zu tun gehabt hatte, vor Staunen gebannt dabeistanden und zusahen.

Was wäre, wenn dieser Traum Wirklichkeit würde? Wenn tatsächlich ein Käufer oder Verkäufer im Park wäre? Was würde er denken? Hatte ich nicht zu viel zu verlieren? Ein erfolgreicher, junger Geschäftsmann, der in vielen bürgerlichen Organisationen wegen seiner guten Urteilskraft geschätzt war? Was würde geschehen, wenn sich herumspräche, dass ich irgend so ein religiöser Fanatiker sein musste? Das könnte nicht nur meinen Namen ruinieren, sondern auch alles, wofür Vater so lange gearbeitet hatte.

Dann kam die große Premiere des Experiments. Es war der erste Sonntag im Juni des Jahres 1940. Nach dem Sonntagmorgengottesdienst in der Gemeinde fuhren wir hinaus zu unserem Platz neben der Straußenfarm, um die Verstärkeranlage zu installieren. Es war ein warmer, wolkenloser Tag, und der Park auf der anderen Straßenseite war von Ruhe suchenden Menschen nur so übersät. „Warum konnte es nicht regnen?", fragte ich mich immer wieder und schüttelte den Kopf, wenn Rose von dem schönen Wetter schwärmte. Zu Beginn sang sie mit drei Mädchen aus der Gemeinde das bekannte Lied „Welch ein Freund ist unser Jesus". Viel zu schnell war das Lied zu Ende. Ich erstieg die drei selbstgezimmerten Stufen der Plattform, ergriff das Mikrofon und räusperte mich. Zu meinem Entsetzen dröhnte das kleinste Geräusch aus dem Lautsprecher wie ein Orkan. Ich wich einen Schritt zurück.

„Freunde …", begann ich. Wieder schien irgendetwas in den Lautsprechern zu explodieren, aber es war nur meine eigene Stimme. Ich stolperte durch ein paar Sätze und war mir eigentlich nur des ungeheuren mechanischen Echos meiner Worte bewusst. Danach gab ich den Mädchen verzweifelt ein Zeichen zu singen.

Hier und dort nahmen die Leute ihre Decken auf, und ich war mir sicher, dass wir sie aus dem Park vertrieben. Aber zu meinem Erstaunen kamen die meisten von ihnen heran und ließen sich an einem Platz nieder, von dem aus sie uns besser sehen konnten.

Jetzt fasste ich Mut. Ich schritt zum Mikrofon zurück, suchte mir aus der Menge einen armen Kerl in einem gelben Polohemd heraus, heftete meinen Blick fest auf ihn und hielt dann meine Rede eigentlich nur für ihn.

Und plötzlich hörte ich es. Eine Frauenstimme sagte klar und unüberhörbar: „Liebling, ist das nicht Demos Shakarian?"

Meine Augen suchten die Menge ab. Da war sie, über einen Picknickkorb auf mich herüberzeigend, und neben ihr saß ihr kurzsichtiger schielender Ehemann, bei dem wir unsere elektrischen Weidezäune kauften.

„Es kann nicht Shakarian sein“, erwiderte er in der plötzlichen Stille. Dann nestelte er in seiner Hemdtasche herum und zog eine Brille heraus. „Potztausend, es ist Shakarian!“

Der Kragen schnürte mir die Kehle zu, das Mikrofon war nass und aalglatt in meinen Händen. Ich hörte ein Schluchzen und fragte mich, ob ich es war, der weinte. Aber als ich nach unten sah, stand neben der kleinen Bühne der Mann mit dem gelben Polohemd; Tränen liefen an seinen Wangen herunter. „Ja, du hast recht, Bruder, du hast recht!“, schluchzte er. „Gott war so gut zu mir!“

Wie von einem Blitz getroffen starrte ich zu ihm hinunter. Glücklicherweise besaß Rose die Geistesgegenwart, ihn auf die Bühne einzuladen. Er nahm das schweißnasse Mikrofon aus meinen Händen und ließ eine lange Rede über materiellen Erfolg und persönliche Schwächen vom Stapel. Noch eine weitere Gruppe von Leuten überquerte die Straße, um sich um die Bühne zu scharen.

„Das ist auch meine Lebensgeschichte“, sagte ein anderer Mann und stieg auf die Plattform, um eine Rede zu halten. Ich vergaß die Lautsprecher, ich vergaß auch den Mann, der Zäune verkaufte. Ich dachte nur an das Wunder, das Gott gerade im Lincoln Park wirkte. Als wir gegen Abend die Anlage zusammenpackten, hatten sechs Menschen Jesus Christus als ihren persönlichen Heiland angenommen. Drei Monate lang, den ganzen Juni, Juli und August des Jahres 1940 hindurch, hatten wir jetzt unseren Auftrag.

Jeden Sonntag kamen wir um zwei Uhr mittags im Park an und blieben bis fünf oder sechs Uhr abends. Schon bald setzte sich eine gewisse Form durch. Normalerweise waren einige Spötter da, andere, die uns unterstützten und die Spötter zur Ruhe brachten, und ein alter Mann, der regelmäßig vom Trinken „befreit“ wurde. Die Zahl der Leute, die dann dem Altarruf folgten, war nie sehr hoch; vier, zehn oder vielleicht ein Dutzend. Und weil wir nur gelegentlich mit ihnen in Verbindung standen, war es meistens nicht möglich, zu beobachten, ob wirklich Veränderungen in ihrem Leben folgten oder nicht.

Aber wenn auch die äußeren Erfolge dieser Sonntagnachmittage nur schwer messbar waren, so waren die Veranstaltungen für mich persönlich sehr hilfreich und wichtig. Als wir damit begannen, hatte ich große Sorge um meine Würde gehabt; jetzt wurde mir klar, dass ich gar keine hatte. Ich hatte Angst gehabt, dass mich jemand erkennen würde, mit dem ich beruflich verkehrte. Gottes Antwort auf diese Angst war, dass er mir jeden Sonntag einen anderen meiner Geschäftspartner in den Park schickte, bis mich fast alle einmal gehört hatten.

Gott schien mir sagen zu wollen: *„Nun hast du dich vor dir selbst zum Narren gemacht. Jetzt gibt es wenigstens einen Menschen weniger, dem du imponieren musst.*"

Später, als ich bei exklusiven Treffen wie etwa im „Lions Club" zu hochgestellten Persönlichkeiten sprach, war die Reaktion entweder ein peinliches Schweigen oder schallendes Gelächter – und nicht mehr. Keine der geschäftlichen Katastrophen, die ich mir in meiner Vorstellung ausgemalt hatte, wurde je Wirklichkeit. Gegen Ende dieses Sommers hatte ich eine Lektion gelernt, die ich nie vergessen werde: Die Befürchtung „Was werden die Leute bloß denken?" ist meist nicht mehr als ein Schreckgespenst unserer eigenen Egozentrik.

Aber in dieser Sommerarbeit erlebten wir noch einen weiteren Widerstand, und zwar aus einer Richtung, aus der wir Gegenwind am wenigsten erwartet hatten: von der Gemeinde in der Gless Street. Zunächst schienen die Ältesten diese Veranstaltungen unter freiem Himmel am Sonntagnachmittag für eine Sommerkrankheit der Jugend zu halten. Als dann aber die Treffen regelmäßig Woche für Woche abgehalten wurden, protestierten die älteren Leute.

An einem Sonntagmorgen im August sprach ein älterer Mann für sie alle. Nachdem er sich von der ersten Reihe erhoben hatte, warnte er uns davor, die Treffen im Lincoln Park fortzusetzen.

„Es ist nicht richtig", rief er laut und sein grauer Bart zitterte vor Erregung. „Es ist … unarmenisch!"

Plötzlich wurde mir klar, dass er Recht hatte. Ich zeichnete die Geschichte Armeniens durch die Jahrhunderte in Gedanken nach und erinnerte mich, dass dieses kleine, von Feinden umringte Volk nicht vor größeren, stärkeren, heidnischen Nationen kapituliert hatte. Das armenische Volk hatte sich die Wahrheit nicht durch Eroberungen und Bluttaten nehmen lassen. Dieses Volk war immer durch die Besinnung, die Einkehr nach innen gestärkt worden.

Wenn Rose und ich uns jetzt nach außen wenden wollten, dann mussten wir es größtenteils auf uns selbst gestellt tun. Zum ersten Mal in unserem Leben befanden wir uns im Konflikt mit der Generation unserer Eltern. Als wir in diesem Sommer über die Köpfe der Zuhörer im Lincoln Park hinwegschauten, wurde uns klar, dass die Welt ein weitaus größerer Raum ist, als wir es uns vorgestellt hatten – und ein weit, weit einsamerer.

Im September wurde es kälter. Die Menschenmengen im Park blieben aus, und wir hielten es für richtig, unsere Versammlungen einzustellen. Die Molkerei nahm ohnehin mehr und mehr Zeit in Anspruch, weil ich mich gerade mit der Entwicklung einer neuen Verkaufsstrategie für unsere Milchprodukte beschäftigte. Warum, so fragte ich mich, eröffnete ich nicht ein Selbstbedienungsgeschäft auf der Landstraße bei unserer dritten Molkerei? Wir könnten unsere Produkte dadurch mit 25 Prozent Rabatt verkaufen, weil wir ja die Lager- und Lieferkosten sparen würden.

Um unseren Plan in der Öffentlichkeit bekannt zu machen, veranstalteten wir eine große Eröffnungsfeier mit Musik, Fahnen und bekannten Alleinunterhaltern. Eine großangelegte Werbekampagne in der Presse, über Radio und durch Wurfsendungen machte unsere Idee so populär, dass sie einschlug wie eine Bombe. Vom Erfolg angeregt, träumte ich von einer ganzen Kette solcher Verkaufsstellen, die in ganz Kalifornien verstreut liegen sollten. Endlich hatte ich etwas gefunden, was uns wohlhabend machen würde.

Die aufregendsten Aussichten für das shakariansche Geschick hatten jedoch mit unserem neuen Mühlenbetrieb zu tun.

Dabei war mir kaum bewusst, dass die Situation auch eine Zeitbombe war.

Der Einstieg in das Mühlengeschäft war eigentlich nur als eine natürliche Expansion der Molkereibetriebe erschienen. Eine Milchkuh frisst 10 Kilogramm Getreide am Tag, zusätzlich noch 15 Kilogramm Heu. Multipliziert man das mit den 3.000 Kühen, die wir bald zu besitzen hofften, dann erhält man die unglaubliche Zahl von 75.000 Kilogramm Heu- und Getreiderationen täglich. Jahrelang hatten wir das Futter von ortsansässigen Mühlenbesitzern gekauft und es dann selbst nach einer eigenentwickelten Formel gemischt, mit der wir einen ungewöhnlich guten Milchertrag erzielen konnten.

Die Resultate waren in der Tat so gut, dass die Molkereibesitzer aus der Nachbarschaft zu Vater kamen und ihn fragten: „Isaak, könntest du uns nicht etwas von deiner speziellen Mischung verkaufen?“ „Ja“, antwortete Vater, „ich weiß eigentlich nicht, warum das nicht gehen sollte.“

Es schien also nichts weiter als ein logischer Ausbau des Geschäfts zu sein. Wir hätten die Möglichkeit, das Getreide in viel größeren Mengen einzukaufen und dadurch die Kosten für unsere eigenen Molkereibetriebe zu reduzieren. Jetzt würde es sich auch lohnen, das Getreide selbst zu mahlen, was wieder eine Kostenminderung für unsere Betriebe bedeutete. Und schließlich würden wir durch den Getreideverkauf an andere Molkereien auch noch einen kleinen, aber ständigen Verdienst machen.

So gingen wir also mit großen Erwartungen an die Erweiterung unseres Geschäfts heran. Wir kauften einen Mühlenbetrieb in der Nähe unserer Farmen, der aus drei zwanzig Meter hohen Getreidebehältern bestand, die für Mais-Silofutter gebraucht worden waren. Wir leerten sie, spülten sie aus und verstärkten sie durch eine neue Betonschicht.

Ich sah eine rosige Zukunft für dieses neue Unternehmen voraus. Die Gleise der Southern-Pacific-Eisenbahn führten direkt an diesen drei Türmen vorbei. In der Vergangenheit mussten die Güterwagen jedoch immer durch ein kompliziertes System von Lastwagen, Schleppkarren und Handschaufeln entleert oder beladen werden.

Während des ersten Jahres unserer eigenen Müllerei entwickelte ich ein System, das mittels Unterdruckanlagen das Getreide direkt zu den Silos transportieren konnte. Unter den alten Bedingungen brauchten drei Männer einen ganzen Arbeitstag, um einen Vierzig-Tonnen-Güterwagen zu leeren. Mit dem neuen System schaffte ein einziger Mann dieselbe Arbeit in zweieinhalb Stunden. Dadurch konnten wir unsere Lieferkosten um achtzig Prozent reduzieren und stifteten in der Industrie eine ganz schöne Verwirrung.

Ich liebte es, zur Mühle hinauszufahren. Das Laufgeräusch der Maschinen, das Surren der Unterdruckanlagen, die vorbeiratternden Güterzüge, selbst der feine Staub, der sich auf den funkelnden schwarzen Lack meines neuen Cadillacs legte – all das berauschte mich.

Und trotzdem sollte ich noch lernen, nie zu vergessen, dass dieses ganze Geschäft eine ungeheure Falle war.

Ich hatte es ja mit Rohstoffen zu tun, und Rohstoffe schwanken gefährlich im Preis. Wenn jemand mit Hafer, Weizen oder Gerste spekuliert, kann er innerhalb weniger Stunden immense Summen gewinnen oder auch verlieren. An der Wall Street gibt es Sachverständige, die sich auf solche Spekulationen spezialisiert haben. Und der Farmer, der mit Getreide handelt, ist auch ein Spekulant, ob er es nun will oder nicht.

Das Ganze geht etwa so vor sich: Ich kaufe Getreide, sagen wir am 1. Juli, das im folgenden Herbst geliefert werden soll. Ich bezahle den Preis, der im Juli gefordert wird, weiß aber, dass sich der Rohstoffpreis vielleicht schon zum Herbst geändert hat. Wenn ich im Juli das Getreide für 2,00 Dollar pro Zentner gekauft habe und der Preis im Herbst auf 1,50 Dollar gesunken ist, habe ich verloren. Steigt der Preis jedoch auf 2,50 Dollar, dann habe ich gewonnen. Die Aufgabe eines guten Müllers besteht darin, große Mengen einzukaufen, wenn er erwartet, dass der Preis steigt, sich aber zurückzuhalten, wenn er befürchtet, dass der Preis fällt.

Theoretisch wusste ich das alles, damals im Winter 1940/41. Aber was das in der Praxis bedeutete, sollte ich noch lernen.

Kapitel 4

Der Mann, der seine Meinung änderte

Als die ersten Sonnenstrahlen im nächsten Frühling die Menschen wieder in die Parks lockten, machten Rose und ich uns Gedanken über die Freiluftgottesdienste. „Wir sollten sie nicht nur sonntagnachmittags haben“, sagte sie. „Immer, wenn sich die Leute gerade dafür interessieren, packen wir auch schon unsere Sachen zusammen und gehen nach Hause, und eine ganze Woche lang geschieht gar nichts.“

Wie wäre es, wenn wir auch abends Veranstaltungen abhielten? Am besten jeden Abend! Wenn wir die Möglichkeit hätten, irgendwo ein Zelt aufzustellen, könnten wir bei Regen und bei Sonnenschein unsere Versammlungen halten.

„Natürlich, auf dem Grundstück der Gemeinde!“, sagten wir beide gleichzeitig und mussten lachen, weil wir wieder einmal zur selben Zeit denselben Gedanken hatten. Schon seit geraumer Zeit war das Gebäude in der Gless Street zu klein für die steigende Zahl der armenischen Gemeindeglieder. Daher war beschlossen worden, ein Grundstück an der Ecke Goodrich Boulevard/Carolina Place im Osten von Los Angeles zu kaufen, auf dem dann ein neues Gemeindehaus gebaut werden sollte.

So versuchten wir also, die Ältesten für unseren Plan zu gewinnen. Aber wieder zeichnete sich das Misstrauen und Unverständnis, dem wir auch im letzten Jahr begegnet waren, in den faltigen, braungebrannten Gesichtern ab. Warum zeigten wir auf einmal so viel Interesse an Fremden, und war es wirklich nicht zu umgehen, dass sich die armenische Pfingstgemeinde an dieser öffentlichen Arbeit beteiligte?

Wir erklärten ihnen, dass unsere Gemeinde nicht die einzige sein sollte, die dieses Vorhaben unterstützen würde. Wir stellten uns vor, dass alle Pfingstgemeinden der Umgebung die Veranstaltungen mittragen sollten. Unsere Gemeinde könnte für den Zeltplatz sorgen, eine andere für die Musik und die Platzanweiser; wir würden einmal alle zusammenarbeiten.

Aber bei dem Wort „zusammen" wurden sie noch vorsichtiger. Zusammen? Mit der Foursquare Church, der Assemblies of God, sogar mit den Leuten der Pentecostal Holiness mit ihren dubiosen Lehren?

Unglaublich, aber bei einigen dieser sogenannten christlichen Gruppen saßen doch tatsächlich Männer und Frauen nebeneinander! So sprachen die Ältesten, wie uns schien, über nebensächliche Dinge, während Rose und ich still daneben saßen. Unser Projekt für den Sommer war vergessen.

Leider war es eine Tatsache, dass der Wind von Pfingsten, der vor fast einem Jahrhundert aus Russland nach Armenien geweht hatte, inzwischen zu einer Konfession zusammengeschrumpft war, so starr und unbeweglich wie jede andere. Es ist immer dasselbe. Im Laufe der Geschichte wurde jede neue Ausgießung des Geistes in Menschenhand zu einer neuen Gesetzlichkeit. Die große Erweckung, die zum Beispiel genau in dieser Stadt in der Azusa Street in Freiheit und Freude begonnen und die Barrieren niedergerissen hatte, verfestigte sich in den 1940er Jahren zu einer Reihe eigenständiger Gemeinden, die nicht einmal mehr miteinander kommunizieren geschweige denn sich der Welt mitteilen konnten.

Die Tragik, die Rose und ich damals so deutlich erkannten, war die Tatsache, dass diese Gemeinden eigentlich sehr viel zu geben hatten. Jede kleine Gruppe erfuhr hinter ihren eigenen Mauern jede Woche neu die Kraft Gottes erlebte Heilungen, Führung und Versorgung, während die Welt, die diese Kraft so dringend brauchte – die Menschen, mit denen ich sechs Tage in der Woche zu tun hatte – nicht einmal von der Existenz dieser Kraft wussten.

„Ihr braucht auch wirklich gar nichts zu tun“, startete ich meinen letzten Überzeugungsversuch bei den Ältesten, „ich kümmere mich um das Zelt und die Aufräumarbeiten und alles Weitere. Erlaubt uns nur, dass wir das Grundstück benutzen dürfen.“

Meine Worte waren es nicht, die sie letztlich doch überzeugten, es war vielmehr ein Erfolg der Vermittlung meines Vaters. Der Name Isaak Shakarian galt etwas in der Gemeinde. Wenn Isaak dafür war, na, dann musste es in Ordnung sein, so riskant es sich auch anhören mochte.

So bekamen wir die Erlaubnis und schon kurz danach bereute ich es fast wieder. Wir stellten nämlich sehr schnell fest, dass es ein Unterschied war, ob man ein Rednerpult zusammenbauen oder ein Zelt aufstellen wollte. Das Zelt zu leihen war noch das kleinste Problem. Der Platz musste „für die Benutzung durch die Öffentlichkeit“ geeignet sein, und dafür musste man fast so viele Vorschriften beachten wie für ein festes Gebäude.

Ich ging also zum Katasteramt, zur Feuerwehr, zur Polizei, zur städtischen Müllabfuhr, zu den Gaswerken – und jedes Mal erklärte ich wieder, was ich vorhatte und weshalb. Als endlich alle diese Behörden ihre Zustimmung gegeben hatten, konnte der Aufbau des Zeltes beginnen. Die elektrischen Kabel mussten überprüft werden, die Zwischengänge und Ausgänge hatten bestimmten Vorschriften zu entsprechen. Auch Mülleimer und transportable Toiletten mussten besorgt werden sowie ein Wasserwagen für den Fall, dass der Platz zu staubig werden würde. Danach planten wir die Werbekampagne. Im Radio und in der Presse wurden Bekanntmachungen veröffentlicht, Plakate an die Schaufenster geklebt. Ich versuchte mich an alles zu erinnern, was ich bei der Eröffnung unseres Selbstbedienungsgeschäfts gelernt hatte. All diese Vorbereitungen nahmen viel Geld und Zeit in Anspruch.

Zuletzt wurde sogar Vater ungeduldig. Er erinnerte mich, dass ich seit Wochen kaum im Büro gewesen sei. Was ihm die meisten Sorgen mache, brauche er wohl nicht zu erwähnen: Die Kunstdüngerproduktion, die ja mein erstes Projekt gewesen sei, verschlinge viel Geld, ohne einen Gewinn abzuwerfen. Fünf Jahre lang hätte ich mich gemüht, diesen Betrieb aufzubauen.

Wenn er weiter existieren solle, müsse ich gerade jetzt meine ganze Zeit und Energie dafür hergeben. Aber ich wurde das Gefühl nicht los, dass diese Zeltgottesdienste hier beinahe ebenso wichtig waren.

Im Juli ging es dann mit den Versammlungen endlich los und wir hatten sechs Wochen lang jeden Abend eine Veranstaltung. Im letzten Sommer hatte ich eingesehen, dass ich kein sehr guter Redner war. Natürlich war mein Herz erfüllt von der Realität Gottes und der Liebe zu ihm, aber ich konnte einfach nie die richtigen Worte finden, um dies auszudrücken. Bei meinem kleinen zweiten Vetter, Harry Mushegan, war das ganz anders. Er hatte wie sein Vater Aram und sein Großvater Magardich eine gebieterische Art, eine fesselnde Redeweise, die die Menschen ansprach und bewog zuzuhören. Er war erst zwanzig Jahre alt, aber schon ein besserer Redner, als ich es jemals sein würde. So baten wir ihn zu predigen.

Viele Leute kamen einmal und kamen wieder, und je mehr Abende vergingen, umso größer wurde die Besucherzahl. Die fünf Pfingstgemeinden, die sich erst noch sehr reserviert verhalten hatten, als sie sich entschlossen, die Veranstaltungen gemeinsam zu finanzieren, kamen sich durch diese Abende auch immer näher. Ihre Pastoren saßen nebeneinander auf der Bühne, und Rose spielte auf dem Klavier, während die Gemeindechöre zusammen sangen.

An den Abenden, an denen kein Chor zur Verfügung stand, sang Florence mit ihrer hübschen, hohen, professionell geschulten Sopranstimme. Florence hatte im Juni ihren Highschool-Abschluss gemacht und freute sich darauf, in den nächsten Wochen ihr Studium am Whittier College aufzunehmen. Was mich betraf, so half ich, wo ich nur konnte. Ich leitete die Versammlungen, telefonierte, sorgte mich um Fahrgelegenheiten und führte die Bücher. Jeder von uns war ein wenig erstaunt, dass sowohl in der Spalte Einnahmen als auch unter Ausgaben in diesen Büchern etwas stand. Wenn die Pastoren spätabends das Geld der Opfergaben zusammenzählten, ergab es jedes Mal mehr als am Vorabend. Das war umso erstaunlicher, als wir nie von Gaben sprachen. Eine ironische Seite hatte es auch: Fragte ich nämlich den Buchhalter des Kunstdüngerbetriebes nach dem Kontostand, machte er jeden Tag ein längeres Gesicht.

Von den Opfereinnahmen bezahlten wir die Werbung in der Zeitung und im Radio sowie die Miete für das Zelt. Dann blieb immer noch Geld übrig. Ich hatte über die meisten meiner Ausgaben nicht Buch geführt, da ich gar nicht daran gedacht hatte, sie jemals wiederzubekommen. Aber jetzt hatte ich eine Idee. Wie wäre es, wenn das übrige Geld auf ein besonderes Konto gehen würde, das dann gemeinsam von den fünf Gemeinden verwaltet werden könnte? Mitte August wurde das Zelt abgebaut und der Platz von Freiwilligen aufgeräumt. Hunderte von Menschen hatten hier zum ersten Mal gehört, dass Gott eine Realität ist und sie liebt. Einige von ihnen hatten sich auch entschlossen, Christen zu werden. Außerdem hatte in diesen Wochen ein Kunstdüngerbetrieb in Downey seine Tore endgültig geschlossen.

Die weitreichendste Wirkung aber hatte das kleine Konto. Um über den Verwendungszweck des Geldes zu entscheiden, telefonierte der Pastor der Foursquare Church mit dem Pastor der Pentecostal Church of God. Ein Ältester der Assemblies of God wurde gesehen, als er mit einem Ältesten der armenischen Pfingstgemeinde zu Mittag aß. Die beiden gingen dann später gemeinsam zur Pentecostal-Holiness-Gemeinde, um zusammen mit deren Ältesten eine Gebetsversammlung zu haben …

◊◊◊

An einem Dienstagmorgen in den letzten Septembertagen saß ich an meinem Schreibtisch und versuchte, irgendeine Bestellung aus dem Stapel meiner Geschäftsunterlagen herauszusuchen. Zuerst hörte ich es kaum, als das Telefon neben meinem Ellenbogen klingelte. Als ich dann den Hörer nahm, dauerte es mehrere Sekunden, bis ich erkannte, dass am anderen Ende der Leitung jemand weinte. Es war Rose.

„Fahr ins Krankenhaus nach Downey“, stieß sie hervor, „los, so schnell du kannst.“

„Warum? Was ist los?“, fragte ich verwirrt.

„Florence!", weinte sie. „Sie war heute Morgen mit dem Auto auf dem Weg nach Whittier. Du weißt doch, wie neblig es war – oh, Demos, sie muss den Lastwagen einfach übersehen haben."

Obwohl ich immer noch nicht ganz verstand, rannte ich zu meinem Auto und fuhr mit rasendem Tempo die wenigen Straßen zum Krankenhaus hinunter. Die meisten der Angehörigen waren schon bei dem einstöckigen Holzgebäude eingetroffen. Vater sagte, dass Florence zwar im OP liege, die Ärzte aber nicht viel tun könnten. Das Sprechen fiel Vater sehr schwer, so erzählte mir der Mann meiner Schwester Ruth die Einzelheiten.

Der Unfall hatte sich um 7.30 Uhr in dem dichten Nebel ereignet, der an manchen Herbstmorgen vom Pazifik herüberkommt. Wahrscheinlich hatte Florence ein Stoppschild übersehen und war dann mit ihrem Wagen so unglücklich mit dem Lastwagen einer Straßenbaufirma zusammengestoßen, dass die Ladung des LKWs, mehrere Tonnen glühenden Asphalts, auf die Straße geschüttet wurde.

Der Fahrer des LKWs war unverletzt geblieben, aber Florence war aus ihrem Wagen heraus und in den siedend heißen Teer geschleudert worden. Ein Fußgänger hatte sie zwar schnell herausgezogen und in seinen Mantel gewickelt, aber sie hatte doch hochgradige Verbrennungen erlitten.

Wegen dieser riesigen Brandwunden konnten die Chirurgen jetzt auch die gebrochenen Knochen nicht schienen. Sie wurde dann auf die Intensivstation gebracht. Wir durften einer nach dem anderen in der Tür stehen und auf ihr Bett schauen. Dr. Haygood, der uns zur Tür führte, weinte genauso ungeniert wie wir alle. Er kannte Florence gut, hatte er doch siebzehn Jahre zuvor geholfen, sie ans Licht der Welt zu bringen, und sie später bei Masern und Keuchhusten getröstet. Er konnte nur immer wieder Mutters Hand streicheln und sagen: „Sie ist stark und jung, Zarouhi, sie hat einen ungeheuren Lebenswillen."

Als ich dann an der Reihe war und einen kurzen Blick durch den Türspalt werfen durfte, konnte ich kaum glauben, dass es Florence war, die dort auf dem Krankenbett lag. Florence, die das Gesicht einer Elfe hatte und die Stimme eines Engels, die das jüngste und begabteste Kind der Familie war, hing an Flaschen und Gewichten und war nicht wiederzuerkennen. Ihre Augen hatte sie geschlossen. Sie stöhnte unentwegt.

„Herr, Gott“, betete ich, „lass sie keine Schmerzen haben! Nimm ihr den Schmerz!“

Bildete ich es mir nur ein oder hatte sie tatsächlich einen Augenblick aufgehört zu stöhnen? „Nimm ihr den Schmerz, Herr“, betete ich wieder.

Rose und ich fuhren nach Hause, um Richard und Gerry zu essen zu geben. Als ich an jenem Nachmittag ins Krankenhaus zurückfuhr, schrie Florence vor Schmerzen, obwohl sie nicht bei Bewusstsein war. Wieder stand ich in der Tür und betete, und wieder hörten die Schreie auf. So ging es auch die übrige Zeit; immer wenn die Schmerzen am schlimmsten waren, schienen meine Gebete zu helfen. Das bemerkten sogar die Ärzte und Krankenschwestern.

„Demos“, sagte Dr. Haygood, „du kannst zu jeder Zeit in ihr Zimmer kommen, wann immer du möchtest. Selbst die intravenöse Nahrungszufuhr geht besser, wenn du da bist.“

So zog ich einen weißen Kittel an, eine Maske und eine Kappe, wie sie die Chirurgen tragen, und setzte mich neben ihr Bett.

Die nächsten fünf Tage verbrachte ich jeden freien Augenblick in diesem Zimmer. Als Florence ihr Bewusstsein wiedererlangte, wurde der Schmerz unerträglich. Kein Medikament, keine Spritze schien Linderung bringen zu können. Die Krankenschwestern sagten mir, dass Florence nur schlafe, wenn ich neben ihr säße.

Warum das so war, wusste ich ganz und gar nicht. Als ich an ihrem Bett saß, erinnerte ich mich oft an die Zeit vor elf Jahren, als sie ihren Ellenbogen gebrochen hatte und ich eines Morgens in der Gemeinde wusste, dass sie geheilt werden würde. Es schien eine seltsame Verbindung zwischen Florence und mir zu bestehen, und dennoch folgte dieses Mal keine Heilung auf meine Gebete. Zeitweilig wurde sie zwar von Schmerzen befreit, aber ein Ende der Gefahr, in der sie schwebte, war nicht abzusehen.

Denn jetzt erst erkannte man die wirkliche Gefahr. Sofort nach ihrem Unfall waren Röntgenaufnahmen gemacht worden. Diese zeigten, dass ihr linker Hüftknochen und ein Beckenknochen durch den Aufprall auf das Pflaster zersplittert waren. Später zeigten andere Röntgenaufnahmen, dass kleine Stücke der zersplitterten Knochen zu den lebenswichtigen Unterleibsorganen wanderten. Jeden Tag wurde jetzt eine neue Aufnahme gemacht, und jeden Tag konnten wir sehen, wie sich die nadelscharfen Splitter tiefer in den Unterleib hineinschoben.

Sechs Tage nach dem Unfall machten die Brandwunden eine Operation immer noch unmöglich. Unsere Gemeinde erklärte, dass sie einen Tag lang fasten werde. Sonntag um Mitternacht begann dieser Fastentag, und kein Gemeindeglied nahm Nahrung oder Wasser zu sich. Am folgenden Montag um neunzehn Uhr versammelten sie sich dann in der neuen Kirche auf dem Goodrich Boulevard, die gerade fertig geworden war. Gemäß Apostelgeschichte Kapitel 2, Vers 1 kamen „*alle an einem Ort*" zusammen, um die 24-stündige Gebetswache für die Heilung von Florence zu beenden.

Nur ich war nicht dabei. Ich hatte an jenem Abend einen besonderen Auftrag in der Stadt Maywood zu erledigen, die acht Kilometer von Downey entfernt lag. Schon seit Monaten hörten wir von einem Mann namens Charles Price. Vor einigen Jahren war Dr. Price der Pastor einer großen Gemeinde in Lodi, Kalifornien, gewesen.

Er war ein supermoderner Pastor mit einem supermodernen Gemeindehaus, das sogar über eine Kegelbahn verfügte. Dann aber kam die Evangelistin Aimee Semple McPherson in die Gegend. Mit Notizblock und Bleistift bewaffnet ging Dr. Price in ihre Zeltveranstaltungen, um sich alle die absurden, pfingstlerischen Behauptungen zu notieren, die Miss McPherson von sich geben würde. Schließlich war es ja geradezu seine Pflicht, seine Gemeinde vor ihr und ihren Worten zu warnen! Aber die Predigt von Miss McPherson war noch nicht zu Ende, da wanderten Notizblock und Bleistift wieder in die Tasche zurück und Dr. Price lag auf den Knien. Tränen rollten über seine Wangen. Er hatte seine Hände erhoben und pries Gott in einer unbekannten Sprache.

Seit jenem Abend hatte sich der Dienst von Charles Price radikal verändert. Jetzt nannte er seine Verkündigung „das volle

Evangelium“ und meinte damit, dass von nun an kein Teil der Botschaft des Neuen Testamentes bei seinen Predigten ausgelassen werden würde. Bekannt wurde er vor allem durch seine Auffassung, dass Heilungen, wie wir sie in der Bibel finden, zu jeder Zeit ein normaler Bestandteil im Gemeindeleben sein sollten.

Und jetzt war Dr. Price im nahe gelegenen Maywood und hielt seine eigenen Zeltversammlungen. Als ich in die Nähe des Ortes kam, wollte mich mein Mut verlassen. Die Autos der Besucher waren schon fast einen Kilometer vom Zelt entfernt geparkt. Als ich schließlich zu dem riesigen Zelt kam, waren alle Plätze besetzt und sehr viele Menschen standen draußen auf dem Rasen.

Dr. Price sprach von einem mit roten und weißen Flaggen geschmückten Podium aus. Er war ein blonder Mittvierziger, dessen randlose Brille im Scheinwerferlicht glitzerte. Er beendete seine Predigt mit einem Altarruf für alle, die Heilung brauchten. Ich sah auf meine Uhr, es war 21 Uhr. Hunderte von Menschen drängten sich in die Gänge – ich würde heute unmöglich noch nach vorne kommen können. Aber als ich an meine Gemeinde dachte, die vor Gott auf den Knien lag, entschied ich mich doch zu bleiben. Langsam bewegten sich die langen Reihen der Heilungssuchenden vorwärts. Es wurde 22 Uhr. 22:30 Uhr. Um 23 Uhr versuchten die Platzanweiser die Veranstaltung zum Schluss zu bringen: „Dr. Price wird morgen Abend wieder hier sein, Schwester …“, „Dr. Price wird gern morgen Abend mit dir beten, Bruder.“

Dr. Price nahm seine Bibel und die Flasche Öl, mit der er die Kranken salbte. „Dr. Price!“, rief ich schnell.

Er drehte sich um und blinzelte, weil er mich wegen der hellen Scheinwerfer kaum erkennen konnte.

Ich drängte mich an einem Platzanweiser vorbei. „Dr. Price“, sagte ich und holte tief Luft. „Ich heiße Demos Shakarian. Meine Schwester hatte einen Autounfall und die Ärzte in Downey sagen, dass sie nicht weiterleben kann; so fragten wir uns, ob Sie vielleicht kommen würden …“

Dr. Price schloss die Augen, und ich konnte ihm seine Müdigkeit ansehen. Einen Augenblick lang blieb er so ganz ruhig stehen. Dann öffnete er plötzlich die Augen.

„Ich komme“, sagte er.

Ich eilte ihm voran durch die Menschenmenge, die sich nur langsam auflöste, und hatte jedes Mal Angst, wenn ihn noch jemand ansprach. Dr. Price bemerkte meine Ungeduld.

„Haben Sie keine Angst, mein Sohn“, sagte er, „Ihre Schwester wird heute Abend gesund werden.“

Ich starrte den Mann an. Wie konnte er diesen Satz mit einer derartigen Gewissheit sagen? Zugleich erinnerte ich mich, dass er ja noch gar nicht die Röntgenaufnahmen gesehen hatte. Er konnte ja gar nicht wissen, wie ernst die Lage war!

Meine Skepsis muss sich auf meinem Gesicht gezeigt haben, denn als ich den Motor anließ, sagte er: „Ich möchte Ihnen sagen, junger Mann, warum ich so sicher bin, dass Ihre Schwester geheilt wird.“ Er berichtete dann, wie er vor Jahren, kurz nach seinem Erlebnis in der Zeltevangelisation von Miss McPherson, durch Kanada reiste und in die kleine Stadt Paris in Ontario kam. Als er so durch den Ort fuhr, fühlte er sich innerlich gedrungen, nach rechts abzubiegen. Das tat er dann auch, und wenig später fühlte er den Impuls, die nächste Straße nach links abzubiegen. Auf diese Weise wurde Dr. Price durch die Stadt geleitet, bis er zu einer Methodisten-Kirche kam. Hier, so fühlte er, sollte er anhalten.

Ohne zu wissen, warum er es tat, klingelte Charles Price an der Haustür des Pastors, der neben der Kirche wohnte, und stellte sich vor. Er sagte, er sei ein Evangelist, und plötzlich hörte er sich fragen, ob er in dieser Gemeinde eine Reihe von Veranstaltungen halten dürfe. Zu Dr. Price’ großer Verwunderung hatte der Pastor nichts gegen diesen Vorschlag einzuwenden.

Unter den Gottesdienstbesuchern fiel Dr. Price dann besonders eine fürchterlich verkrüppelte Frau auf. Ihr Mann trug sie jeden Abend herein und legte sie auf ein Kissen in einer der ersten Sitzreihen. Als er sich nach ihnen erkundigte, erfuhr er, dass sie Louis und Eva Johnston hießen und aus dem Städtchen Laurel in Ontario kamen. Eva Johnston war schon seit mehr als zehn Jahren bettlägerig und hatte ständig Schmerzen. Die Ursache der Krankheit war ein starkes rheumatisches Fieber, und jetzt stand es so schlimm, dass beide Beine gelähmt und verkrüppelt waren. Das Ehepaar hatte zwanzig verschiedene Ärzte in Toronto konsultiert. Diese versuchten es mit Elektroschocks, mit Operationen, mit Kurzwellenbestrahlung – aber die Beine verformten sich von Jahr zu Jahr mehr.

Als Dr. Price jedoch an diesem Abend predigte, hatte er die Gewissheit, dass Eva Johnston nicht mehr lange auf ihre Heilung werde warten müssen; jedes Mal nämlich, wenn Dr. Price zu ihr hinübersah, fühlte er eine Hitzewelle, die ihn wie eine schwere Decke einhüllte und sich auf seinen Schultern niederließ.

Mir lief ein kalter Schauer über den Rücken, als ich mich an das gleiche Erlebnis bei der Heilung von Florences Ellenbogen erinnerte. Es fiel mir schwer, mich auf den Straßenverkehr zu konzentrieren.

Dr. Price meinte, das Gefühl der Schwere und der Wärme sei die Gegenwart Gottes. Er sagte der Gemeinde, dass sie gleich ein besonderes Wunder erleben werde. Dann kam er vom Podium herunter, legte der kranken Frau die Hände auf und begann zu beten. Die ganze Gemeinde konnte zusehen, wie der Rücken der Frau aufgerichtet, die verdrehten Beine gerade und sichtbar länger wurden. Obwohl Eva Johnston seit mehr als zehn Jahren keinen Schritt mehr gegangen war, stand sie jetzt auf und ging, nein, sie tanzte den Gang entlang. Dr. Price hatte noch immer Kontakt mit den Johnstons; die Heilung war beständig und Eva hatte keinerlei Beschwerden mehr.

„Und heute Abend“, fuhr Charles Price fort, „werden wir ein weiteres Wunder erleben, denn in dem Moment, in dem Sie mich ansprachen, fiel wieder diese Decke auf meine Schultern. Ich fühle sie noch immer. Gott ist gegenwärtig.“

Ich schluckte schwer und wagte einen Moment lang nicht zu reden. Seit meinem eigenen Erlebnis vor elf Jahren hatte ich nie wieder von einem ähnlichen Wunder gehört.

Es war 23.30 Uhr, als wir in Downey ankamen. Die Haustür des kleinen 33-Betten-Krankenhauses war abgeschlossen; so mussten wir klingeln. Die Krankenschwester, die öffnete, begrüßte uns mit den Worten: „Ich bin froh, dass Sie da sind. Florence geht es heute Abend sehr schlecht."

Ich fragte, ob Dr. Price mit mir in das Zimmer kommen dürfe, und auch er bekam einen sterilen Kittel und einen Mundschutz. Dann gingen wir beide in Florences Zimmer. Sie lag in ihrem Bett, war aber hinter dem Durcheinander von Röhren und Schläuchen kaum zu erkennen. Ich stellte ihr Charles vor, und sie nickte schwach.

Dr. Price zog die Flasche Öl aus seiner Tasche und goss ein wenig von der Flüssigkeit in seine Hand. Dann suchte er sich einen Platz, wo er trotz der vielen Apparaturen am Kopfende des Bettes stehen konnte, und legte seine Fingerspitzen zart auf Florences Stirn.

„Herr Jesus", betete er dann, „danke, dass du hier bist. Danke, dass du unsere Schwester heilst."

Seine kräftige, doch sanfte Stimme betete noch weiter, aber ich konnte nicht mehr hinhören. Die Atmosphäre in diesem Zimmer hatte sich mit einem Schlag verändert, alles war ausgefüllt, sogar die Luft selbst schien schwerer geworden zu sein.

Ganz plötzlich drehte sich Florence auf dem hohen Bett um, und Dr. Price musste zurückspringen, weil ein schweres Stahlgewicht an seinem Kopf vorüberschwang. Florence rollte so weit auf die eine Seite, wie es ihr mit den Schläuchen möglich war, dann rollte sie wieder zur anderen Seite. Alle Gewichte schwangen und drehten sich jetzt, als sie vor- und zurückrollte. Ich wusste, dass ich versuchen müsste, sie anzuhalten – die Ärzte hatten ja immer wieder gesagt, dass die zerschmetterte Hüfte nicht bewegt werden dürfe. Aber ich blieb, wo ich war, und wurde ganz von der pulsierenden Luft umgeben.

Florence stöhnte ganz tief, aber ob es vor Schmerzen war oder vor Glückseligkeit, wusste ich nicht. Zwanzig Minuten lang drehte sie sich so in ihrem Gefängnis aus Schläuchen, und Dr. Price und ich mussten aufpassen, dass wir nicht von einem Gewicht getroffen wurden. Jede Sekunde erwartete ich eine Krankenschwester, die vom Flur hereinstürzen und fragen würde, was wir denn dort trieben. Ich wusste, dass alle zehn Minuten jemand durch die Räume ging. Aber niemand kam. Es war, als ob wir drei aus

Raum und Zeit hinausgehoben wären in eine Welt hinein, in der uns nur die warme, alles durchflutende Gegenwart Gottes umgab.

Und genauso plötzlich wurde es wieder ein ganz gewöhnliches Krankenzimmer. Florence lag ruhig auf dem Bett, und die Gewichte hörten allmählich auf zu schwingen. Lange sah sie mich still an. „Demos", flüsterte sie dann, „Jesus hat mich geheilt." Ich beugte mich zu ihr hinab. „Ich weiß", sagte ich.

Als die Krankenschwester wenig später ins Zimmer kam, freute sie sich, dass Florence nach langer Zeit wieder tief und friedlich schlief.

Nachdem ich Dr. Price nach Hause gefahren hatte, weckte mich am nächsten Morgen der Anruf von Dr. Haygood.

„Ich möchte, dass du herkommst und dir die Röntgenaufnahmen ansiehst." Das war alles, was er sagte.

Als ich im Krankenhaus ankam, war das Röntgenzimmer voll von Ärzten, Krankenschwestern und medizinisch-technischen Assistenten, die alle zusehen wollten. Dann wurden die acht Röntgenplatten an einer Leuchtwand aufgehängt. Auf den ersten sieben waren zersplitterte und falsch liegende Hüft- und Beckenknochen zu sehen. Die Knochen waren zum Teil so gesplittert, dass sie nur noch als kleine, puderartige Körner zu erkennen waren. Die anderen Aufnahmen zeigten, wie sich die Knochensplitter immer weiter im Körper verteilten. Auf der achten Röntgenplatte aber, die an jenem Morgen gemacht worden war, sah man einen in jeder Hinsicht normalen Beckenknochen; die beiden Seitenteile waren auf dem Bild vollkommen normal. Der linke Hüftknochen war genauso gut geformt wie der rechte, nur ein paar haarfeine Linien ließen ahnen, dass dieser stabile Knochen – sicherlich vor vielen, vielen Jahren – einmal verletzt worden war.

Florence blieb noch einen Monat lang im Krankenhaus, und die Brandwunden heilten weiter zu. In der Nacht bevor sie entlassen wurde, hatte sie einen Traum. Einen merkwürdigen Traum. Sie sah fünfundzwanzig Gläser mit Wasser vor sich auf einem Tisch stehen, die sie austrinken sollte. „Ich glaube", sagte sie am nächsten Tag zu Rose und mir, als wir sie abholten, „damit sind die Jahre gemeint, die ich hier auf der Erde noch zu leben habe. Ich glaube, Gott schenkt mir noch fünfundzwanzig Jahre, in denen ich ihm dienen kann.“

Ich wusste nicht, ob dieser Traum eine Bedeutung hatte. Ich wusste nur, dass ich mit meinen eigenen Augen Gottes Kraft gesehen hatte.

Was ich nun noch zu lernen hatte, war die Erkenntnis meiner eigenen Schwachheit.

Kapitel 5

Näher zu Gott

Es war Dezember 1941. Die Vereinigten Staaten von Amerika führten Krieg. Nach dem Angriff auf Pearl Harbour wurde Los Angeles über Nacht zum Zentrum aller Verteidigungsanstrengungen. Tagsüber verstopften olivgrüne Armeewagen die Straßen, und nachts, in der schützenden, aber unheimlichen Dunkelheit, musste in aller Eile die notwendigste Arbeit getan werden. Wenn wir frühmorgens zum Melken gingen, prüften wir immer erst nach, ob die Fenster der Stallungen auch gut verhängt waren, damit kein Lichtschein nach draußen dringen konnte. Zu allem Unglück lag ganz in unserer Nähe das Gelände der ehemals kleinen „Nordamerikanischen Flugzeugfabrik". Rose war darüber sehr beunruhigt. Jetzt breitete sich diese Fabrik zu einer riesigen, von Stacheldraht eingezäunten Anlage aus, durch deren Tore rund um die Uhr Personen- und Lastkraftwagen fuhren. Richard aber, unser siebenjähriger Sohn, fand es äußerst spannend, dass die Flugabwehrkanonen genau vor unserem Haus aufgebaut wurden.

Da die Milchwirtschaft als lebensnotwendiger Industriezweig galt, wurden die Milchfarmer nicht zum Militärdienst eingezogen. Aber wenig später waren viele unserer Angestellten und Lieferanten in der Armee oder im Zivilschutz. So verbrachte ich meine ganze Zeit entweder auf den Kälberkoppeln oder in den Kuhställen, je nachdem, wo am wenigsten Arbeiter waren. Auch auf den verschiedenen Rationierungsämtern und anderen Verteilungsstellen war ich jetzt täglich zu finden. Hier bat ich um Benzin, Getreide, Autoreifen und andere Wagenteile, die wir unbedingt brauchten, um den Betrieb aufrechtzuerhalten.

Das größte Problem aber war das Bangen um die Gesundheit der Tiere. Arzneimittel waren nicht mehr zu bekommen, und auch die Tierärzte konnten nicht mehr jederzeit gerufen werden. Vater und ich hatten immer zuerst gebetet, wenn unsere Herden von einer Seuche bedroht wurden. Jetzt war Gebet aber auch ziemlich das einzige Mittel, das uns zur Verfügung stand.

◇◇◇

Während der Kriegsjahre haben Rose und ich weiterhin die sommerlichen Zeltveranstaltungen unterstützt. Dabei gingen wir genauso vor, wie wir es auch im Osten von Los Angeles getan hatten.

Zuerst suchten wir einen begabten Redner und dann, was wir besonders gern taten, überredeten wir die Gemeinden und Kirchen der Umgebung zur Zusammenarbeit. Sie sollten gemeinsam die Ausrüstung mieten und die Einzelheiten ausarbeiten. Später, wenn die größeren Ausgaben beglichen waren, sollte alles übrig gebliebene Geld aus den Opfergaben auf ein Bankkonto eingezahlt werden. Dieses Konto durfte dann nur von den Gemeinden verwaltet werden, die sich auch gemeinsam an der Arbeit beteiligt hatten. Dies war ein guter Weg, die Zusammenarbeit auch nach Beendigung der Veranstaltung nicht aufhören zu lassen.

In unserer eigenen Gemeinde fragten einige der Ältesten immer noch, was wir denn von diesem „Herumrennen" hätten. Als Florence dann aber in einer Veranstaltung im Juli 1942 ohne das geringste Anzeichen einer Verletzung auf die Empore stieg, um mit ihrer einzigartigen Stimme das Eröffnungslied zu singen, stand es für Rose und mich fest: Alle Anstrengungen, die wir um des Evangeliums willen noch auf uns nehmen würden, könnten doch unsere Dankbarkeit Gott gegenüber nicht ausdrücken.

Es gab aber noch eine andere Quelle der Freude in jenen Jahren: die immer inniger werdende Freundschaft mit Charles Price. Ich hörte ihn gern in seinem eleganten Redestil predigen, den er unter William Jennings Bryan noch vervollkommnet hatte. Aber am liebsten waren mir seine persönlichen Besuche.

In den Jahren 1941–1946 kam er fast jede Woche nach Downey. Wir gingen dann in das von ihm bevorzugte italienische Restaurant und setzten uns hinten in eine Ecke. Ich verbrachte den ganzen Nachmittag damit, dem weisesten Menschen zuzuhören, den ich je gekannt habe.

„Dr. Price“, sagte ich einmal zu ihm, „was Sie tun, muss das Wunderschönste auf der Welt sein: zu sehen, wie Tausende von Ihren Worten mitgerissen werden, wie Menschen gerettet und geheilt werden, und zu fühlen, wie die Kraft Gottes durch Sie hindurchströmt!“

Dr. Price, der gerade damit beschäftigt war, einige Spaghetti auf die Gabel zu drehen, zog die Stirn in Falten und sah mir tief in die Augen.

„Nein“, sagte er schließlich, „so ist es nicht. Es ist, … ja, es ist wie dieser Krieg!“ Dabei zeigte er mit seinem Arm auf die Besucher des Restaurants. Wir waren dort beinahe die einzigen Zivilisten.

„Wo fallen die Soldaten?“, fuhr er dann fort. „An der Front, wo sie dem Feind am nächsten sind! Demos, genauso ist es mit der Evangelisierung. Sie ist ein Kriegführen, das ebenso tödlich ist wie das, was jetzt gerade überall in der Welt passiert. Ein Prediger, der einen Angriff in feindliches Gebiet startet, wird beschossen. Er wird verwundet, Demos, und einige von uns werden sogar vernichtet.“ Dann lachte er in seiner bescheidenen Art und sagte noch:

„Manchmal werden mir Komplimente gemacht, ich sei ein so guter, ausdrucksstarker Redner. Das bedeutet mir gar nichts. Aber gestern erzählte mir eine Dame, dass ihre Familie jeden Tag für mich betet. Demos, das ist das Schönste, was ein Prediger hören kann.“

Ich nickte, und sein Ernst beeindruckte mich. Aber was diese Worte wirklich bedeuten, verstand ich damals, Anfang der Vierzigerjahre, ganz und gar nicht.

Trotz der Spannungen des Krieges und der damit verbundenen Einschränkungen ging unser großer Traum in diesen Jahren in Erfüllung. Die Herde, die einmal aus drei Kühen bestanden hatte, war auf dreitausend Stück Milchvieh angewachsen. Somit besaßen wir jetzt den größten privaten Milchwirtschaftsbetrieb in der ganzen Welt.

Allerdings sagte ich mir oft, hatten wir jetzt auch größere Kopfschmerzen. Stundenlang musste ich herumtelefonieren und erkunden, wo es die billigsten Milchflaschen gab und wer uns den richtigen Zement für einen Molkereifußboden liefern konnte. Es wurde auch immer schwieriger, genug Nahrung für eine solch große Anzahl von Tieren zu beschaffen; jetzt fuhr ich sogar schon in das weit entfernte Imperial Valley, nur um Heu zu kaufen.

Der größte Teil dieser Strecke führte durch die Wüste, und als dem drückend heißen Juli der noch heißere August des Jahres 1943 folgte, vollzog sich in der Umgebung der sonst so einsamen Straße ein erstaunlicher Wandel. Hatte ich während meiner letzten Fahrt nur zwei Bretterbuden ausmachen können, die am Straßenrand standen, so fand ich jetzt eine emsige Zeltstadt vor. Die ganze Strecke musste ich hinter langen Konvois von Armeelastwagen Schritt fahren. Dattelfarmen und staubige kleine Dörfer waren mit Soldaten überfüllt. Natürlich sagte niemand etwas, niemand wusste etwas, aber es war doch offensichtlich: Hier wurde ein großer Feldzug geplant, der irgendwo in der Welt eine militärische Entscheidung bringen sollte.

Als ich nach Hause kam, sprach ich mit Rose darüber. „Du kannst es dir nicht vorstellen“, sagte ich, „so viele junge Männer, Rose, und sie sehen alle so verschwitzt, genervt und gelangweilt aus!“ An die Stadt Indio, die vierzig Kilometer östlich von Palm Springs liegt, musste ich besonders oft denken. Die Straßen dort waren so vollgestopft mit Soldaten, die dienstfrei hatten, dass man eine Stunde brauchte, um die Hauptstraße dieser kleinen Stadt zu durchfahren. Als ich in der Schlange der wartenden Autos stand, konnte ich beobachten, wie die Soldaten in endlosen Reihen vor den drei oder vier Restaurants und dem einzigen Kino warteten, um Schutz vor der 50 °C heißen Sommerschwüle zu suchen. Sie hatten einfach nichts zu tun und wussten auch nicht, wohin sie gehen sollten.

Plötzlich kam es mir in den Sinn: Wie wäre es, wenn wir hier einige Zeltgottesdienste abhalten würden?

„Willst du dir denn noch mehr aufladen?“, fragte Vater. Rose und ich hatten gerade eine sechswöchige Evangelisation in Orange County abgehalten. Jetzt meldete auch Rose ihre Bedenken an:

„Demos, du arbeitest sechszehn Stunden am Tag in der Molkerei. Während der Evangelisation bist du fast gar nicht ins Bett gekommen. Was hast du bloß davon, wenn du dich umbringst?"

„Aber, Rose, … wenn diese Idee von Gott kommt und nicht von mir?"

Sie sah von dem Sommeranzug auf, den sie gerade bügelte.

„Dann machen wir es", sagte sie entschieden.

Ich sprang vom Sofa auf. „Ich rufe sofort Charles Price an", freute ich mich. „Sein Terminkalender ist für die nächste Zeit zwar schon ziemlich voll, aber vielleicht hat er doch noch eine oder zwei Wochen frei."

Rose zog einen anderen von Gerrys Spielanzügen aus dem Stapel der besprengten Wäsche. Sie redete nie viel, aber wenn sie absolut nichts zu sagen hatte, wusste ich, dass sie mir sehr viel zu sagen hatte.

„Rose?"

Keine Antwort.

„Ist irgendetwas nicht in Ordnung?"

„Demos, so sehr ich Dr. Price auch mag und schätze, so glaube ich doch, dass er nicht der richtige Mann ist, um mit Soldaten zu sprechen. Wir brauchen einen jüngeren Mann, einen, … ich weiß auch nicht, vielleicht einen, der Gitarre spielen kann."

Nun war ich mir aber ganz sicher, dass Rose unrecht hatte.

„Denk doch mal an die Menschenmengen, die Dr. Price anzieht", entgegnete ich entrüstet, „denk doch mal an die Heilungen, die geschehen, denk doch an Florence!"

Rose war wieder still. So rief ich Dr. Price an und vergaß völlig, was ich damals gelernt hatte, als wir mit den Freiluftgottesdiensten im Lincoln Park anfingen. In jenen Tagen war mir nämlich bewusst geworden, dass es für uns ein Zeichen des Willens Gottes war, wenn Rose und ich zu einer bestimmten Sache die gleiche Meinung hatten.

Charles Price zeigte Mitgefühl für die Situation der Soldaten in der Wüste und sagte, er werde versuchen, seine terminlichen Verpflichtungen zu verschieben. Das tat er auch, glaube ich, obwohl gerade zu der Zeit unsere Milchproduktion zunahm und ich eine Zeitlang sehr beschäftigt war. Dann kamen auf einmal viele Dinge zusammen: Dr. Price erkrankte an einer Grippe und ich hatte Schwierigkeiten, die zuständige Militärbehörde zu finden, die mir die Erlaubnis für eine derartige Veranstaltung geben konnte. Schließlich gab mir der Arzt von Dr. Price den endgültigen Bescheid, dass ich mich nach einem anderen Redner umsehen müsste. Plötzlich fühlte ich auch nicht mehr die Dringlichkeit dieses Problems, die ich früher einmal gespürt hatte. Halbherzig und lau suchte ich nach einem anderen Redner, und letzten Endes wurde gar nichts mehr daraus …

In jenem Herbst standen viele Kriegsberichte in den Zeitungen. Die Zahl der gefallenen Amerikaner war hoch, und jedes Mal, wenn neue Zahlen bekanntgegeben wurden, quälten mich wichtige und tiefgreifende Fragen: Wie viele der jungen Männer, die ich hier in der kalifornischen Wüste gesehen hatte, waren gefallen? Wie viele von ihnen wären zu den Gottesdiensten in Indio gekommen? Wie viele hätten die Wahrheit erkannt, die ihr Leben verändern konnte?

Zu der Zeit kam auch ein anderes großes Problem auf uns zu. Alle Molkereien in ganz Südkalifornien sahen sich einer bösen Tuberkuloseseuche unter dem Vieh gegenüber. Da so viele Tierärzte zum Militärdienst eingezogen waren, wurde die Zahl der Tiere, die von dem Tb-Bazillus befallen wurden, täglich größer. Einmal im Monat kamen Staatsbeamte der Gesundheitsämter, um unsere Herden zu untersuchen. Die Testmethode war eindeutig. Man spritzte den Tieren eine bestimmte Flüssigkeit in die weiche, unbehaarte Haut am Schwanzansatz. Blieb die Haut auch nach drei Tagen noch weich, war das betreffende Tier nicht von der Krankheit befallen. Zeigte sich aber eine Beule von der Größe eines Radiergummis, dann bestand die Gefahr, dass das Tier weitere Tiere anstecken würde, bei kleineren Beulen war zumindest der Verdacht auf Ansteckung gegeben. Wenn in einer Herde eine bestimmte Anzahl verdächtiger oder kranker Tiere waren, mussten nach dem Gesetz alle Tiere getötet werden – die gesunden und die kranken Kühe.

In der Umgebung waren schon die ersten Herden geschlachtet worden, als auch die ersten unserer Kühe von der Krankheit befallen wurden. Natürlich beteten Vater und ich; auch der neunjährige Richard betete für die Tiere, wenn er nach der Schule in den Ställen mithalf. Die Krankheit breitete sich ausgerechnet auf Nummer Drei aus, unserer besten Molkerei. Fast hundert der bisher untersuchten Tiere waren Ansteckungsträger und mindestens zweihundert Kühe waren verdächtig. Wenn diese Zahlen bis zur nächsten Kontrolluntersuchung nur um wenige stiegen, schien es unumgänglich, alle tausend Kühe zu töten.

An dem Tag, als uns dies bewusst wurde, blieben Vater und ich lange nach dem abendlichen Melken auf Nummer Drei und saßen uns traurig an unseren Schreibtischen gegenüber. Uns war nicht bekannt, dass es jemals einer Milchwirtschaftsfarm erlaubt worden wäre, die Herde trotz einer derart hohen Anzahl kranker Tiere zu behalten. Um uns aufzumuntern, stellte Vater das Radio an und suchte einen Evangeliumssender. Plötzlich erkannten wir die Stimme von Dr. Kelso Glover. An jenem Abend sprach Dr. Glover über die Macht Gottes, die imstande ist, absolut jede Krankheit zu heilen. Vater und ich sahen einander an.

Am nächsten Morgen, ganz früh, rief ich Dr. Glover an. „Als Sie gestern Abend von der Heilung jeder Krankheit sprachen, meinten Sie da auch die Krankheiten, die Kühe haben können?“, fragte ich. Der in Berkeley geschulte Theologe überlegte lange und antwortete erst nach einer Weile. „Ja“, sagte er dann, „das gilt für jede Krankheit des Menschen und des Tieres.“

„Könnten Sie bitte, möglichst noch heute, für tausend Holsteiner Kühe beten?“, fragte ich und erklärte ihm unser großes Problem.

Gegen 11:30 Uhr kam er auf der Molkerei an, und wir gingen gemeinsam zu den Gehegen hinaus. In jedem Gehege waren sechzig Tiere, und die meisten von ihnen standen um die Heukrippen und fraßen. Als Dr. Glover und ich aber durch die erste Pforte gingen, stutzten sie, kamen dann gemächlich auf uns zu und bildeten, wie Kühe es so tun, einen Kreis um uns.

Obwohl die Sonne fürchterlich brannte und direkt über uns stand, nahm Dr. Glover zum Gebet seinen Hut ab. Auch ich beeilte mich, meinen abzusetzen. „Herr Jesus“, rief er dann, „das Vieh auf tausend Hügeln gehört dir. In deinem Namen, Herr, gebieten wir über jeden Tuberkulosebazillus, der deine Geschöpfe angreift!"

Die Ohren der Kühe richteten sich auf. Ihre leuchtend schwarzen Augen sahen ihn ernst an.

Es dauerte zwei Stunden, bis wir alle Gehege besucht hatten. Ich machte mir Sorgen um die Gesundheit des nicht mehr ganz so jungen Dr. Glover. Obwohl er der unsagbar heißen Sonne ausgesetzt war, nahm er jedes Mal zum Gebet seinen Hut ab. Mir fiel auf, dass es zwischen den Futternäpfen und Wassertrögen ungewöhnlich still geworden war.

Das schienen auch die noch verbliebenen Arbeiter zu bemerken. Die meisten von ihnen waren zu alt, um noch zum Militärdienst eingezogen zu werden, und sie arbeiteten auch schon sehr lange in unseren Betrieben. Kurz gesagt: Sie waren an die seltsamen Gebräuche der Pfingstler gewöhnt. Aber ich konnte sehen, dass die Art von Dr. Glover sie beeindruckte. Als er die Krankheit zurückwies, konnte man fast die Bazillen fliehen sehen.

Jetzt konnte ich die nächste Testuntersuchung kaum erwarten. Aber eigentlich verlief sie wie immer. Die Gesundheitsbeamten gingen grimmig und geschäftig durch die langen Reihen, in denen die Kühe standen.

Nach jeder Injektion hielten sie kurz an, um die Spritze zu desinfizieren. Diese Männer wussten am besten, wie sehr die Gesundheit der Nation und vor allem die der Kinder von der Milchwirtschaft abhing und welches Unheil die Epidemie anrichtete. Drei Tage später kamen zwei Ärzte des Staates Kalifornien und der Vorsteher unseres Bezirks, um nachzusehen, wie die Tiere auf die Injektion reagiert hatten. Sie sprachen nicht viel, als sie ihre Gummistiefel anzogen. Jetzt kam nämlich der schwierigste Teil ihrer Arbeit. Wahrscheinlich würden sie wieder einem Farmer mitteilen müssen, dass es für seine Herde keine Hilfe mehr gab.

Auf Nummer Drei hatten wir die Möglichkeit, hundertzwanzig Kühe auf einmal zu melken, und diese Arbeit musste jetzt in dreißig Reihen vorgenommen werden. Am Ende der ersten beiden

Reihen trafen sich die Ärzte, und ich ging näher heran, um trotz des Lärms der Melkmaschinen verstehen zu können, was sie sagten.

„Es ist sehr merkwürdig“, sagte der eine. „Ich habe in der ganzen Reihe weder eine Kuh gefunden, die angesteckt war, noch eine, die andere anstecken würde.“

„Seltsam“, wunderte sich der andere Arzt, „in der Reihe, die ich eben kontrolliert habe, war es genauso.“

In dem ganzen Stall hatte nicht eine einzige der hundertzwanzig Kühe irgendwelche Krankheitsanzeichen. Als die nächsten hundertzwanzig Kühe gemolken waren und jetzt zweihundertvierzig negative Untersuchungsresultate vorlagen, kamen die Arbeiter, die das Wunder einfach nicht fassen konnten, in den Stall und freuten sich mit uns.

Gegen Mittag waren über tausend Kühe gemolken und untersucht worden, und keine einzige war von Tuberkulose befallen. Es bestand nicht einmal die Gefahr, dass eine Kuh diese Krankheit bekommen könnte. Sogar die vorher eindeutig erkrankten Tiere waren vollkommen gesund. Die Gesundheitsbeamten sagten, dass es für dieses Phänomen keine medizinische Erklärung gebe. Aber ich wusste eine Erklärung, und ich sagte sie allen, die im Stall anwesend waren: „Dr. Glover hat gebetet und Gott hat das Gebet erhört.“

Aber nicht nur in den schlechten Kriegsjahren erhörte Gott unser Gebet. In den mehr als zwanzig Jahren, in denen unsere Molkerei an jenem Platz stand, hatten wir nie wieder einen Tuberkulosefall oder einen Verdacht darauf zu melden.

Später verlegten wir die Molkereien in den Norden von Downey, weil das Stadtgebiet verbaut war.

Ich glaube, meine Mutter war am aufgeregtesten von uns allen, als Rose und ich feststellten, dass wir im November 1944 ein Baby bekommen würden. Gerry war in den Kindergarten gekommen und unsere beiden Häuser mit den angrenzenden Grundstücken waren Mutter einfach zu ruhig geworden. Natürlich hatte sie noch andere Enkelkinder, aber meine Schwestern lebten mit ihren Familien mindestens eineinhalb Kilometer entfernt, und das hieß für armenische Verhältnisse, praktisch außer Reichweite zu sein.

Es gab auch einen besonderen Grund, warum sie unsere Nachricht so freudig aufnahm.

Mit siebenundvierzig Jahren war Mutter unheilbar an Krebs erkrankt. Das Gebet, das in der Molkerei so viel bewirkt hatte, blieb hier zu Hause ohne Wirkung. „Aber“, strahlte Mutter glücklich, „deine zweite Tochter möchte ich noch sehen, Demos.“ Alle in der Familie nahmen an, dass das Baby ein Mädchen sein werde. Soweit der Stammbaum der Shakarians nämlich zurückverfolgt werden konnte, war in keiner Generation mehr als ein Sohn geboren worden. Also begann Mutter, kleine rosafarbene Kleidchen und gekräuselte Mützen zu nähen.

Bei den Zeltgottesdiensten im Sommer des Jahres 1944 fiel mir etwas auf, was mir vorher nie so recht bewusst geworden war. Der Evangelist predigte gerade, und ich saß auf der Rednertribüne und ließ meinen Blick über die gut besuchte Versammlung schweifen. Pastellfarbene Kleider, geblümte Kleider, nur wenige Uniformen – die meisten der Besucher waren also Frauen!

Ich bemerkte, dass ich mit meinen Gedanken nicht mehr bei der Predigt war und bemühte mich, wieder zuzuhören. Als aber das nächste Lied gesungen wurde, betrachtete ich wieder die Zuhörer. Bildete ich es mir ein, oder kamen im Schnitt wirklich zehn Frauen auf einen Mann? Am nächsten Abend zählten Rose und ich gemeinsam. In jeder Reihe standen vierzehn Stühle, dann kam ein Gang, wie ihn die Feuerschutzbestimmungen des Bezirks Los Angeles vorschrieben. In der ersten Reihe der rechten Hälfte saßen acht Frauen, vier Kinder und zwei Männer; in der dritten Reihe vierzehn Frauen.

An drei aufeinanderfolgenden Abenden teilten Rose und ich uns die Reihen auf und zählten die Zuhörer. Es gab keinen Zweifel: Auf jeden Mann kamen mehr als zehn Frauen.

Ich konnte es einfach nicht fassen. In der armenischen Gemeinde kam jeder mit seiner Familie und dadurch war die Zahl der Männer und Frauen weitgehend ausgeglichen. Hier im Zelt aber saßen alle durcheinander, es gab keine Trennung nach Alter und Geschlecht und erst jetzt fiel mir dieses Ungleichgewicht auf. Wo waren die Ehemänner, fragte ich mich, die Brüder und Väter?

„Ich hatte nie bemerkt“, sagte ich in jener Woche zu Charles Price, „wie wenig Männer noch in dieser Gegend sind. Wahrscheinlich sind alle im Einsatz in Übersee, nicht wahr?“

Dr. Price sah mich durch seine runden Brillengläser verwundert an. „Demos, glaub mir, es waren noch nie so viele Männer in Los Angeles wie gerade jetzt. Aus jedem Staat der USA sind Soldaten hier, und Tausende und Abertausende arbeiten im Zivilschutz.“

„Warum sind dann aber so sehr viel mehr Frauen in unseren Zeltgottesdiensten?“, fragte ich ihn.

Dr. Price warf seinen Kopf zurück und lachte, bis einige Marinesoldaten vom Nachbartisch sich umdrehten und uns erschrocken anstarrten. „Du bist doch wirklich ein naiver, unschuldiger Armenier“, sagte er schließlich. „Diese Art von Gottesdiensten wird immer von mehr Frauen als Männern besucht. Die meisten amerikanischen Männer meinen doch, Religion sei … ich weiß nicht … na, weibisch, nur etwas für Frauen und Kinder. Hast du jemals von einer Männermissionsgesellschaft oder einem Bibelkreis für Männer gehört? Die Frauen sind die Kirche in Amerika, Demos, außer den Geistlichen natürlich, wie ich es bin. Aber alle andere Arbeit, die geleistet wird, die Begeisterung, das Leben – es kommt von den Frauen!“

Nächtelang ließen mich Charles’ Worte nicht schlafen. Ich warf mich im Bett hin und her, bis Rose, die zu der Zeit besonders viel Schlaf brauchte, mich bat, ich solle mich doch lieber auf das Sofa im Wohnzimmer legen. Natürlich, es war für mich keine Frage, dass die Frauen Gott lieben und ihm dienen durften. Die armenische Gemeinde hatte immer schon ihre Prophetinnen gehabt, aber doch waren die Männer immer die treibende Kraft gewesen, die Ältesten, die Bibelschüler, die Lehrer, die die Kinder geistlich unterwiesen. Wie konnten die amerikanischen Männer, die sonst so energiegeladen und erfolgreich waren, die höchste aller Berufungen aufgegeben haben? So sehr ich auch darüber nachdachte, ich konnte es einfach nicht verstehen.

Am 1. November 1944 wurde unsere zweite Tochter geboren, ein dunkelhaariger kleiner Engel mit geschwungenen schwarzen Wimpern, die so lang waren, dass sie ihre Wangen streichelten.

Natürlich ist jedes Baby etwas Besonderes, aber unseres hatte tatsächlich etwas an sich, das sogar die nicht so leicht zu beeindruckenden Krankenschwestern bewog, vor den Fenstern der Säuglingsstation stehen zu bleiben.

Wir gaben ihr den Namen Carolyn. Als Rose und ich mit Richard und Gerry an der Hand in die Gemeinde am Goodrich Boulevard zum Altar gingen, um das jüngste Familienmitglied segnen zu lassen, hätte ich vor lauter Stolz und Glück platzen mögen.

Aber natürlich war Carolyn von Anfang an Mutters Liebling. Mutter fiel das Laufen immer schwerer, sogar die wenigen Schritte zu unserem Haus machten ihr Mühe. Deshalb trugen Rose und ich die kleine Carolyn mehrmals am Tag zu ihr hinüber, und Mutter war es auch, die nacheinander ihre erstaunlichen Fähigkeiten bemerkte: wie früh sie anfing zu lächeln, sich auf den Rücken drehte und aufrecht sitzen konnte. Mutter behauptete sogar, dass der kleine Sonnenschein mit vier Monaten deutlich „Zarouhi" sagen konnte, aber dieses Wunder hat niemand sonst zu hören bekommen.

In jenem Winter sprachen Charles Price und ich bei unseren wöchentlichen Zusammentreffen oft über die Tatsache, dass sich die amerikanischen Männer gegen die Religion wehrten. Damals berichtete ich ihm auch von einer Beobachtung, die ich in unserer eigenen Gemeinde gemacht hatte.

„Wenn ein Mann anfängt, im Geschäft erfolgreich zu werden, verliert er nach und nach sein Interesse an gemeindlichen Dingen." Ich erzählte Dr. Price, dass oft die ganze Gemeinde betete, wenn eine Hypothek für ein Geschäft bezahlt werden oder wenn ein Bruder der Gemeinde einen Kredit aufnehmen musste.

Wenn dann aber das Geschäft blühte und der Erfolg sich einstellte, sah die Gemeinde den Mann, mit dem sie durch schwere Tage gegangen war, oft nicht wieder. „Warum ist das so?", fragte ich.

Dr. Price lehnte sich an die getäfelte Zwischenwand. „Ich weiß, was die Kirchen und Gemeinden darauf antworten", sagte er. „Erfolg in der Welt widerspricht dem Wachstum des geistlichen Lebens. Gott und Mammon sind unvereinbar, und wie die Argumente alle heißen. Aber diese Antworten befriedigen mich nicht." Er strich sich mit der Hand bedächtig durch sein lichtes, blondes Haar.

„Welche Antwort gibt die Kirche den Männern und Frauen, die umfangreiche und verpflichtende Aufgaben in einem modernen Unternehmen zu erfüllen haben? Diese Menschen tragen eine ungeheure Verantwortung, weil hundert verschiedene Umstände und Folgerungen von ihren Entscheidungen abhängen. Ganz ehrlich, Demos, solche Männer sind zu mir gekommen und ich konnte nicht einmal ihre Fragen verstehen. Was weiß ich denn von Arbeitsverträgen und eingefrorenen Preisen? Ich habe absolut keine Erfahrung mit Geschäften. Natürlich können wir Geistliche einem Mann, dem es schlecht geht, Trost und Ratschläge geben. Wie ist es aber mit den erfolgreichen Geschäftsleuten, die die Liebe Gottes doch genauso nötig haben? Können wir als Pastoren ihnen etwas geben, wenn wir die Geschäftssprache weder sprechen noch verstehen?"

Nicht immer war unsere Unterhaltung so ernst. „Demos", sagte Dr. Price eines Tages, „du bist dabei, Zeuge eines der größten Ereignisse zu sein, von denen uns die Bibel berichtet. ‚Und es soll danach geschehen, dass ich meinen Geist ausgieße auf alles Fleisch ...'[1] Dies wird noch zu deinen Lebzeiten geschehen, Demos, und du wirst dabei eine Rolle spielen."

Ich war überrascht von der Art, in der Dr. Price eine Prophezeiung aussprach. In unserer Gemeinde war es so, dass ein prophetisches Wort immer als ein besonderes Wirken Gottes behandelt wurde. Derjenige, der die Prophezeiung gab, stellte sich aufrecht hin, erhob seine Stimme, und eine feierliche Stille breitete sich über die Zuhörer. Aber Dr. Price machte die erstaunlichsten Aussagen in dem gleichen Ton, mit dem er um Salz bat.

„Die einzige Rolle, die ich je dabei spielen würde, wäre die, einen Evangelisten wie dich zu finanzieren, Charles", wandte ich ein. Er schüttelte den Kopf. „Nein, so wird es nicht sein", sagte er energisch, „nicht mit professionellen Predigern. ‚Alles Fleisch', sagt Jesaja[2]. Es wird ganz plötzlich geschehen, in der ganzen Welt

---

1) Vergl. Joël 2,28 bzw. bei abweichender Verszählung Joël 3,1
2) Jesaja 40,5

und mit ganz gewöhnlichen Männern und Frauen, Menschen in Geschäften und Büros und Fabriken. Ich werde nicht lange genug leben, um das noch zu erleben. Aber du, Demos, wirst es erleben, und dann weißt du, dass Jesus sehr bald wiederkommen wird."

Dr. Price sprach in jenen Tagen oft von Jesu Wiederkunft. Auch von seinem bevorstehenden Tod sprach er, obwohl er erst zweiundsechzig Jahre alt war. Immer wenn ich dagegen protestierte, hob er eine Hand, um mich zum Schweigen zu bringen. „Wir wollen nicht sentimental werden, lieber Freund", sagte er dann. „Es gibt einfach Dinge, die ich unumstößlich weiß. Mir bleibt noch ein Jahr, vielleicht etwas mehr oder weniger. Aber welch ein Vorrecht ist es doch für einen Christen, zu seinem Herrn gehen zu dürfen!"

Im März 1945 brach in Los Angeles eine Grippewelle aus, und auch unsere kleine Carolyn blieb nicht von dieser Krankheit verschont.

Dr. Haywood lebte damals nicht mehr, aber Dr. Steere, der diese Praxis übernommen hatte, versicherte uns, dass sie zu Hause besser aufgehoben sei als im Krankenhaus, wo weder genug Krankenschwestern noch Medikamente zur Verfügung standen.

Obwohl Carolyn nun 24 Stunden am Tag gepflegt wurde, trat keine Besserung ein. Die Bakterien schienen sich in der Lunge festgesetzt zu haben, denn das Atmen fiel ihr immer schwerer. Als sie am 21. März ins Krankenhaus eingeliefert wurde, stellten die Ärzte eine unwiderlegbare und furchtbare Diagnose: Entzündung beider Lungenflügel.

Rose wich die nächsten zwölf Stunden nicht von Carolyns Krankenbett, und ich ging nur fort, um Geschwister anzurufen, deren Gebete wir benötigten. Die ganze Gemeinde betete, und als Charles Price wenig später ins Krankenzimmer kam, versuchten wir unseren Glauben gegenseitig dadurch aufzubauen, dass wir uns an das Wunder erinnerten, das Gott einige Zimmer weiter an Florence getan hatte. Aber dieses Mal spürte Dr. Price nicht das Gefühl der Wärme auf seinen Schultern und als er das Zimmer verließ, war sein Gesicht grau und ausdruckslos.

Dann ging alles viel zu schnell. Am 22. März klingelte morgens um 7 Uhr das Telefon und eine Krankenschwester meldete sich. Sie bat mich, möglichst bald wieder ins Krankenhaus zu kommenSchon auf dem Weg dorthin wusste ich, dass das Baby nicht mehr lebte. Eigentlich aber dauerte es Wochen, sogar Monate, bevor ich es recht begriffen hatte: Carolyn, dieses kleine Bündel übersprudelnder Lebensfreude, war tot. Wie war es möglich, dass so viel Glanz und Helligkeit einfach ausgelöscht werden konnten? Das letzte Mal sahen wir sie dann in der Friedhofskapelle, wo sie unfassbar still in ihrem kleinen weißen Sarg lag, die langen, schwarzen Wimpern für immer auf die Wangen gesenkt.

Zu Hause hatten sich schon die Verwandten eingefunden, die mit uns die langen Abende teilen und nach der Tradition die Einheit der Familie zum Ausdruck bringen wollten. Nach der Fahrt zum Friedhof trafen wir uns zum Essen im Gemeindehaus und hörten die Kondolenzworte und Trostreden, die das Herz aufnimmt, bis auch der Kopf sie versteht.

Seltsamerweise aber wurde uns in der ersten Woche nach der Beerdigung am meisten von zwei Fremden geholfen. Es waren zwei Damen, ungefähr dreißig Jahre alt, die in Pasadena wohnten und eines Nachmittags mit Charles Price zu uns kamen. Sie wollten draußen im Auto warten, aber Rose bestand darauf, dass sie hereinkamen. Nach einer Weile gab Dr. Price mir ein Zeichen, mit ihm auf den Flur hinauszugehen.

„Ich kenne diese Frauen sehr gut“, sagte er. „Sie haben die seltene und wunderbare Gabe, die Engel wahrzunehmen, die manchmal die Erde besuchen, wie die Bibel uns sagt.“ Von dem Moment an, als sie in unser Haus gekommen wären, sagte Dr. Price, hätten die beiden Frauen, Dorothy Doane und Allene Brumbach, eine große Schar Engel bemerkt, mehr, als sie je zuvor an einem Ort angetroffen hätten.

„Sie sagen, die Luft sei gedrängt voll von ihnen!“

Das war ein Geschenk, das uns durch viele schwierige Augenblicke hindurchbrachte.

Aber oft kamen diese so unerwartet! An einem Sonntagmorgen sprang Rose in der Gemeinde plötzlich von ihrer Bank auf und lief zur Tür hinaus. Ich rannte hinterher, holte sie ein und nahm meine schluchzende Frau in die Arme. „Das Baby, das kleine Baby …“, war alles, was sie unter Tränen sagen konnte.

Später bemerkte ich, dass das Mädchen, das neben ihr gesessen hatte, ein Baby auf dem Arm trug, das ungefähr in Carolyns Alter sein musste. Vier junge Frauen aus der Gemeinde hatten fast zur gleichen Zeit wie Rose ein Baby bekommen. Monatelang ließ der Anblick dieser Kinder die Leere und die unbeantworteten Fragen neu in ihrem Herzen hochkommen.

Aber die Zeit verging, und bald schon spürten wir, dass ein Wandel in uns vor sich ging. Es war, als ob die sichtbare, materielle Welt um uns her ihre Wichtigkeit verlor, nicht mehr überzeugen konnte, kleiner und unscheinbarer wurde. Der Krieg war vorüber, und eigentlich wäre jetzt die richtige Zeit gewesen, mit dem Bau eines neuen Hauses zu beginnen. Jahrelang hatten wir schon geplant, ein größeres Haus zu bauen, sobald wieder Baumaterial zu bekommen sein würde. Ich wünschte mir ein Zimmer, in dem ich arbeiten konnte; Rose sehnte sich nach einer größeren Küche; und ein Gästezimmer für die Evangelisten, die oft wochenlang bei uns wohnten, brauchten wir auch. Bisher mussten entweder Richard oder Gerry ihren Schlafplatz auf das Wohnzimmersofa verlegen, wenn Besuch kam.

Aber wir brauchten nicht lange darüber zu sprechen. Rose und ich wussten, dass wir das Haus niemals bauen würden. Einerseits war das alte Haus voller Erinnerungen an Carolyn: die Ecke, in der ihre Wiege gestanden hatte, und der Platz vor dem Badezimmer, wo früher ihre kleine Badewanne stand. Andererseits schienen ein Arbeitszimmer, ein hübsches Gästezimmer und neue Küchengeräte plötzlich gar nicht mehr so wichtig zu sein. Ein Teil von uns war im Himmel – jetzt waren die irdischen Dinge längst nicht mehr so unentbehrlich wie vorher.

Wir bemerkten auch eine andere Veränderung. Früher waren Rose und ich, wenn Richard und Gerry sich auf den Schulweg gemacht hatten, immer noch an dem kleinen Tisch in der Essecke sitzen geblieben, um zu beten. Wir hatten unsere Köpfe geneigt und Gott unsere Anliegen für den Tag gebracht.

Plötzlich aber schien uns die Sitzecke nicht mehr der richtige Platz für eine Andacht. Ohne ein Wort zu sagen, wussten wir beide, dass wir uns hinknien sollten, wenn wir mit Gott sprachen. Eines Morgens gingen wir zusammen ins Wohnzimmer und knieten auf dem kleinen orientalischen Teppich nieder, den uns Roses Familie zu unserem zehnten Hochzeitstag geschenkt hatte.

Von diesem Morgen an war der dunkelrote Teppich mit den blauen Blumenfeldern der Platz, an dem wir Gott suchten. Nicht, dass wir vor unserem himmlischen Vater nach Carolyns Tod Angst hatten. Er wurde in unseren Augen nur größer, kam uns näher und wurde realer. Seine lebendige Gegenwart ließ uns vor Ehrfurcht in die Knie gehen.

Dort im Wohnzimmer ging ich auch den Schritt, den zu gehen ich mich lange geweigert hatte. „Herr", betete ich, „ich weiß nicht, wie es bei Rose ist, aber ich weiß, dass ich dir nie den ersten Platz in meinem Leben eingeräumt habe. Ein paar Zeltveranstaltungen, ja, ein bisschen von meiner Zeit, ein bisschen von meinem Geld. Aber du weißt, und ich weiß es auch, dass meiner Familie immer der erste Platz in meinem Leben gehörte. Herr, ich möchte, dass du von heute an die erste Stelle einnimmst."

Ich fühlte, wie Rose ihre Hand in die meine legte. Da war die Bestätigung, die ich brauchte. Rose hatte ja nie viel gesagt.

Kapitel 6

Das Hollywood-Stadion

Oberflächlich betrachtet war an unserem Gedanken nichts Neues. Es war das, was wir schon immer getan hatten, nur in größerem Ausmaß. Bisher war es so gut gegangen, die verschiedenen Pfingstgemeinden eines Bezirks zusammenzubekommen. Wie wäre es nun, wenn alle Pfingstgläubigen aus dem ganzen Gebiet von Los Angeles – insgesamt etwa 300 Gemeinden – sich zusammentäten und das Hollywood-Stadion für eine riesige Versammlung mieten würden? Da das Stadion gut bekannt war, würden gewiss auch solche Leute kommen, die sich nicht so leicht zum Besuch eines Zeltes bewegen ließen.

Als die Pastoren und ich die Sache besprachen, gab es wie gewöhnlich eine Schwierigkeit – das Geld. Schon allein um das Stadion für einen Montagabend zu reservieren, mussten 2.500 Dollar vorausgezahlt werden. Die Kosten für Radiowerbung, Einladungszettel und Plakate schätzte ich auf 3.000 Dollar. Das sind zusammen 5.500 Dollar und auch nur für den Anfang – ohne Licht, ohne Parkplätze und all die übrigen Ausgaben! Woher sollte eine solche Summe kommen? Gewiss nicht von den Pastoren, von denen die meisten sowieso schon unterbezahlt wurden.

Aber … wie wäre es mit den Geschäftsleuten aus ihren Gemeinden? Und dann kam mir ein Gedanke, der echt armenisch war:

„Wenn ich ein Hähnchenessen veranstalten würde“, fragte ich die Prediger, „könntet ihr dann hundert Geschäftsleute veranlassen, daran teilzunehmen?“ Schließlich wusste doch jeder Armenier, dass wichtige Entscheidungen des Lebens bei einer guten Mahlzeit getroffen werden!

Viele von ihnen hatten Zweifel und sagten: „Demos, wir bekommen nicht einmal eine größere Anzahl Männer in unsere Gottesdienste, besonders nicht die erfolgreichen“. Das wusste ich leider nur zu gut!

Im Laufe der Zeit brachten wir doch die Namen von hundert Männern zusammen und luden sie mit ihren Frauen zu einem Hähnchenessen auf die Farm von Knott's Berry ein.

Als der Abend kam, war der große Speisesaal der Farm voll besetzt. Rose und ich nahmen am Kopfende der Tafel Platz, von wo aus wir die Anwesenden überblicken konnten. Als ich so schaute, kam mir ein außergewöhnlicher Gedanke. Wie wäre es, wenn einige dieser Männer, vielleicht ein halbes Dutzend, nach vorn kämen und berichten würden, weshalb sie in einer Zeit zur Kirche gehen, in der es die meisten Menschen – besonders erfolgreiche Geschäftsleute – nicht mehr tun? Was reizte sie so an Jesus, dass sie ihren einzigen Ruhetag dafür verwandten? Was bedeutete ihnen persönlich der Heilige Geist in ihrem Leben? Das könnte für uns alle eine gewaltige Ermutigung sein!

Wieder beobachtete ich die Gäste. Drei Tische weiter leuchtete plötzlich das Gesicht eines Mannes in mittleren Jahren auf, der einen Nadelstreifenanzug trug. Es war, als würde ein Scheinwerfer ihn anstrahlen. Ich blickte zu Rose hin, aber anscheinend war ihr das gar nicht aufgefallen. Wie konnte sie so etwas übersehen! Der eigentümliche Glanz tänzelte und funkelte um ihn in dem vollen Raum und ich wusste, dass dies der Mann war, den ich als Ersten aufrufen sollte.

Nun konnte ich gar nicht erwarten, dass unser Essen zu Ende ging. Kaffee und Obstkuchen waren für mich nur eine Verzögerung, so gespannt war ich darauf, zu hören, was dieser Mann zu sagen hatte.

Schließlich war das Weiterreichen der Kaffeebecher vorüber. Die Serviererinnen räumten die Teller ab und die Stühle wurden zurechtgeschoben. Alle lehnten sich zurück und warteten auf meinen Aufruf nach Geld. Stattdessen wandte ich mich an den Mann im Nadelstreifenanzug.

„Mein Herr …, ja, Sie meine ich, … Sie dort mit der blauen Krawatte und dem gottgeschenkten Lächeln. Würden Sie bitte hierherkommen?" Der Mann schaute überrascht auf, aber er bahnte sich langsam seinen Weg an den Tischen vorbei, bis er an meiner Seite stand. „Würden Sie uns an den wunderbaren Dingen, die der Herr in Ihrem Leben getan hat, teilhaben lassen?", fragte ich.

Der Mann schüttelte vor Verwunderung den Kopf. „Ich weiß nicht, wer es Ihnen erzählt hat", sagte er, „aber ja … meine Frau und ich haben so viel Grund, dankbar zu sein." Dann fuhr er fort und erzählte, wie kürzlich der Vater seiner Frau durch Gebet von einer Krankheit geheilt worden war, die die Ärzte als Krebs im Endstadium erkannt hatten. In dem bewegten Schweigen, das nun folgte, schaute ich mich erneut im Raum um.

In der Nähe des Fensters entdeckte ich ein weiteres leuchtendes Angesicht. „Mein Herr, würden Sie hierherkommen, wo wir alle Sie sehen können …?"

So ging es anderthalb Stunden lang – einer nach dem andern in dem großen Raum schien mir von einer Art sichtbarer Kraft überflutet zu sein. Wir hörten Zeugnisse von geheilten Ehen, besiegtem Alkoholismus und versöhnten Geschäftspartnern. Ich musste ständig an den Ausspruch von Charles Price denken, der immer wieder vom vollen Evangelium sprach. Denn an jenem Abend wurde jede Seite der Frohen Botschaft in Form einer persönlichen Erfahrung berichtet. Kurz, kernig und sachlich – das waren Zeugnisse erfahrener Männer! Keiner predigte, keiner hielt eine geschwollene Rede und trotzdem war die Gesamtwirkung gewaltiger als irgendeine Predigt, die ich jemals gehört hatte.

Nachdem zehn oder elf Männer gesprochen hatten, griff ich wieder zum Mikrofon. „Freunde, wir haben gerade das volle Evangelium gehört", sagte ich, „das von einer Gruppe von Geschäftsleuten weitergegeben wurde." Volles Evangelium … Geschäftsleute. Irgendetwas an diesem Ausdruck bohrte sich in meinen Sinn.

„Möchtet ihr nicht", fuhr ich fort, „dass noch mehr Männer im Gebiet von Los Angeles Zeugnisse wie diese ablegen könnten? Möchtet ihr nicht, dass jeder Mann, jede Frau und jedes Kind in Kalifornien die Kraft Gottes in dem Maße kennenlernt, wie diese Männer sie kennen? Welchen besseren Platz könnte es geben, um ihnen von Jesus zu erzählen, als das Hollywood-Stadion?"

Für weitere Erläuterungen blieb mir buchstäblich keine Zeit mehr. Überall im Raum standen Männer auf, griffen in ihre Taschen und kamen nach vorn, um Geld auf den Tisch zu legen. Sie brachten Scheine – 10 Dollar, 20 Dollar – und Schecks, die in aller Eile auf dem Tisch ausgefüllt oder beim Anstehen in der langen Reihe der Wartenden ausgeschrieben wurden. Als wir am Ende des Abends das Geld zählten, bewegte sich die Summe um 6.200 Dollar.

Wie eindrucksvoll eine solche Zahl mir auch schien, wusste ich doch, dass an jenem Abend etwas weit Wichtigeres geschehen war. Ein Gedanke war geboren, ein Modell war mir gezeigt worden, dessen Tragweite ich allerdings noch nicht erfasste.

„Denk nur", sagte ich zu Rose, als wir nach Downey heimfuhren, „wie viel mehr Geschäftsleute gibt es in der Welt als Prediger! Wenn die Geschäftsleute jemals anfangen würden, das Evangelium auszubreiten …"

◇◇◇

Später sagten uns die Angestellten, dass das Hollywood-Stadion noch niemals zuvor an einem Montagabend voll besetzt gewesen sei. Bei unserer Veranstaltung des vollen Evangeliums waren alle 20.000 Plätze besetzt und 2.500 Menschen standen am Rand. Dies war der erste Abend, an dem wir die Kerzenlicht-Zeremonie durchführten. Eine einzelne Kerze, das ist der Gedanke, kann im Dunkeln kaum gesehen werden. Wenn aber jeder seine Kerze anzündet, wenn jeder von uns das gebraucht, was Gott ihm gegeben hat, dann verwandelt der Lichterschein die Nacht in den Tag.

Es wurde für mich tatsächlich ein Augenblick des Lichts, als ich endlich die Antwort auf die Frage erhielt, die ich als Dreizehnjähriger gestellt hatte: „Herr, was ist die besondere Aufgabe, die du für mich hast?" Wie schon so oft, war ich auch jetzt auf die Antwort gespannt, während das Flutlicht ausgeschaltet wurde und das große Stadion sich in Dunkelheit hüllte. Aus mir war kein Prediger geworden – ich war vor der Zuhörerschaft noch genauso unbeholfen und ungeschickt wie bisher. Ich war auch kein Prophet wie Charles Price; ich war kein Lehrer, kein Evangelist, kein Heiler …

Irgendwo über uns ertönte eine Posaune, und der prickelnde, unter die Haut gehende Klang hallte von den dunklen Bergen Hollywoods wider. Wie einzelne Nadelköpfe trat das Licht in Erscheinung, als die Kerzen angezündet wurden. Das Leuchten nahm zu, während sich die Flamme von Nachbar zu Nachbar ausbreitete. Und schließlich war das Stadion in strahlendes Licht gehüllt, weil Tausende von winzigen Feuern gemeinsam brannten.

Ein Helfer. Es war, als ob dieses Wort in die funkelnde Flamme geschrieben war. Ein Weiterreichen dessen, was jeder für den Nächsten hatte; ein Bereitstellen von Zeit oder Raum oder Gelegenheit, damit Kerzen sich finden, ein Fördern des Funkens, der die ganze Welt entzünden kann.

Dies erschütterte mich so stark, dass mir die Tränen in den Augen standen.

Als ich an jenem Abend dann zu Hause war, schlug ich eilig in meiner Bibel 1. Korinther Kapitel 12, Vers 28 auf. Wie oft hatte ich schon über diese Aufzählung der göttlichen Berufungen nachgedacht und gebetet! „... *aufs Erste die Apostel, aufs andere die Propheten, aufs Dritte die Lehrer, danach die Wundertäter, danach die Gaben, gesund zu machen, dann Helfer ...*“ Ja, hier war es: „... *Helfer* ...“ Wie konnte ich dieses Wort, das ehrbar unter den anderen steht, übersehen? Da stand es geschrieben: „*Heiler, Helfer, Leiter, mancherlei Sprachen.*“

Hier war meine Aufgabe, das mir von Gott zugewiesene Werk, geoffenbart durch den Lichterschein in den Bergen von Hollywood. Gott hatte mich berufen – mich! –, ein Helfer zu sein, und von diesem Augenblick an hat mich das Wunder meiner Berufung nicht wieder verlassen.

Es war gut, dass ich so ermutigt worden war. Kurz danach nämlich machte ich eine Erfahrung, die mir möglicherweise die Freude eines Helfers für immer verdorben hätte.

Der Redner auf einer unserer vielen Veranstaltungen war ein Evangelist aus dem Osten. Er tat so, als ob er auf höchste Empfehlung hin gekommen wäre. Aber mit seinem silbernen, schulterlangen Haarschopf und seinem künstlichen Bein gab er eine komische Figur für einen Evangelisten ab. Vom ersten Augenblick an war es mir, als ob er ein ungewöhnliches Interesse am Opfergeld hätte. Er erklärte mehrmals, dass an anderen Orten die Kollekten unmittelbar an ihn gehen würden.

„Das würden sie hier auch“, sagte ich, „wenn Sie Ihre eigenen Versammlungen hätten.“ Wenn ein Evangelist seine eigene Organisation hat, bemerkte ich, bei der er Gehälter, Anzeigen sowie Reise- und Aufenthaltskosten zahlen muss, dann rechnet er selbstverständlich mit dem Opfer, um alle Kosten decken zu können.

In diesem Fall ist es dann der Evangelist selbst, der den Platz mietet und die Mannschaft stellt. Wenn andererseits die Versammlungen von uns finanziert werden, dann braucht sich der Evangelist nicht um diese Ausgaben zu kümmern – und noch nicht einmal um seinen Lebensunterhalt, weil er in unserem Hause wohnt und von Rose gute Hausmannskost bekommt! Rose und ich, so sagte ich ihm, geben bei jeder größeren Veranstaltung Hunderte von Dollar aus, die wir nicht zurückerwarten oder -verlangen. Wenn die Hauptausgaben bestritten sind, gehen die Opfer an die Gemeinden.

Mit einer Ausnahme: Einmal wöchentlich erheben wir ein sogenanntes „Liebesopfer“, eine Sammlung für die persönlichen Bedürfnisse des Evangelisten. Wir haben die Erfahrung gemacht, dass er am Ende einer sechswöchigen Evangelisation genügend Geld hat, um seine nächste Versammlungsreihe selbst zu finanzieren.

Ich ging bei ihm bewusst bis in alle Einzelheiten, weil ich sah, dass er nur das Geld im Sinn hatte. Aber selbst nach dieser Erklärung fuhr er fort, am Ende jeder Versammlung nach den Einnahmen zu fragen. „Ihr könntet viel mehr als das bekommen“, sagte er. „Ihr packt das nicht richtig an. Ihr müsst die Herzenssaiten anschlagen, wenn ihr die Leute zum Geben bewegen wollt.“

„Wir wollen aber gar nicht, dass sie geben“, sagte Rose beim Abendessen und reichte ihm die Fleischklößchen zum dritten Mal.

„Nicht, weil wir sie darum bitten! Wenn der Heilige Geist sie zum Geben anregt, dann ist das etwas anderes. Er ist es, der das Ausgeben der einzelnen Beträge bestimmt.“

Das Einzigartige an diesem Mann war, dass er trotz seines übermäßigen Interesses am Geld ein gesalbter, von Gott inspirierter Redner war. Wir hatten noch nie größere Zuhörerscharen als in jenem Sommer. Noch nie waren mehr Menschen nach vorn zum Altar gekommen, und noch nie hatten wir herrlichere Heilungen erlebt. An einem Abend konnte ein taubes Kind zum ersten Mal in seinem Leben hören, und die Heilung wurde am Ende der Woche durch den Arzt bestätigt. Einige Tage später wurde eine Frau von einem schrecklichen Kropf befreit, der sie arg entstellt hatte.

Schließlich kam der letzte Sonntagnachmittag. Über zehntausend Menschen drängten sich in dem riesigen Zelt, als Bob Smith (nicht sein richtiger Name) eine aufrüttelnde Abschlusspredigt hielt. Er ist wirklich ein begabter Redner, dachte ich, und freute mich für ihn, dass die Versammlungen auch finanziell gesegnet waren; denn der arme Bursche schien darum doch recht besorgt gewesen zu sein. Er würde ein reichliches Liebesopfer erhalten, um damit weitere Evangelisationen daheim im Osten oder an anderen Plätzen finanzieren zu können.

Meine Augen überflogen die Reihen der Anwesenden. Ich sah, dass unsere Zuschauer immer noch überwiegend weiblich waren. Ich überlegte, wie man Gott heute für Männer wirklich real und lebendig machen kann.

„... Gottes reichste Segnungen“, sagte Smith, und meine Gedanken kehrten mit einem Ruck zur Predigt zurück, „kann er euch nicht geben, bevor ihr ihm nicht zuerst gegeben habt. Leert eure Geldbörsen, Freunde, damit er euch mit dem ganzen Reichtum des Himmels füllen kann!“

Was redete dieser Mann von Geldbörsen? In der Schlussversammlung sollte überhaupt keine Kollekte mehr erhoben werden.

„Wer will geben?“, beharrte er. „Gebt opferfreudig, gebt, bis Gottes Hand gelöst ist, um euch zu geben!“

Eine Frau in einem rosa Kleid kam den Gang herunter bis zum Podium. Smith ging vor das Pult und beugte sich über die Topfpflanzen herab, um in Empfang zu nehmen, was sie ihm entgegenhielt.

„Sei gesegnet, Schwester!“, rief er. „Gott wird dich für diese Liebestat reichlich segnen!“

Hier und dort fanden sich andere unter dem großen Zeltdach, die nach vorn gingen. Ich erhob mich von meinem Stuhl hinten auf dem Podium und beugte mich über die Seite. Dort hatte sich hinter der Brüstung eine kleine Gruppe von Ordnern und örtlichen Pastoren gebildet.

„Was bildet der sich eigentlich ein?“, fragte Edward Gabriel, der Bruder von Rose. Ihre Familie hatte vor einiger Zeit ihren Namen von Gabrielian auf Gabriel gekürzt. „Smith hat kein Recht, das zu tun!“

„Wir müssen ihm Einhalt gebieten“, pflichtete ich bei.

Aber wie? Die Leute, die darauf eingingen, waren wirklich bewegt – im Gegensatz zum Prediger selbst. Jetzt weinte er, während er die Opfer einsammelte. „Danke, Bruder! Gott wird es dir lohnen, Schwester! Gott segne dich … und dich … und dich …!“

Was konnten wir tun? Die Leute hatten diesen Mann wochenlang das Wort Gottes verkündigen hören, sie sahen die Heilungen, die hier geschehen waren. Viele hatten als Ergebnis seines Dienstes ihr Leben Jesus geweiht. Wenn wir ihn jetzt bloßstellten, würden wir dann nicht ihren Glauben untergraben?

„Aber wir werden aufpassen, dass er nicht mit dem Geld dieser Leute verschwindet“, sagte Edward, der bei diesen Versammlungen der Leiter der Ordner war.

Der schamlose Aufruf hielt an. Gerry wurde vom langen Sitzen unruhig und Rose holte die Autoschlüssel und fuhr sie nach Hause. Als Rose nach einem Weg von fünfzig Kilometer zurückkam, war der Mann immer noch am Werk. Er stellte es jetzt als ein öffentliches Zeugnis hin, „vor aller Augen“ nach vorn zu gehen und als einer, der Gott liebt, „angesehen zu werden“. Ein zweites oder sogar drittes Mal zu kommen, war ein noch größeres Zeugnis der Hingabe.

Unfassbare zweieinhalb Stunden dauerte die Sammlung. Hier und dort konnte ich einigen Zuhörern ansehen, dass sie über die Vorgänge genauso bestürzt waren wie ich; über vierhundert Menschen hatten die Veranstaltung schon verlassen. Aber die meisten der Versammelten waren von seinem Tun begeistert. Zeitweise schien es so, als ob das ganze Zelt gleichzeitig auf den Beinen sei und nach vorn wogte, um das Geld in die Opferkästen zu des Evangelisten Füßen zu legen.

Endlich, als wohl kaum noch ein Dollarschein in einer Brieftasche oder Geldbörse verblieben war, beugte er sein Haupt zum Schlussgebet. Gewandt wie bei einem militärischen Manöver stürmte Edward mit seinen Leuten aufs Podium. Bevor Smith einen Einwand erheben konnte, hatten sie die Behälter gegriffen und zum hinteren Ende des Podiums gebracht.

„Ihr Männer – ah, Brüder!“, stotterte Smith. „Ich – ich habe diese Gabe gesegnet.“

„Amen!“, riefen die Ordner und ließen das Geld in dem Raum hinter dem Vorhang verschwinden, den wir als Büro benutzten.

Einige Minuten später waren wir in diesem provisorischen Büro und fingen an, das Geld zu zählen, als plötzlich Smith hereinbrach, dessen Adern an den Schläfen vor Zorn zitterten.

„Das gehört mir!“, sagte er. „Alles gehört mir!“

Er brachte eine alte, weiche Ledermappe mit, die er auf den Tisch warf. Ich hatte sie vorher noch nie bei ihm gesehen. Er hatte sie bestimmt nicht bei sich gehabt, als er am Nachmittag mit Rose und mir von Downey abgefahren war. Er riss die Tasche auf und fing an, die Scheine hineinzustopfen, die auf dem Tisch lagen.

Edward erfasste einen Handgriff der Mappe, während ein anderer Ordner Smith am Arm packte.

„Rührt ihn nicht an!“

Es war meine Stimme, die sagte. „Legt eure Hände nicht an diesen Mann!“

Die Ordner starrten mich verständnislos an. Ich war genauso sprachlos wie sie. Denn plötzlich schien ich nicht auf einen erregten, zornigen Prediger zu blicken, sondern auf Saul, den König Israels, und die Worte der Bibel im 1. Buch Samuel Kapitel 26, Vers 9 zu hören: „*Wer will die Hand an den Gesalbten des Herrn legen ...?*“.

Das waren Worte Davids, erinnerte ich mich. David hatte sie im Blick auf Saul gesprochen, *nachdem* Saul sich von Gott abgewandt hatte, ihm ungehorsam geworden war und nun bewusst gegen ihn kämpfte. Aber in Davids Augen war Saul immer noch der Mann, durch den Gottes Kraft und Segen geflossen war, so wie ich es auch bei Bob Smith gesehen hatte.

So schnell, wie sich seine Hände nur bewegen konnten, stopfte Smith die Geldscheine in die Tasche.

„Demos!“, sagte Edward. „Siehst du nicht, was er tut?“

„Ich sehe es!“

„Und du willst ihn mit diesem Geld weggehen lassen?“

„Warum sollte er nicht?“, sagte Smith. „Es gehört mir, nicht wahr?“ Er hielt jetzt die Mappe unter die Tischplatte und schob das Geld mit seinem Arm hinein.

„Ja, Bob, es gehört dir“, stimmte ich zu und konnte immer noch nicht meiner eigenen Stimme glauben. „Gott verschafft sich sein Geld nicht durch solche Methoden.“

„Methoden!“, schoss Smith verächtlich zurück. „Du weißt überhaupt nichts von Methoden. Du bist ein Tor, Shakarian. Ihr alle zusammen seid Toren!“ Er ließ das Schloss an der Tasche einschnappen und stand, wild um sich blickend, in dem kleinen Kreis der Laien und Prediger. „Ihr habt hier eine fantastische Sache laufen und wisst das nicht einmal!“

Er bewegte sich rückwärts zur Tür und tastete hinter sich nach dem Durchschlupf im Vorhang. Im nächsten Augenblick war er verschwunden.

Ich musste meine beiden Hände auf Edwards Schultern drücken, um ihn vom Nachlaufen zurückzuhalten. „Lass ihn in Ruhe!“ wiederholte ich. „Was sollen wir mit diesem Geld machen? Es ist nicht von Gott, und ich kann mir nicht vorstellen, dass Gott es segnen wird.“

Noch einmal hatte ich das Empfinden, Worte zu vernehmen, die nicht von mir stammten. Dann war dieser Augenblick vorbei, und eine große Überdrüssigkeit bemächtigte sich meiner – ein Überdruss an Menschen, an Versammlungen, an Zelten, an Podien und an Lautsprechern. Wir traten hinaus in das riesige Zelt. Die Menge bewegte sich noch dem Ausgang zu. Freiwillige Helfer aus den verschiedenen Gemeinden klappten die Stühle zusammen und stapelten sie zu Reihen auf. Von Bob Smith war nichts mehr zu sehen.

Ich entdeckte Rose und bat sie, nach Hause zu gehen. Es würde noch Stunden dauern, bis ich für diesen Abend mit allem fertig war. Die Aufräumungsarbeiten mussten noch organisiert und die

Abbaumannschaft aus der Stadt bestellt werden. Morgens musste ich dann wieder zurück sein, um den Zeltplatz planieren zu lassen. Und ich war dessen so überdrüssig, so furchtbar überdrüssig …

Daheim, in Richards Zimmer, gab es keine Spur mehr von dem Mann, der sechs Wochen dort gewohnt hatte. Seine Kleidung war aus dem Schrank genommen, seine beiden blauen Koffer verschwunden und selbst seine Zahnbürste im Badezimmer war nicht mehr da. Wann er das eingepackt haben mochte, wusste keiner von uns. Von keinem Familienmitglied hatte er sich verabschiedet und kein „Dankeschön" hatte er Rose für die Wochen der Gastfreundschaft gesagt.

Es dauerte sechs Jahre, bis ich wieder etwas von Bob Smith hörte. Eines Morgens kam er plötzlich in mein Hauptbüro in Nummer Drei. Er war hager, unrasiert, schäbig gekleidet und allem Anschein nach einem Manne ohne einen Cent in der Tasche. Er erzählte mir eine lange Unglücksstory und bat mich um Fahrgeld nach Detroit, das ich ihm gab. Drei Jahre später hörten wir, dass er gestorben sei.

Das war das erste, aber keinesfalls das letzte Mal, dass Rose und ich auf dieses Phänomen stießen: Ein Mann, der einen gewaltigen gottgewirkten Dienst an den Menschen tat, führte persönlich ein erschreckendes Leben. Manchmal war das Problem das Geld, so wie bei Smith. Manchmal waren es die Frauen. In anderen Fällen war es Alkohol oder Drogensucht oder sexuelle Perversion.

Warum segnet Gott den Dienst solcher Männer? Ist es die Kraft seines Wortes, die unabhängig von dem Menschen, der es verkündet, wirkt? Oder ist es der Glaube der Hörer? Ich weiß es nicht.

Zwei Dinge sind jedoch sicher. Die Menschen, die in solchen Versammlungen ihr Herz und Geld Gott gaben, haben deswegen nicht ihren Lohn verloren, auch wenn das menschliche Werkzeug Mängel hatte; und die Worte, die ich aussprach, ohne sie selbst zu verstehen, haben sich sehr bald als wahr erwiesen.

„Rührt ihn nicht an!"

Diese Männer waren in Gottes Hand und ich erkannte, dass es mir nicht einmal gestattet war, viel darüber nachzusinnen.

Ich musste oft an das Wort von Charles Price denken, welches er voller Wehmut ausgesprochen hatte: „Die Männer, die an der Front stehen, werden verwundet.“ Und ich musste an die Gefahren und Versuchungen denken, denen solche Männer ausgesetzt sind. Und ich musste mich fragen, ob ich wohl genug für Bob Smith gebetet hatte …

◇◇◇

Charles Price war tot. Er ist, wie er vorher wusste, 1946 gestorben. Aber meine Mutter, obwohl sie fast ständig unter Schmerzen litt, lebte noch.

Nach dem Tod von Carolyn hatte die Familie damit gerechnet, dass auch sie schnell heimgehen würde. Carolyns kleine, plumpe Händchen, mit denen sie nach ihren dünnen, abgezehrten Händen gegriffen hatte, schienen stark genug gewesen zu sein, Mutter vom Ableben zurückzuhalten.

Aber da war noch eine unerledigte Aufgabe. Florence war mit ihren einundzwanzig Jahren noch nicht verheiratet, und es war undenkbar für eine armenische Mutter, ihre irdischen Angelegenheiten unerledigt zurückzulassen. Als Florence sich mit einem stattlichen jungen Armenier verlobte, dessen eigene Mutter schon vor Jahren gestorben war, nahm Mutter die Hochzeitsvorbereitungen in die Hand.

Woher sie ihre Kraft während dieser Monate nahm, war für ihre Ärzte ein Rätsel. Sie konnten nicht verstehen, dass es ihr überhaupt noch möglich war zu gehen. Sie erledigte die Einkäufe und sie nähte. Das sorgfältig vorbereitete Essen für das Festmahl, das der kirchlichen Trauung folgte, hatte Mutter zum größten Teil selbst gekocht.

Als dann das strahlende junge Paar seine Hochzeitsreise antrat, legte sie sich wieder ins Bett. Der Krebs war weit über den Punkt hinausgeschritten, an dem Betäubungsmittel die Schmerzen lindern können. Aber niemals hörte ich Mutter ein Wort der Klage äußern, sondern nur Dank, weil es ihr noch möglich war, ihren familiären Verpflichtungen nachzukommen.

Dr. John Leary, der Facharzt, der sie in diesen letzten Monaten betreute, pflegte jeden Morgen zu dem großen, spanischen Haus zu kommen, „um meinen Tag gut zu beginnen“, wie er sagte. Er erzählte mir, dass er zwanzig Patienten habe, die lange nicht so krank seien wie Mutter, deren Sorgen ihn aber an den Rand der Erschöpfung brächten. „Wenn ich aber zu Beginn des Tages fünfzehn Minuten mit Ihrer Mutter zusammen sein kann, Demos, dann kann ich allem, was mir begegnet, sicher gegenübertreten.“

Als sie im November 1947 im Alter von fünfzig Jahren starb, erfuhr ich erst, wie viele Menschen von ihr ermutigt worden waren. Es war die größte Beerdigung, die Downey jemals erlebt hat. Jedermann war anwesend – von den Leitern des Ortes bis zu den heimatlosen Umhertreibern. Bei dieser Gelegenheit erfuhr ich auch erst richtig, wie unendlich gastfrei Mutter gewesen war.

Aber in vieler Hinsicht war die wichtigste Person auf dieser Beerdigung auch gleichzeitig die jüngste: der vier Monate alte Stephen nämlich, der still und unbeteiligt in Roses Arm schlief.

Als wir gemerkt hatten, dass wir ein weiteres Baby bekommen würden, wussten wir irgendwie, dass Mutter nur darum noch nicht gestorben war, weil sie dieses Kind noch einmal in ihren Armen halten sollte.

Und das hat sie getan. Lange nachdem Dr. Leary jeden anderen Besuch verboten hatte, brachten wir Steve zu Mutter ins Schlafzimmer. Und Mutter streichelte seine weichen schwarzen Löckchen. Manchmal mussten wir uns ganz nahe an sie heranbeugen, um sie hören zu können, wenn sie sagte: „Ein zweiter Sohn … es ist niemals geschehen, dass Gott uns einen zweiten Sohn geschenkt hat …“

Kapitel 7

Die Prüfungszeit

Vater war wieder im Büro. In den letzten Wochen von Mutters Leben hatte er die meiste Zeit seines Tages bei ihr im Zimmer verbracht. Nun saß er mir wieder auf Milchfarm Nummer Drei am Schreibtisch gegenüber und las mit gerunzelter Stirn und düsterem Blick den Vierteljahresbericht.

„Du hast zu viel Vorrat, Sohn“, sagte er und wies auf die Zahlen, die einen Bestand an Getreide aufzeigten, der viel größer als die laufende Nachfrage war. Vater hatte sich in dem Mühlenbetrieb wegen der steigenden und fallenden Preise noch nie richtig wohlgefühlt.

Aber dieser Einwand schien kaum auf den anhaltenden Nachkriegsaufschwung zuzutreffen. In jenem Winter 1947/48 musste jeder, der im Geschäftsleben stand, diese Ansicht teilen. Es war lediglich die Regierung, welche die Getreidepreise herunterdrückte. Hafer, Gerste, Mais, Baumwollkernmehl, Sojabohnenmehl – dies alles konnte sich schon seit Monaten bei der willkürlichen Preisbindung gut behaupten, als ob es versuchte, sich mit Macht durchzusetzen. In dem Augenblick, in dem die Regierung die Preisbindung lockerte, würden die Preise wieder steigen. Deshalb schien es mir ein gutes Geschäft zu sein, reichlich Vorrat zu haben, solange die Preisbindung noch anhielt.

Das war es, was Vaters scharfe, armenische Augen entdeckten, während er die Zahlen betrachtete. Sein Blick verfinsterte sich, als er bemerkte, dass ich Getreide im Wert von vielen Tausenden von Dollar zu aktuellen Preisen eingekauft hatte, um es im folgenden Herbst auszuliefern.

Durch diese Handlungsweise hatte ich aber den Zeitzünder an die Bombe gelegt.

◊◊◊

Der Name tauchte plötzlich, im ungeeignetsten Moment, in meinem Sinn auf:

Fresno.

Warum musste ich ständig an Fresno denken? Es war eine Stadt, die etwa dreihundertzwanzig Kilometer nördlich von Los Angeles lag und durch die ich schon etliche Male gefahren war. Aber ich kannte dort niemand, und ich hatte keine besondere Beziehung zu ihr. Warum kam mir Fresno so plötzlich in den Sinn?

Da wir den Stachel der Bob-Smith-Affäre noch spürten, hatten Rose und ich noch nicht viel über die Pläne für den nächsten Sommer gesprochen. Jemand meinte, wir sollten wieder im Osten von Los Angeles Versammlungen halten, und das schien mir ein guter Gedanke zu sein.

Als ich eines Abends nach Hause kam, war Rose in unserem Schlafzimmer und legte den kleinen Steve in sein Bettchen. „Liebling“, sagte ich, „heute Abend beschäftigte mich auf dem ganzen Heimweg der Name einer bestimmten Stadt. Ich kann den Gedanken nicht mehr loswerden.“

Rose richtete sich auf und schaute mich an. „Nenne mir nicht diesen Namen! Mir ist es genauso ergangen!“ Sie knipste das Licht aus, und wir verließen auf Zehenspitzen den Raum. Auf dem Flur drehte sie sich zu mir um.

„Es ist Fresno, nicht wahr?“

Ich nickte verwundert. „Es ist Fresno!“

Da wir nun wussten, *wohin* Gott uns zum Arbeiten schicken wollte, war die nächste Frage, *wie* wir beginnen sollten. Wir hatten zu dieser Stadt keinerlei Beziehungen und wussten auch nichts Näheres über den Ort.

Schließlich erhielt ich von einem Prediger in Los Angeles den Namen des Pastors einer Gemeinde der Assemblies of God in Fresno. Ich rief ihn an und teilte ihm meine Absicht mit, im kommenden Sommer in seiner Stadt Versammlungen zu halten. Lange Zeit schwieg er und schien zu überlegen, aber schließlich sagte er, er werde zurückrufen.

Einige Wochen später empfing ich ihn und 33 weitere örtliche Pastoren zu einem Steak-Dinner im California-Hotel in Fresno. Die erprobte armenische Methode, den Leib zusammen mit der Seele zu versorgen, erklärt vielleicht die gute Gemeinschaft. Aber für unser Vorhaben war absolut keine Begeisterung vorhanden. Ich hatte noch nie solche misstrauischen Gesichter gesehen wie jene, die sich auf mich richteten, als ich mich zum Sprechen erhob.

Ich erläuterte ihnen die Zeltversammlungen, die wir in Los Angeles seit sieben Jahren in jedem Sommer hatten, und erwähnte die Tausenden von Menschen, die durch die Zeltversammlungen zu Gott gekommen waren. Schweigen. Feindselige Blicke. Schließlich stand ein Mann auf, zog seine Hose zurecht und sprach das aus, was wahrscheinlich alle dachten: „Was fällt dabei für Sie ab, Mr. Shakarian? Was schieben Sie sich von dem Gewinn in Ihren Ärmel?"

Ich fühlte eine heiße Röte auf meinen Wangen. Dann riss ich mich zusammen. Warum sollten diese Männer einem völlig Fremden Glauben schenken? Ich dachte an Bob Smith, und zum ersten Mal war ich für diese Erfahrung dankbar. Gott wusste, dass ich langsam von Begriff war. Vielleicht gab es wirklich keine andere Möglichkeit, mir etwas zu zeigen, als mich mit der Nase darauf zu stoßen. Ein Pastor soll misstrauisch sein; er muss Fragen stellen, wenn es um das Wohl seiner Gemeinde geht.

So erklärte ich den vierunddreißig Männern meine Handlungsweise: Ich nehme keine Bezahlung und komme für meine persönlichen Ausgaben auf. Hier in Fresno würden sie bedeutend höher sein als sonst, da Rose und ich für die Dauer der Versammlungen hier wohnen müssten. Nachdem die wichtigsten Ausgaben beglichen sind – die Anzeigen, das Aufstellen des Zeltes und was sonst noch damit in Verbindung steht –, würde alles weitere Geld, das in den Versammlungen eingeht, den beteiligten Gemeinden gehören. Falls es andererseits ein Defizit gäbe, würde ich es aus meiner Tasche bezahlen.

„Was dabei für mich abfällt?", wiederholte ich. Ich zog ein Neues Testament aus meiner Tasche und las die Verse aus dem 1. Brief an die Korinther im Kapitel 12 vor, die mir so viel bedeuteten. „Freunde“, sagte ich, „ich glaube, dass Gott für jeden seiner Diener eine besondere Gabe, eine besondere Fähigkeit hat, die wir in seinem Reich gebrauchen sollen.

Ich glaube, dass wir, wenn wir diese Gabe entdecken und gebrauchen, *die glücklichsten Menschen auf Erden* sein werden. Wenn wir sie aber vernachlässigen, werden wir, ungeachtet der hervorragenden Dinge, die wir sonst tun, die elendesten Menschen sein.

Ich bin glücklich“, sagte ich. „Ich habe meine Aufgabe gefunden. Ich bin ein *Helfer*, genauso wie es hier steht. Meine Gabe ist es, anderen Menschen Gelegenheit zu bieten, damit sie tun, was sie gut tun können. Ich werde helfen, euch zusammenzubringen, Versammlungsstätten zu errichten, Redner zu finden.

Was für mich dabei abfällt, ist die Freude, die Gabe gebrauchen zu dürfen, die Gott mir gegeben hat.“

Ich krümmte meinen linken Arm und schaute in den Ärmel des Jacketts. „Nein“, sagte ich, „da bleibt nichts …“

In dem Ausbruch herzlichen Lachens, das nun folgte, löste sich die Spannung. Von allen Seiten des Raumes kamen Vorschläge für die Versammlungen in Fresno. Der eine Pastor hatte Beziehungen zu dem örtlichen Radiosender, ein anderer kannte den Inhaber einer Druckerei. Der Herbst, sagten sie einmütig, würde hier in Fresno besser passen als der Sommer – der Oktober, nachdem die Traubenernte eingebracht wäre. Im Zentrum der Stadt gab es eine große Halle, das Memorial Auditorium, das komfortabler sein würde als ein Zelt.

„Das sieht nach ein paar arbeitsreichen Monaten aus, Demos“, sagte Floyd Hawkins, einer der Pastoren, als er mir auf dem Weg zu meinem Wagen begegnete. „Du wirst viel von deinem Geschäft fernbleiben müssen. Ich hoffe zuversichtlich, dass das Geschäft gut geht.“

Ich lächelte ihm beruhigend zu. „Es könnte nicht besser sein, Floyd“, sagte ich. „Es könnte nicht besser sein!“ In der G-Street machte ich ein unmöbliertes Holzhaus ausfindig. Es lag nur fünf Häuserblocks vom Fresno Memorial Auditorium entfernt. Das Möblieren würde das kleinste Problem sein. Wenn die Zeit kam, würde ich Stühle, Tische, Betten und was wir brauchten, auf einen unserer großen Dieselwagen laden. „Und die Waschmaschine", erinnerte mich Rose. „Ohne meine Waschmaschine komme ich nicht gegen die Windeln an."

Das Haus war so groß, dass auch die verschiedenen Evangelisten bei uns wohnen konnten, wie sie es immer in Downey taten. Diesmal sprach in jeder Woche ein anderer Redner.

Wir würden fünf Wochen Versammlungen haben, und Rose und ich wollten schon eine Woche früher dort sein; hinterher gab es dann noch mindestens zehn Tage zu tun, um alles zu ordnen. Wir kamen überein, dass es der neunjährigen Gerry nichts ausmachen würde, in diesen Wochen die Schule in Fresno zu besuchen.

Allerdings würde es für Richard, der in der achten Klasse war, besser sein, den regulären Unterricht nicht zu versäumen. Das war eine zufriedenstellende Lösung, die gleichzeitig ein anderes Problem klärte.

Wir konnten nicht alle weggehen und Vater allein lassen. Seit Mutters Tod war Vaters große Einsamkeit beinahe mit Händen zu greifen. Und so wurde beschlossen, dass Richard bei seinem Großvater bliebe und die beiden uns jeweils am Wochenende besuchen sollten.

Der endgültige Segen zu unserem Vorhaben schien uns durch die Zusage gegeben zu sein, dass uns die Krankenschwester Mrs. Newman begleiten würde. Sie hatte unsere Kinder immer betreut, wenn sie aus der Klinik kamen. Dadurch könnte Rose in den Versammlungen das Klavier spielen.

Ich hatte das Gefühl, dass Gott wirklich in diesen Planungen war. So fuhr ich an einem Montagmorgen im Oktober hinaus in den Betrieb, um noch die letzten Angelegenheiten zu erledigen, bevor wir am nächsten Tag nach Fresno fuhren. Zu meiner Überraschung stand unser Buchhalter, Maurice Brunache, an der Eingangstür. Sein Gesicht hatte dasselbe Aussehen wie der feine Mehlstaub, der sich auf alles in der Mühle niederließ.

„Es ist geschehen, Demos." Er hatte einige Papiere in seinen Händen.

„Was ist geschehen?"

„Die Preisbindung. Die Chicagoer Börse öffnete heute zum ersten Mal ohne Preisbindung."

„Das ist großartig, Maurice. Das ist es, worauf wir …" Etwas in Brunaches Gesicht unterbrach mich. Ich folgte ihm schweigend ins Büro und nahm mir einen Stuhl – und es war gut, dass ich mich setzte.

„Ich fürchte, es ist nicht großartig, Demos."

„Du meinst, die Preise haben sich nicht geändert?"

„Doch, sie haben sich geändert. Sie sind *gefallen*." Er blickte auf das Papier, das er in der Hand hielt. „Bei unserem gegenwärtigen Vorrat haben wir 10 500 Dollar verloren. Aber es gehen noch täglich Lieferungen ein.

Wir haben keinen Platz mehr, das viele Getreide zu lagern. Wir müssen es verkaufen; und wie es jetzt steht, kostet uns jeder Verkauf viel Geld."

Ich nahm die Papiere aus Maurices Hand. Die Regeln der Rohstoffbörse lassen für jeden Handelstag nur eine bestimmte Preisspanne nach unten zu. Innerhalb weniger Minuten nach der heutigen Öffnung hatte das Getreide diesen Höchstverlust erreicht. Und wir mussten weiter den hohen Festpreis zahlen, zu dem ich mich vor Monaten vertraglich verpflichtet hatte.

„Dieser Preissturz ist noch nicht vorüber, Demos. Wenn der Kurs weiter fällt, kannst du … kaputtgehen."

Wie betäubt verließ ich den Betrieb. Ich war verwirrt. Es ergab keinen Sinn, und doch war es geschehen. Als ich in mein Auto stieg, kam gerade der nächste Güterwaggon mit Futtermitteln und rollte auf das Nebengleis. Entmutigt überschlug ich, wie viele Dollar diese eine Ladung mich kosten würde.

Am nächsten Morgen, einem Dienstag, hatte ich Roses Waschmaschine und etliche Möbelstücke auf einen offenen Lastwagen geladen und auf den Weg geschickt. Als ich ins Haus zurückkehrte, klingelte das Telefon.

Maurice Brunache war am Apparat. „Es geht weiter abwärts, Demos", sagte er. Als die Börse in Chicago öffnete, war das Getreide, aller Voraussage entgegen, noch einmal bis auf den niedrigsten Stand gesunken. In weniger als einer Stunde hatten wir wieder mehr als 10 000 Dollar verloren. „Es ist wirklich schade um die Reise nach Fresno“, fuhr Maurice fort. „Ich weiß, wie viel diese Veranstaltungen dir bedeutet haben.“

„Bedeutet *haben*?“

„Nun, du kannst jetzt nicht gut weggehen! Demos … bist du noch da?“

Ich war da; aber meine Gedanken waren zurückgegangen zu einem Versprechen, das ich vor dreieinhalb Jahren gegeben hatte. Gottes Werk sollte zuerst kommen – vor der Familie, vor der Milchwirtschaft und vor allem anderem in der Welt.

„Ich muss weiter, Maurice“, sagte ich. „Sieh, dieser Preissturz ist etwas Abnormes. Das muss zwangsläufig wieder zurechtkommen. Wir bleiben telefonisch in Verbindung.“

Auf dem ganzen Weg nach Fresno begleitete mich mit dem Rollen der Reifen eine leise Stimme. „*Du wirst kaputtgehen. Du wirst kaputtgehen. Du wirst die Mühle verlieren. Du wirst kaputtgehen …*“

Am späten Nachmittag setzte ich Steves Bettchen im Haus in der G-Street zusammen, als aus der Küche, wo Rose und Mrs. Newman das Geschirr einräumten, ein Schrei ertönte.

„Meine Uhr!“, jammerte Rose von der obersten Stufe der Trittleiter. „Sie ist nicht mehr da.“

Ich eilte in den Raum und blickte zu ihr auf. Noch gut erinnerte ich mich des Abends, an dem ich durch das Wohnzimmer von Gabriels gegangen war und mich bemüht hatte, die Uhr an ihrem Arm zu befestigen. „Bist du sicher, dass du sie getragen hast?“

„Selbstverständlich, ich bin ganz sicher! Ich weiß noch, dass ich darauf geschaut habe, als wir aus dem Wagen stiegen.“

Also stellten wir zuerst die Küche auf den Kopf. Dann ging ich zum Wagen und suchte den Weg von dort bis zum Haus ab. Rose erinnerte sich, dass sie auch in Gerrys Schlafzimmer einige Sachen ausgepackt hatte. Bevor wir aber dort anfangen konnten zu suchen, rief uns Mrs. Newman in unser Zimmer, wo sie Steve in seinen Schlafanzug half. „Fühlen Sie einmal seine Stirn“, sagte sie. „Er war schon auf der ganzen Fahrt so eigenartig, so unruhig. Ich werde einmal seine Temperatur messen.“

Wir drei standen schweigend in dem kleinen, fremden Raum, als sie das Thermometer unter die blauschimmernde Lampe hielt. Ihre Augen weiteten sich vor Schreck.

„Der Kleine hat 41,5 °C Fieber", rief sie.

Von einem der Pastoren in Fresno erhielt ich den Namen eines Arztes. Als er kam, konnte er nur die Temperatur bestätigen, die Mrs. Newman bereits festgestellt hatte, und uns empfehlen, die Behandlung mit Alkoholumschlägen fortzusetzen.

Umschläge, Eispackungen, Aspirin – nichts von alledem brachte das Fieber zum Sinken.

Gegen Morgen waren Steves Augen glasig und seine Haut fühlte sich trocken an. Der Arzt kam wieder und verschrieb etliche Medikamente. Ich bat Rose, sich eine Weile hinzulegen, aber sie schien mich nicht zu hören.

Als es Steve am Abend immer noch nicht besser ging, rief ich zu Hause an und bat Vater und die Gemeinde, für ihn zu beten. Dabei erfuhr ich, dass das Getreide einen weiteren unheilvollen Tag an der Börse gehabt hatte. Völlig erschöpft wurde Rose schließlich vom Schlaf übermannt. Mrs. Newman und ich wechselten uns mit der Krankenwache am Kinderbettchen ab.

Am Donnerstagmorgen begannen die Besprechungen mit den Ordnern und Seelsorgehelfern, aber es fiel mir schwer, mich auf das Wesentliche zu konzentrieren. Zwischendurch huschte ich immer wieder hinaus und rief das Haus in der G-Street an, nur um zu hören: „Unverändert." oder „Noch keine Besserung." oder „Er kann kaum noch schlucken." Dieser Zustand dauerte noch drei Tage. Es war traurig, den kleinen, lebhaften Buben so still liegen zu sehen; nur seine Brust bebte bei dem Bemühen zu atmen. Stunde um Stunde beugten sich Rose und Mrs. Newman über sein Bettchen und flößten löffelweise Wasser in seinen ausgetrockneten Mund.

Ich hatte fast schon den Mühlenbetrieb vergessen, als Freitagnachmittag Maurice Brunache anrief und sagte, dass wir in dieser Woche über 50 000 Dollar verloren hätten. Dann kam der Samstag. Am nächsten Tag sollten die Versammlungen beginnen, und Steve ging es noch nicht besser. Ein Geschäft am Ort hatte für den vorderen Teil des Auditoriums hellblauen Teppichstoff gestiftet, eine enorme Rolle – etwa fünf Meter breit und dreißig Meter lang. Am Samstagnachmittag war ich dort, um das Auslegen zu überwachen, als ich plötzlich spürte, dass ich weinen müsste, wenn ich jetzt nicht gleich weggehen würde.

„Sie brauchen mich hier sicher nicht“, murmelte ich zu dem jungen Mann aus dem Teppichgeschäft. Ich ging schnell hinaus zum Wagen und fuhr davon – durch die Stadt, hinaus in das San-Joaquin-Tal, in die Weinberge. Traurig klatschten die gelbbraunen Blätter im Oktoberwind gegen die Pfähle.

„Herr Jesus, du bist der Weinstock. Wir sind nur Zweige und Reben. Ohne dich können wir nichts tun. Gewiss habe ich in dieser Woche weniger als nichts getan. Ist es deshalb, weil du nicht mit uns in dieser Evangelisation bist? Habe ich die ganze Sache ohne dich angefangen?“

Als ich noch sprach, antwortete mir eine Stimme – eine innere Stimme, die doch so unmissverständlich war, als ob ich sie mit meinen Ohren hören würde.

„Demos, du solltest diese Evangelisation in Fresno aufgeben. Du solltest zurück nach Los Angeles gehen, wo du die richtige Behandlung für dein Kind bekommst und nach deinem Geschäft sehen kannst. Durch diese Krankheit und den wirtschaftlichen Verlust machst du meinem Namen Schande."

Ich fuhr den Wagen an den Straßenrand. Selbst inmitten von Furcht und Sorge hatte ich eine solche Antwort nicht erwartet. Demnach war alles – all die scheinbaren Ermutigungen, all die erhörten Gebete – nur meine eigene Einbildung gewesen.

Aber … was konnte ich jetzt tun? Sicher war es zu spät, das Vorhaben zu stoppen, das schon so weit fortgeschritten war.

„Das ist dein Hochmut, Demos. Das ist nur deine Furcht, als ein Tor betrachtet zu werden."

Schließlich startete ich den Motor und fuhr in das Haus in der G-Street zurück. Steve hatte unverändert hohes Fieber. Billy Adams, unser Chorleiter aus Los Angeles, war in der Zwischenzeit angekommen und gleich weitergefahren, um sich das Auditorium anzusehen. Rose war in Gerrys Zimmer eingeschlafen. Zum ersten

Mal merkte auch ich, wie erschöpft ich war. Ich legte mich hin, aber der Schlaf wollte nicht kommen.

„Du musst die Evangelisation aufgeben. Du musst nach Los Angeles zurückkehren."

Die ganze Nacht wälzte ich mich ruhelos im Bett und horchte auf Steves quälenden, schwachen Husten. Ich hörte Billy Adams kommen. Ich bekam auch mit, wie Rose in der Küche die Eispackungen zurechtmachte.

„Dein Hochmut ... dein Hochmut ..."

Draußen wurde es hell. Steve begann zu weinen, ein schwaches, mattes Wimmern. Gewiss wird Gott nicht ein kleines Kind büßen lassen, um mich Demut zu lehren? Aber die anklagende Stimme hielt an.

„Gib die Evangelisation auf. Geh nach Los Angeles zurück. Du wirst kaputtgehen."

Ich setzte mich kerzengerade im Bett auf. Ich hatte die Stimme erkannt! Es war dieselbe, die am Dienstag auf der ganzen Fahrt zu mir geredet hatte. Und gestern erneut in den Weinbergen. Furcht. Zweifel. Verwirrung. Hass gegen mich selbst. Das war kein Zeichen der Gegenwart Gottes. Das waren Werkzeuge des großen Betrügers.

Und wenn er so sehr gegen diese Versammlungen war, dann musste Gott für sie sein!

„Rose! Billy!"

Ich lief hinaus ins Wohnzimmer, wo Rose mit Steve auf und ab ging. Billy Adams kam aus der Küche, eine Tasse mit frisch gebrühtem Kaffee in der Hand.

„Es war Satan!", sagte ich zu ihnen. „Es war Satan, der wollte, dass wir die ganze Sache abblasen. Aber Gott möchte, dass wir diese Versammlungen halten."

Billy setzte den Kaffee auf die Glasplatte des Tisches. „Hast du jemals daran gezweifelt, Demos?"

So listig, so verheerend war der Angriff, dass ich zugeben musste, ich hatte daran gezweifelt! „Aber jetzt nicht mehr", sagte ich. „Wir werden heute Nachmittag hingehen, wir werden Gott preisen und dem Teufel ins Angesicht lachen."

Und das taten wir, indem wir Gottes Sieg beanspruchten, obwohl sich dem äußeren Anschein nach nichts geändert hatte. Auf dem kurzen Weg zum Auditorium weinte Rose, weil sie Steve zurücklassen musste, obgleich wir uns gegenseitig versicherten, dass er bei Mrs. Newman bestmöglich aufgehoben war.

Als sich dann der große Vorhang teilte und Rose auf dem Flügel die ersten Akkorde des freudigen Eingangsliedes anschlug, ahnte keiner in der Menge, die die große Stadthalle nahezu füllte, welche ungeheure Sorge Rose belastete.

Dann trat Billy ans Mikrofon und bat die ganze Versammlung aufzustehen und für Steves Heilung zu beten. Wir beteten, wir sangen und wir lobten Gott. So mächtig wirkte der Geist in der Versammlung, dass wir alle drei erwarteten, als wir zwischen den beiden Versammlungen zum Abendessen nach Hause gingen, Steve würde an die Tür getrippelt kommen, um uns zu empfangen.

Aber sein Zustand hatte sich noch nicht verändert. Mrs. Newman war gerade dabei, seinen schweißdurchnässten Schlafanzug zu wechseln, während Gerry ein frisches Laken über das Bettchen ihres kleinen Bruders spannte.

Um Mitternacht, als wir von der Abendversammlung zurückkehrten, ging es Steve unverändert schlecht. Das Fieber war so hoch wie vorher, seine Augen matt und teilnahmslos.

Und doch – und doch war in dem kleinen Holzhaus etwas anders. Zum ersten Mal seit wir dort waren, konnte ich einschlafen, sobald mein Kopf auf dem Kissen lag.

Ich erwachte am Morgen durch Mrs. Newmans Klopfen an der Tür: „Das Fieber ist runter! Seine Temperatur ist normal! Kommen Sie schnell und sehen Sie es!“

Zusammen mit Mrs. Newman drängten sich Rose, Gerry und ich um das Bettchen. Steve lag auf dem Rücken und sah noch blass und müde aus, aber in seinen großen, braunen Augen lag ein Schimmer ihres alten Glanzes.

„Ich möchte einen Keks“, sagte er.

Als wir zur Nachmittagsversammlung gingen, saß er aufrecht da und verschlang eine ganze Packung Zwieback. Am nächsten Morgen war kein Anzeichen mehr davon vorhanden, dass er jemals krank gewesen war.

Während seiner Krankheit hatten wir kaum einen Gedanken auf die geschäftliche Krise verwandt, geschweige denn auf die Geringfügigkeit einer verlorenen Armbanduhr. „Aber jetzt", sagte Rose am Mittwochmorgen, „werde ich noch einmal meine Uhr suchen.

Wir hätten gleich von Anfang an erkennen müssen, wer hinter all diesen Schwierigkeiten steht, Demos. Es ist Satan, der uns durch diese gemeinen, niedrigen Tricks abhalten wollte."

Wir alle beteiligten uns an der Suche, indem wir jede Schublade, jeden Schrank und jede Tasche in der Kleidung durchwühlten. Aber die Uhr war nicht zu finden!

Auch die Nachrichten vom Mühlenbetrieb waren keinesfalls ermutigend. Das Sinken der Getreidepreise war nicht nur eine Tücke des Marktes. Es stand für eine allgemeine, die ganze Nation umfassende Wirtschaftskrise. Jeden Tag verlor der Betrieb Tausende von Dollar.

Als an diesem Wochenende Vater mit Richard kam, war er sichtlich beunruhigt. „Wir können es nicht mehr durchhalten, Demos. Wenn wir noch länger solche Wochen haben wie die letzte, dann sind wir bald am Ende mit dem Geschäft."

Es war Samstagmorgen, und ich fuhr mit Vater und Richard zum Fresnoer Viehmarkt. Was könnte einen Mann aus der Milchwirtschaft mehr erfreuen als der Anblick schöner Kühe! Und so hoffte ich, dass es Vater und mich für ein paar Stunden unsere finanziellen Nöte vergessen lassen würde. Zu schnell war es wieder Zeit, nach Hause zu fahren und sich für die Nachmittagsversammlung vorzubereiten. Am Ausgang des Marktgeländes blieb Richard stehen und schaute gespannt zu einem Mann hin, der kleine grüne und braune Eidechsen verkaufte, das Stück für einen Dollar.

„Vati, könnte ich nicht …"

„Sei nicht töricht, Junge! Willst du deine Mutter aufregen, wenn du so ein schleimiges Ding mit nach Hause bringst?"

„Bitte, Vati! Bitte! Die sind nicht schleimig!" Er nahm eins der Tierchen auf und streichelte es behutsam mit seinen Fingerspitzen. „Bitte, Vati!"

Ich schaute Richard voller Überraschung an. Es passte einfach nicht zu ihm, dass er so auf seinem Willen bestand. Noch überraschter war ich, als Vater in seine Tasche griff und ihm einen Dollar gab.

„Lass den Jungen seine Eidechse haben“, schalt er mich.

Mit einem Seufzer stieg ich in den Wagen. Als ich Kind gewesen war, hatte sich Vater nicht so schnell erweichen lassen.

In der G-Street wandte ich mich an Richard. „Nun, Richard, du musst jetzt dieses Ding draußen im Gras lassen. Ich möchte nicht ein Haus voller kreischender Frauen haben.“

„Ist gut, Vati, aber kann ich es nicht erst Gerry zeigen? Sagst du ihr bitte, sie soll rauskommen?“

Zu meinem Schrecken war es Mrs. Newman, die herauskam. Sie schaute in Richards Hände und dann lachte sie vergnügt. „Ein Chamäleon!“, rief sie. „Oh, was für ein niedliches, kleines Ding! Wir müssen eine Schachtel dafür finden!“ Sie eilte zu dem Abfallhaufen, der an der Bordsteinkante für die Müllabfuhr bereitlag.

Ein Chamäleon! So, das war es also! Mrs. Newman durchwühlte die weggeworfenen Kartons. „Dieser ist zu groß! Nein, er muss höhere Seiten haben. Hier! Dieser ist gerade richtig!“

Sie nahm den Deckel eines Schuhkartons ab – einer Schachtel, die wenige Stunden später im Müllwagen gelandet wäre.

Darin lag die mit Diamanten besetzte Armbanduhr.

So gewannen wir als Familie an diesem Tag – neben einer sehr geliebten Eidechse – einen Einblick in Gottes Fürsorge um jede Einzelheit unseres Lebens.

Die Versammlungen gingen dann in die dritte, bemerkenswerte Woche. Jeden Abend kamen mehr Menschen, und auf dem blauen Teppich geschahen wunderbare Dinge.

Ich begann mich zu fragen, ob Gott nicht auch unseren Mühlenbetrieb retten könnte. Gewiss, für ihn war ein bankrottgehendes Mühlengeschäft kein größeres Problem als ein vermisstes Andenken, und ohne seine Hilfe würden wir es bestimmt verlieren. Wir mussten noch weiter die hohen Preise des letzten Winters für das Getreide bezahlen, um es dann mit großem Verlust zu verkaufen.

Die Tage vergingen, und die Situation verschlechterte sich. Es war außergewöhnlich. Jeden Nachmittag wurden in unserer

Bibelstunde Hunderte von neuen Christen in ihrem Glauben gefestigt und jeden Abend kamen hundert und mehr Menschen nach vorn, um ihr Leben Christus zu übergeben, um geheilt zu werden oder um die Taufe im Heiligen Geist zu empfangen. Und jeden Morgen verbrachte ich meine Zeit damit, den Getreidehändlern am Telefon zu erklären, wie viel tausend Dollar mich das Geschäft mit ihnen heute wieder kosten werde.

Das erinnerte mich an unsere erste Zeltversammlung am Goodrich Boulevard, als die Evangelisation gesegnet war und mein Düngemittelgeschäft kaputtging. „Herr, wenn du mir sagst, dass diese Leute in Fresno wichtiger sind als eine Futtermühle, dann weißt du, dass ich nichts einwenden kann. Nur – ich hätte gerne gewusst, warum du mich nicht gewarnt hast, bevor ich das ganze Getreide bestellt habe."

Ich saß in der Küche des Hauses in der G-Street. Es war ein schöner Spätoktobermorgen. Alle anderen waren draußen und machten ihre Besorgungen. Dort, in dem stillen Haus, nur von dem Summen des Kühlschranks begleitet, schien ich eine Stimme zu hören, schwach und wenig ergötzlich:

„Ich habe es dir gesagt, Demos."

Ungemütlich rutschte ich auf dem harten Holzstuhl hin und her. Stimmte das? Hatte mich Gott von Anfang an durch meinen Vater vor dieser Situation gewarnt?

Hatte ich jemals deutlich von Gott gehört, dass die Mühle Teil seines Plans für die Shakarian-Familie war? Oder war es nur ein kluger Gedanke von mir? Einerseits Überlegung, andererseits vielleicht Habsucht nach einem kleinen eigenen Reich für einen Mann, den Gott schon reich begütert hatte? Als ich nun zum ersten Mal bewusst und bedachtsam Gott zu dem Mühlenbetrieb befragte, erhielt ich laut und deutlich die Antwort:

„Das ist nichts für dich, Demos. Ein Spekulationsgeschäft ist eine Vollzeitbeschäftigung, und ich werde dir für kein Geschäft die volle Zeit lassen."

Gleich dort, wo ich war, ging ich auf die Knie und stützte meine Arme auf den Sitz des Hochstuhls. „Herr Jesus, vergib mir, dass ich dir vorausgelaufen bin in ein Geschäft, zu dem du mich nicht berufen hast. Irgendwo ist der Mann, den du für dieses Werk erwählt hast, der Mann, der dieses Geschäft übernehmen kann und dem es zum Segen gereicht. Sende ihn jetzt zu uns, Herr; und, Herr …"

Ich schaute mich ein wenig schuldbewusst um, aber ich war ganz allein, und es war zwecklos, vor Gott verbergen zu wollen, was im Herzen war, da er ohnehin jede trübe Ecke unseres Herzens sieht.

„Herr, gib, dass er einen guten Preis dafür bietet!"

Ich erwartete nun von Vater, dass er sich über den Entschluss, die Mühle zu verkaufen, freuen würde. Als ich es ihm dann am nächsten Wochenende sagte, schüttelte er nur mit dem Kopf. „Wie kannst du erwarten, zu einer solchen Zeit einen Käufer zu finden? Keiner wird heute noch ins Getreidegeschäft einsteigen. Nun, der Wert des Betriebes sinkt von Tag zu Tag. Alles, was wir tun können, ist, auf den Bankrott zu warten und von dem Rest die Steuern zu bezahlen."

„Wir werden verkaufen können, Vater", sagte ich und versuchte, um seinetwillen zuversichtlich zu klingen. „Und es wird einen reellen Preis bringen."

Die dritte Versammlungswoche in Fresno schloss mit einem Gottesdienst, für den gar keine Stühle gestellt wurden. William Branham war in jener Woche unser Evangelist, und als die taubstummen Zwillinge – kleine Jungen im Alter von fünf Jahren – plötzlich hören konnten und unverständliche Laute äußerten (da sie noch nie richtige Sprache gehört hatten), wurden die Versammelten von einer Freude ergriffen, wie wir sie zuvor noch nicht erlebt hatten.

In der vierten Woche, am Mittwochmorgen, rief Vater aus Los Angeles an. „Demos", sagte er, „du wirst es nicht glauben, aber ich habe gerade einen Anruf von Adolph Weinberg gehabt. Er möchte unseren Mühlenbetrieb kaufen."

Weinberg war – wie wir – südkalifornischer Farmer. Er war Jude, ein frommer Mann, der nicht übermäßig erstaunt war, um drei Uhr morgens von einer Stimme geweckt zu werden, die er als Gottes Stimme erkannte und die zu ihm sagte:

„Adolph, ich möchte, dass du Isaak anrufst und ihm anbietest, den Mühlenbetrieb zu kaufen."

Gehorsam hatte er Vater angerufen. Nun wollte er gern die Bedingungen wissen.

„Ich kann es nicht fassen“, sagte Vater immer wieder. „Ausgerechnet jetzt! Wie konnte er überhaupt wissen, dass wir verkaufen möchten? Hast du noch mit jemand anders als mit mir darüber gesprochen?“

„Nein, Vater.“

„Wie dem auch sei“, fuhr Vater fort. „Er will loslegen. Wann kannst du hier sein?“

„Vater, du weißt doch, ich kann jetzt nicht hier weggehen.“

„Warum bloß nicht?“

„Weil die Versammlungen noch fast zwei Wochen dauern. Und dann noch die Abschlussarbeiten.“

„Die Versammlungen können doch bestimmt ein paar Tage ohne dich stattfinden. Es ist doch gar nicht so wichtig, dass du dort bist!“

„Für die Versammlungen ist das nicht wichtig, aber für mich! Gott hat mir etwas gezeigt, Vater. Seit diese Versammlungen laufen, geht etwas Eigenartiges vor sich. In einer gewissen Weise sind sie für mich eine Zeit der Prüfung. Gott fragt mich: *„Wer kommt zuerst?“* Ich möchte ihm die richtige Antwort geben, Vater.“

„Und wenn Weinberg nun seine Meinung ändert?“

„Wenn er der von Gott bestimmte Käufer ist, wird er seine Meinung nicht ändern.“

Innerhalb der nächsten zehn Tage rief Adolph Weinberg ständig bei Vater an. Er konnte es nicht fassen, dass wir einen Käufer mit Geld in der Hand warten ließen, während der Vorrat in unseren Silos täglich an Wert verlor. Auch ich habe es damals nicht verstanden. Ich wusste nur, dass Fresno in jenem Augenblick Gottes Platz für mich war.

Der Abschlusstag der fünfwöchigen Evangelisation kam. Der Beginn der Sonntagnachmittagsveranstaltung war auf 14:30 Uhr festgesetzt. Gegen 12:30 Uhr waren alle 3.500 Plätze in dem Auditorium besetzt, und so fingen wir bereits an. Gegen 14 Uhr standen weitere 1.500 Leute an den Seiten und Hunderte warteten draußen. Es wurde 17 Uhr und damit eigentlich Zeit zur Beendigung der

Nachmittagsversammlung. Aber der Geist des Lobpreisens war so mächtig in dem großen Raum, dass ich die Versammlung nicht auflösen konnte, auch wenn ich es gewollt hätte.

18 Uhr. 19 Uhr. Noch hatte kaum ein Besucher das Gebäude verlassen. Die meisten der Anwesenden waren schon seit dem Vormittag da, und trotzdem wollte keiner zum Essen nach Hause gehen, weil sie befürchteten, nicht wieder hineinzukommen.

Das Programm, das wir für den Abend geplant hatten, wurde aufgegeben, weil der Geist Gottes die Versammlung übernommen hatte. Kelso Glover war in dieser letzten Woche der Redner, aber an diesem Abend, so sagte er, wurde ihm die Leitung vollkommen aus der Hand genommen.

„Es ist wie Wasser", erklärte er mir. „Die Kraft fließt wie Wasser über den Teppich. Wenn ich hinaustrete, ist es mir, als ob ich bis zu den Knien im Wasser stehe."

Leute, die nach vorn kommen wollten, wurden schon in den Gängen geheilt. Ein junger Mann war mit einer Augenverletzung, die ihm marternde Schmerzen bereitete, zur Versammlung gekommen. Am Tag zuvor hatte er auf seiner Farm den Boden unter den Pfirsichbäumen bearbeitet, als sich das Auspuffrohr seines Traktors mit einer Drahtwäscheleine verwickelte. Ohne zu bemerken, was geschehen war, fuhr er weiter. Der Draht spannte sich mehr und mehr, bis er zurücksprang und sein linkes Auge traf. Der Arzt hatte zwar die Wunde mit einem großen, luftdichten Verband versorgt, aber er konnte ihm nicht sagen, ob er mit dem Auge jemals wieder sehen werde.

Wie er uns später sagte, war Oca Tatham vor Schmerzen einer Ohnmacht nahe, als er nach vorne kam. In dem Augenblick, in dem Kelso Glovers Hand seine Stirn berührte, war jede Spur von Schmerz verschwunden, und ein unfassbares Gefühl des Wohlbefindens durchflutete das verletzte Auge.

Unter den Blicken der 5.000 Leute begann Tatham seinen Verband abzunehmen. Eine Lage nach der anderen wickelte er von seinem Kopf ab, bis ein kleiner Haufen weißer Gaze zu seinen Füßen lag. Der letzte Verband wurde durch ein Pflaster gehalten. Er riss es ab.

Zwei vollkommen gesunde Augen blickten zuerst Kelso Glover, dann mich ungläubig an. Da war keine Wunde, keine Schramme; Tathams linkes Auge war nicht einmal blutunterlaufen.

Es war Mitternacht, als dieser wunderbare Gottesdienst schließlich zu Ende ging – er hatte elfeinhalb Stunden gedauert.

Als wir jedoch zu dem Haus in der G-Street fuhren, fühlte ich mich frischer als am Morgen, und Rose und Dr. Glover sagten dasselbe. Ich fühlte mich munter, angeregt – wie ein Mann, der sich in einem Kampf befindet und plötzlich sieht, wie der Feind zu fliehen beginnt. Wieder wurde ich an ein Wort von Charles Price erinnert:

„Es ist ein Kampf, in dem wir stehen, Demos."

Vielleicht steht die Größe des Sieges im Verhältnis zur Härte des Kampfes. Vielleicht kämpft der Feind am mächtigsten, wenn er das Schlimmste zu befürchten hat …

Nun verblieb nur noch das Regeln der Finanzen, das Besprechen des Programms für die Nacharbeit und das Schließen des Hauses. Weinberg war schon wieder am Telefon.

„Ich werde nächsten Montag zu Hause sein, Mr. Weinberg", versprach ich. „Sie sollten froh sein, dass es nicht früher ist. Jeden Tag, den wir warten, geht für Sie der Preis nach unten."

„Ich biete Ihnen eine halbe Million Dollar für ein Unternehmen an, das ständig an Wert verliert, und Sie bleiben so hartnäckig. Ich kann Ihre Denkweise nicht verstehen, Shakarian."

„Montagnachmittag", versprach ich. Und am Montagnachmittag um 14 Uhr kamen Vater, Adolph Weinberg und ich zusammen, um mit der schwierigen Verhandlung der Übergabe der Mühle, der Silos und Vorräte zu beginnen. Am Ende der ersten Besprechung waren wir noch 25.000 Dollar auseinander.

„Das ist mein endgültiges Angebot", sagte Adolph Weinberg, „ich kann nicht höher gehen."

Ich schaute zu Vater hinüber. Er schüttelte seinen Kopf: nein.

„Und das ist auch das unsere, Mr. Weinberg."

So war die Verhandlung also gescheitert, wir dachten es zumindest. Aber am nächsten Morgen klingelte um 6 Uhr das Telefon.

„Shakarian? Weinberg hier. Können Sie zum Frühstück kommen?"

Vater und ich fuhren zu Mr. Weinbergs Haus. Beim Frühstück mit Rühreiern erzählte er uns, dass Gott ihn wieder mitten in der Nacht geweckt habe, diesmal mit der Anweisung: *„Du sollst die Shakarians morgen früh anrufen und auf ihren Preis eingehen."*

„Hier bin ich nun", sagte Adolph Weinberg, „Ihr Käufer. Zu Ihrem Preis. Geben Sie mir die Hand, Isaak und Demos. Heute Nacht möchte ich gern wieder durchschlafen."

So kam es, dass uns der Herr durch eine der schwersten Zeiten unseres Lebens führte. Wenn die Angriffe von Satan gewesen sind, dann hat Gott aufgepasst, dass sie keinen echten Schaden anrichteten. Steve hat seine Krankheit unversehrt überstanden, und wir waren aus dem Geschäft heraus, in das wir niemals hineingehört hatten. Unter Weinbergs Führung gedieh der Mühlenbetrieb gut.

Ich hatte das starke Gefühl, dass Gott dies alles als Vorbereitung für eine ganz neue Aufgabe zuließ, die er für mich hatte. Was das für ein Werk sein würde, konnte ich mir nicht vorstellen. Aber es musste zweifellos etwas ziemlich Schweres sein; denn die Lehrzeit, die ich jetzt beendet hatte, war wirklich hart gewesen.

Kapitel 8

Clifton's Cafeteria

„Gewöhnliche Männer und Frauen, Menschen aus Läden, Büros und Fabriken.“ Ich konnte die Worte von Charles Price so deutlich hören, als säße er mir wieder am Mittagstisch gegenüber: „Ihr werdet Zeugen eines der großen Ereignisse sein, die in der Bibel vorausgesagt sind. Kurz bevor Jesus auf die Erde zurückkehrt, wird Gottes Geist auf alles Fleisch herabkommen.“

Und Laien, so hatte Dr. Price betont, würden sein bedeutendster Kanal sein – nicht die Geistlichkeit oder die Theologen oder Prediger mit großer Begabung, sondern Männer und Frauen mit ganz gewöhnlichen Berufen.

Als Dr. Price diese Dinge zum ersten Mal gesagt hatte – vor fünf, sechs, sieben Jahren während des Krieges – hatte ich kaum hingehört. Es schien unmöglich, dass Menschen ohne Ausbildung den gleichen Einfluss haben konnten wie ein großer Evangelist, zum Beispiel wie Charles Price selbst.

Aber als die Vierzigerjahre zu Ende gingen, ertappte ich mich immer öfter dabei, wie ich an seine Worte dachte. Ich dachte an andere Dinge: an den Speiseraum auf der Knott's Berry Farm, als die Gesichter der Männer nacheinander von der Herrlichkeit Gottes aufzuleuchten begannen, während andere ihre Erfahrungen schilderten.

Was für eine unwiderstehliche Kraft könnte es sein, wenn Hunderte, ja Tausende solcher Männer miteinander verbunden wären, um die „Gute Nachricht“ über die ganze Welt zu verbreiten!

Dann konzentrierte ich mich wieder auf die Rechnungen und Milchproduktionstabellen, die vor mir auf dem Schreibtisch lagen.

Aber die neu gewonnene Idee ließ mich nicht mehr los. Sie weckte mich in der Nacht auf. Sie ging mit mir ins Büro. Sie brannte in mir, während ich die alten armenischen Weisen in der Gemeinde auf dem Goodrich Boulevard sang. Die ganze Zeit hörten Rose und ich natürlich nicht auf, jeden Sommer Evangelisten zu finanzieren. Und jeden Sommer schienen die Versammlungen erfolgreicher zu sein. Warum hatte ich dabei nur diese seltsame Ruhelosigkeit, dieses Gefühl, dass dies nicht länger Gottes Aufgabe für mich sei?

Im Herbst 1951 halfen wir Oral Roberts bei der Durchführung des Los-Angeles-Feldzugs. Mit über 200.000 Besuchern in sechzehn Tagen war es die größte Evangelisation, die man in der Stadt bis dahin gesehen hatte. Und dennoch …

„Und dennoch", sagte ich eines Abends zu Oral, als wir wie immer nach dem Gottesdienst bei Kaffee und Kuchen saßen, „ich werde das Gefühl nicht los, dass der Herr mir etwas anderes zeigen will."

„Worum geht es, Demos?"

„Es handelt sich um eine Gruppe ganz gewöhnlicher Menschen. Keine besonderen Männer. Sie sind Geschäftsleute aller Branchen, die den Herrn kennen und lieben, aber nicht wissen, wie sie es zeigen und weitergeben sollen."

„Und was tut diese Gruppe?"

„Sie erzählen anderen Menschen, welche Erfahrungen sie mit Gott gemacht haben. Sie geben keine Theorie weiter, sondern praktische Dinge. Und sie wenden sich an ihre Geschäftspartner, Freunde, Bekannten – an Menschen wie sie selbst, die vielleicht nie auf einen Prediger hören würden. Aber einem Klempner oder Zahnarzt oder Verkäufer vertrauen sie, weil sie selbst Klempner, Zahnärzte und Verkäufer sind."

Oral setzte seine Kaffeetasse so heftig ab, dass etwas von der Flüssigkeit überschwappte. „Demos, das ist ungeheuer interessant! Erzähl weiter, Bruder, wie wollt ihr euch nennen?"

Sogar das wusste ich. „**Geschäftsleute des Vollen Evangeliums, Internationale Vereinigung**!"

Oral starrte mich an. „Ein ziemlich langer Name, findest du nicht?" „Ja", gab ich bereitwillig zu, „aber verstehst du nicht? Jedes einzelne Wort ist wichtig und notwendig."

Volles Evangelium. Das würde bedeuten, dass keine biblische Wahrheit bei unseren Versammlungen ausgelassen werden dürfte: Heilungen, Zungenreden, Befreiungen. Welche Erfahrungen ein Mensch auch immer machen würde, bei uns könnte er darüber berichten.

Geschäftsleute. Gewöhnliche Menschen treffen sich, allesamt Laien.

Vereinigung. Das stellte ich mir wunderbar vor. Eine Menge von Leuten, die sich darauf freuen, Gemeinschaft zu haben. Es sollte auf keinen Fall eine Sache mit Vorschriften, Komitees und strengen Tagesordnungen werden.

International. „Ich weiß, dass dieser Teil lächerlich klingt", gab ich zu. „Aber, Oral, eben das ist es, was Gott immer wieder zu mir sagt: International. Die ganze Welt. Alles Fleisch." Ich lachte und dachte plötzlich, Charles Price hätte diese Worte ausgesprochen. Aber Oral lachte nicht. „Demos", sagte er, „das ist eine große Sache, und ich bin sicher, Gott steht dahinter. Gibt es irgendetwas, womit ich dir beim Start behilflich sein kann?" Und ob! Mit Oral Roberts als Redner würden sich Hunderte von christlichen Geschäftsleuten zu einem Anfangstreffen einladen lassen.

„Oral", fragte ich, „wenn ich Geschäftsleute aus ganz Los Angeles zu einem Samstagmorgentreffen einlade, würdest du dann kommen und mir helfen?"

Wir besiegelten die Sache. Als Versammlungsort wählten wir den zweiten Stock von Clifton's Cafeteria an der Ecke Broadway und 7. Straße. Dort gab es einen großen Saal, der in der Woche oft benutzt wurde, am Samstagmorgen im Allgemeinen aber leer stand. Dann sprach ich telefonisch mit jedem geisterfüllten Geschäftsmann, den ich aus der Umgebung kannte, und lud alle zur ersten Versammlung der neuen Vereinigung mit Oral Roberts als Hauptredner ein. Ich bat sie, einzuladen, ihre Freunde mitzubringen und uns so einen guten Start zu ermöglichen.

In einer Ecke des „Obersaals" stand auch ein Klavier, und Rose war damit einverstanden, einige Lieder in diesem Gottesdienst zu spielen.

Der große Tag kam. Der Straßenverkehr war an jenem Samstagvormittag in der City von Los Angeles ungewöhnlich stark. Oral, Rose und ich brauchten lange, bis wir endlich einen Parkplatz gefunden hatten. Wir waren ein wenig verspätet und ziemlich aufgeregt, als wir endlich Clifton's Cafeteria erreichten und die breite Mitteltreppe zum Saal hinaufstiegen. Wie viele würden wohl da oben auf uns warten: dreihundert, vierhundert ...?

Oben angekommen, zählte ich schnell. Neunzehn, zwanzig ... einundzwanzig Leute – mit uns dreien. Außer uns fanden also achtzehn Menschen an der neuen Vereinigung genügend Interesse, um überhaupt zu kommen, selbst mit einem weltbekannten Evangelisten als Anreiz.

Rose spielte einige Lieder auf dem kleinen, verstimmten Klavier, aber das Singen spiegelte den Mangel an Begeisterung wider.

Ich schaute mich unter den Leuten um, die gekommen waren; die meisten von ihnen alte Freunde. Gottgeweihte Leute, vielbeschäftigte Christen – viele schon voll ausgelastet in Komitees, Vereinen und Bürgerorganisationen. Die Art von Menschen, die sich freiwillig melden, wenn eine Arbeit getan werden muss, die keine Minute an eine Sache verlieren, die nicht irgendwie praktisch aussieht.

Rose hörte auf zu spielen und ich stand auf. Ich beschrieb, wie die Überzeugung in mir gewachsen war, dass Gottes Geist im nächsten Jahrzehnt neue Kanäle suchen werde, um Menschen zu erfüllen. Hier und da sah ich Leute, die auf ihre Uhren schauten.

„Keine Orgeln. Keine bunten Kirchenfenster. Nichts, was Menschen als ‚religiös‘ bezeichnen könnten. Nur von Mann zu Mann über Jesus erzählen!“

Ich hatte nie die Fähigkeit besessen, Gedanken in Worte zu kleiden, und ich setzte mich in dem Wissen, dass ich nicht angekommen war. Oral Roberts stand auf. Er dankte Gott für die kleine Versammlung und betete dann: „Herr, diese Organisation soll von Anfang an Deine Sache sein. Du siehst die Senfkornsaat und all unser menschliches Unvermögen.“

Er sprach vielleicht zwanzig Minuten lang und schloss dann mit einem Gebet. „Wollen wir aufstehen?“, fragte er.

Die Handvoll Leute erhoben sich schwerfällig.

„Herr Jesus", betete Oral, „lass diese Vereinigung allein in deiner Stärke wachsen. Sende sie über die Nation, die ganze Welt und schenke ihr deine Kraft. Wir danken dir gerade jetzt, Herr Jesus, wo wir nur diese kleine Gruppe Menschen in einer Cafeteria sehen, dass du tausend Chapter, die Ortsgruppen dieser neuen Vereinigung, siehst."

Plötzlich geschah etwas Erstaunliches. Diese kleine Gruppe, die noch eine Minute vorher herumgesessen hatte wie Landarbeiter auf einem Zaun, wurde auf einmal lebendig. Zweifellos war es Orals Traum von den tausend Chaptern, der die Stimmung so verändert hatte. Wäre es nicht ein unfassbares Wunder, wenn der Geist Gottes diese kleine Gruppe zu einer weltweiten Armee mit tausend verschiedenen Kompanien ausbauen würde? Einer aus der Gruppe begann zu singen: „Vorwärts, Christi Streiter …" und wir alle stimmten ein: „… mit dem Kreuzeszeichen ziehen wir zum Sieg."

Ich ergriff die Hand des Mannes neben mir, und bald standen wir alle singend im Kreis und marschierten auf der Stelle. Die sonntagsschulartige Einfachheit dieses Singens und Marschierens wurde für uns zu einer seltsamen und wunderbaren Kraftquelle.

Juristisch begann die „Full Gospel Business Men's Fellowship International" (FGBMFI) ein paar Wochen später mit der Eintragung ins Vereinsregister und der Benennung von fünf Männern als Direktionskomitee. Der eigentliche Anfang aber war der geistliche Beginn, als Oral Roberts von den tausend Chaptern sprach und wir, ein Kampflied singend, wie Kinder auf der Stelle marschierten.

„Rose", sagte ich, als wir an jenem Nachmittag nach Hause fuhren, „innerhalb eines Jahres werden wir erstaunliche Dinge sehen."

Und dann folgten zwölf Monate der unglaublichsten Niedergeschlagenheit und größten Enttäuschung, die ich je durchgemacht habe. Das selige Augenblicksgefühl, das wir hatten, als wir die Cafeteria verließen, schlug auf einmal in Trägheit und Widerstand um.

Von nun an hielten wir jeden Samstagmorgen bei Clifton's ein Frühstückstreffen ab. Unten, an dem Buffet der Cafeteria, füllten wir unsere Tabletts und trugen sie nach oben in den großen Saal.

Hier hatten wir dann zwei Stunden Gemeinschaft mit geistlicher und leiblicher Versorgung. Manchmal besuchte uns ein namhafter Redner, aber meistens waren wir auf die Geschäftsleute selbst angewiesen. Zu meiner großen Freude wiederholte sich das Phänomen, das ich auf Knott's Berry Farm erlebt hatte. Jedes Mal, wenn ich die Anwesenden beobachtete, „wusste" ich, wer eine Erfahrung mitzuteilen hatte.

Ja, in die Treffen setzte ich meine ganze Hoffnung. Aber weder meine Hoffnung noch die Treffen selbst wirkten ansteckend, und so war überhaupt kein Wachstum zu spüren. In einer Woche mochten es dreißig oder auch mal vierzig Besucher sein, in der nächsten kamen dann wieder nur fünfzehn.

Und dann begann der Widerstand. Was bildet sich der Shakarian eigentlich ein, fragten die Pastoren von der Kanzel herab, will er etwa eine neue Religionsgemeinschaft aufmachen? Geht bloß nicht zu dem Verein, Leute. Sie wollen nur euch und euer Geld von den Gemeinden weglocken!

Mich verletzte besonders die Unfairness dieses Angriffs. Von Anfang an hatten Rose und ich bei jeder Versammlungsreihe, die wir finanzierten, zwei Prinzipien betont: „Erstens: Bleibe in deiner eigenen Gemeinde. Wenn deine Gemeinde die Kraft des Geistes schon kennt, dann gehe zurück mit dem Auftrag, dem Herrn intensiver und entschlossener denn je zu dienen. Kennt deine Kirche oder Gemeinde die Kraft des Geistes aber nicht, dann gehe zurück als ein Missionar. Zweitens: Lass nicht einen Cent in den Opferkorb fallen, der woanders hingehört. Du sollst nicht hier den Zehnten deines Einkommens geben, sondern der Zehnte gehört allein deiner Heimatgemeinde. Alles, was du bei diesem Treffen gibst, muss zusätzlich sein."

Wir wissen nun aus jahrelanger Erfahrung, dass sich die Leute diese Punkte zu Herzen nehmen. Diejenigen, die unsere Versammlungen besuchten, wurden zu den härtesten Arbeitern und größten Gebern ihrer Heimatgemeinde. Aber immer noch beäugten uns die Kirchen und Gemeinden mit Argwohn.

Die Beschuldigung wegen des Geldes war besonders komisch, weil wir während des ganzen ersten Jahres keine einzige Spende erhielten. Mittlerweile versandte ich per Post jede Woche Einladungsbriefe, telefonierte übers ganze Land, lud Menschen ein, mit uns Verbindung aufzunehmen, wenn sie geschäftlich in Los Angeles zu tun hätten. In der Tat endete es meistens damit, dass ich auch noch das Frühstück bezahlte.

Aber selbst ein kostenloses Frühstück schien nicht genug Anreiz zu sein. Nichts, was ich tat, schien auszureichen, und so tat ich mehr als das. Ich kaufte jeden Samstagmorgen dreißig Minuten Sendezeit im Radio und ließ Ausschnitte des Treffens bringen, um weitere Beachtung auf uns zu lenken. Ich reiste durch unseren Staat, dann in die Weststaaten und schließlich bis zur Ostküste. Wenn die Leute nicht zu uns kommen wollten, musste ich eben zu ihnen gehen. Ich musste ihnen beschreiben, was wir zu tun versuchten und darauf dringen, dass auch sie ein Chapter, eine Ortsgruppe der „Geschäftsleute des Vollen Evangeliums" in ihrer Stadt anfangen sollten.

Bis zum Juni war ich völlig erschöpft. Nach einem schweren Tagwerk in der Molkerei verbrachte ich jeden Abend mit Arbeit für die Vereinigung und fiel um drei oder vier Uhr morgens ins Bett, so müde, als wäre ich stundenlang stromaufwärts geschwommen.

Und dann, als ich schon aufgeben wollte, schien es, als würde uns ein Rettungsseil zugeworfen. Einer der Redner, die wir in die Cafeteria einluden, war David DuPlessis, ein Leiter der Weltpfingstkonferenz. Als wir nach dem Treffen zusammen nach Downey zurückfuhren, konnte David seine Erregung kaum zurückhalten.

„Demos", sagte er, „du hast hier wirklich eine große Sache vor. Welch ein Traum! Eine weltweite Vereinigung ganz gewöhnlicher Geschäftsleute, alle erfüllt mit dem Heiligen Geist! Jeder von ihnen ist ein Missionar für die Menschen, mit denen er jeden Tag zusammenarbeitet!"

„Danke, David", antwortete ich müde, „ich fürchte nur, die wenigsten Leute teilen deine …"

„Ich denke", fuhr David fort, ohne auf meinen Ablenkungsversuch einzugehen, „dass du nächsten Monat nach London kommen solltest, um unseren Leuten davon zu erzählen. Ich wette, die Konferenz wird dieses Programm annehmen und zu ihrem eigenen machen."

Plötzlich war ich ganz Ohr. Hier war in der Tat ein Rettungsseil, das über einem untergehenden Vorhaben schwebte. Die Pfingstkonferenz repräsentierte weltweit einige tausend Gemeinden. Wenn wir mit ihnen in Verbindung kommen könnten, würden wir nicht länger mehr eine winzige, nur aufs Überleben bedachte Gruppe sein müssen. Man würde uns fördern und Anerkennung zollen. David wiederholte seinen Vorschlag in Gegenwart von Rose und wir nahmen die Einladung gemeinsam freudig an.

Und bekamen sofort Gegenwind von der Familie, aber nicht wegen des Konferenzbesuches, sondern wegen des Fluges. „Wie gedenkst du eigentlich London zu erreichen?", fragte mein Vater, als wir uns über das Thema unterhielten. Wir saßen alle nach einem Gottesdienst am Sonntagabend in Gabriels Wohnzimmer. Ich sah mich in dem Kreis meiner armenisch-vorsichtigen Verwandten um; obwohl wir schon das Jahr 1952 schrieben, war ich der Einzige im Zimmer, der schon einmal geflogen war – und das nur in kleinen Flugzeugen und auf kurze Entfernungen.

„Ach, Vater, das musst du verstehen. Würden wir erst den Zug und dann ein Schiff nehmen – die Reise wäre einfach zu zeitraubend. Rose ist schon schlimm genug dran, weil sie von den Kindern wegmuss." Richard war siebzehn Jahre, Gerry dreizehn, der kleine Steve fast fünf, und die Kinder waren es nicht gewohnt, dass Rose wegfuhr. Zum Glück würde Mrs. Newman ja wieder hierbleiben und sie versorgen können.

„Du hast also vor, mit dem Flugzeug zu reisen", folgerte Vater, nachdem er einen Moment lang überlegt hatte.

Die Stirnfalten auf den Gesichtern meiner Verwandten vertieften sich noch mehr. „Ich kann nicht verstehen, was diese Dinger in der Luft hält", sagte Tante Siroon. „Sie fliegen schrecklich schnell", sorgte sich Sirakan Gabriel. „... und übers Wasser", fügte Tiroon hinzu.

Schließlich wollten sie nur einwilligen, wenn wir versprechen würden, getrennt zu fliegen und auf der allerletzten Bank im Flugzeug zu sitzen. Nur ungern gab man zu dem Flug seinen

Segen und beschloss, mich zuerst fliegen zu lassen. Als ich auf dem Internationalen Flughafen von Los Angeles eintraf, schien die ganze Gesellschaft vom Goodrich Boulevard vertreten zu sein, um von mir Abschied zu nehmen. Es gab Lebewohls und Umarmungen, und schließlich kam ich mir vor, als würde ich nicht ins Flugzeug, sondern aufs Schafott steigen. Man versprach zu beten, dann kamen die Anweisungen in letzter Minute:

„Iss nichts!“, „Behalte den Sicherheitsgurt um!“, „Lege deinen Sitz so weit wie möglich zurück!“

Als sich endlich die Propeller drehten, konnte ich Onkel Janoian sehen, der immer noch Warnungen und Vorsichtsmaßregeln durch seine gewölbten Hände rief.

Am nächsten Tag war ich auf dem La-Guardia-Flughafen in New York, um Rose zu treffen. Lächelnd stieg sie die Treppe vom Flugzeug herunter. Sie hatte so viel Freude an ihrem ersten Flug gehabt, dass sie gleich noch ein Wagnis eingehen wollte – eine Fahrt mit der Untergrundbahn. In der Nähe unseres Hotels fanden wir einen Eingang zur U-Bahn, und dann fuhren wir so lange unter der Stadt hin und her, bis alle Fahrgäste außer einem alten Mann mit einer Weinflasche in der Hand ausgestiegen waren.

Am darauffolgenden Tag flogen wir weiter nach England – zuerst ich, dann Rose; denn wir wollten unser Versprechen der Familie gegenüber natürlich halten.

Aber die Freude, als wir uns in London wiedersahen, wurde ein wenig gedämpft, als wir mit David DuPlessis zusammentrafen.

„Tut mir leid“, sagte er, offensichtlich in Verlegenheit, „aber ich komme nicht sehr weit hier. Man scheint sich Sorgen zu machen über die Tatsache, dass du aus der Molkereibranche bist und kein Geistlicher.“

„Meinst du, sie werden uns nicht fördern?“

„Ich werde es weiter versuchen“ war alles, was David sagen konnte. Rose und ich besuchten die öffentlichen Konferenzversammlungen, hörten bewegende Ansprachen und stimmten in den lebendigen Gesang ein. Am Ende der Woche gestand David seine Niederlage ein. Er war nicht imstande gewesen, einen einzigen leitenden Mann der Konferenz zu überreden, meine Idee anzuhören. Rose und ich flogen erneut getrennt und schweren Herzens nach Hamburg. „Ich verstehe das nicht, Herr“, betete ich im Flugzeug. „Diese lange Reise mit all dem Zeitaufwand und den Ausgaben – war das alles umsonst? Oder willst du mir in Deutschland etwas zeigen?“

Nach Hamburg kamen wir auf Betreiben unseres Freundes Hal Herman. Hal war der Kameramann, der die ersten offiziellen Aufnahmen von den Bombenschäden in Hiroshima für die US-Regierung gemacht hatte. Was er in Japan sah, hatte ihn zu dem Entschluss geführt, der Welt die Antworten Gottes auf ihre Probleme zu zeigen. Wir hatten ihm geholfen, ein riesiges Zelt nach Hamburg zu verschiffen, und jetzt bat er uns, doch an seinen Versammlungen teilzunehmen.

Auf dem Flughafen in Hamburg wurde ich von Pastor Rabe abgeholt, dem deutschen Prediger, der unser Gastgeber sein sollte.

„Willkommen in unserer Stadt!“, sagte Pastor Rabe in ausgezeichnetem Englisch. „Ich möchte Ihnen zeigen, dass unser Gott immer noch der Gott der Wunder ist.“ Mein Herz jauchzte. Musste ich wirklich so weit fahren, weil Gott mir etwas Außergewöhnliches zeigen wollte?

Ich war erstaunt, wie verwüstet Hamburg im Juli 1952 noch war. Während wir den Flughafen verließen, passierten wir viele Häuserblocks, die noch in Trümmern lagen.

Es schien unmöglich, dass ein Mensch solche Vernichtung überlebt haben konnte. Endlich ließ Pastor Rabe den Wagen vor einem Trümmerhaufen anhalten, der sich von den andern nicht unterschied.

„Dies war unsere Kirche“, sagte er.

Während wir unseren Weg vorsichtig durch Ziegelsteine und Glasscherben bahnten, fügte er hinzu: „Hier geschah das Wunder.“

Er blieb vor einem Schutthaufen stehen, der aus Überresten einer vom Feuer verzogenen Stahltür bestand. „Hier war einmal ein Luftschutzbunker“, erklärte Pastor Rabe. „Eines Sonntags hielten wir gerade unseren Gottesdienst“, er deutete mit seinem Arm an, wo einst die Kirche gestanden hatte, „als die Sirenen ertönten …“

An Luftalarm gewöhnt, führte Pastor Rabe seine Leute aus der Kirche heraus und über den Hof zum Luftschutzraum. Die

Stahltore standen offen und dreihundert Menschen strömten in das dunkle Kellergeschoss. Dann wurden die Türen geschlossen.

Kurz darauf brach ein Inferno los. Der Angriff war stärker denn je. Häuserblocks wurden zerstört, die Kirche zerfiel zu Schutt und Asche, und was noch übriggeblieben war, vernichteten die Brandbomben.

Unten im Luftschutzraum konnte die Gemeinde das Prasseln der Flammen hören. Es schienen Stunden in der stickigen Luft des unterirdischen Raumes zu vergehen, sagte Pastor Rabe, bevor die Entwarnung kam. Eifrig eilte er die Treppen hinauf, um die Türen aufzustoßen. Im nächsten Augenblick prallte er zurück. Die Metalltüren waren viel zu heiß, um sie anfassen zu können. Er fand ein Stück Holz und versuchte es damit, aber die Türen wollten sich nicht bewegen. Jetzt probierten andere Männer, die Türen zu öffnen, indem sie an die solide Stahlmasse schlugen und hämmerten.

Es war nutzlos. Die Hitze des Feuersturms hatte die Metalltüren zusammengeschmolzen. Gegen die Tür zu hämmern hieße nur, kostbaren Sauerstoff zu verbrauchen.

Um die Luft so lange wie möglich zu erhalten, drängte Pastor Rabe die Menschen, stattdessen niederzuknien und zu beten. „Herr“, begann er laut, „wir wissen, dass du stärker bist als die Macht des Todes. Vater, wir bitten dich um ein Wunder. Öffne diese Türen und erlöse uns.“

Männer, Frauen und Kinder warteten so auf ihren Knien.

Nach einer Weile kam von weit oben das schreckliche Geräusch eines einzelnen Flugzeugs. Es kreiste über der zertrümmerten Stadt; plötzlich war das Zischen einer Bombe zu hören und alle im Keller duckten sich instinktiv. Die Bombe schlug sehr nahe ein – aber nicht nahe genug, um den Menschen zu schaden, die unter der Erde gefangen waren. Allerdings wurden durch die Wucht der Explosion die Stahltüren aufgesprengt, und als sich der Rauch verzogen hatte, konnte Pastor Rabe mit seiner Gemeinde in die Freiheit klettern. So standen dann dreihundert Menschen im Feuerschein der brennenden Stadt und dankten Gott.

An jenem Abend, in Rabes Gastzimmer, erzählte ich Rose die wunderbare Geschichte. Ich hatte das sichere Gefühl, dass darin eine Botschaft für die Probleme lag, mit denen wir bei dem Aufbau der Vereinigung konfrontiert wurden. Ich wusste nur nicht genau, wie die Botschaft hieß. Auch konnte ich keinen Zusammenhang sehen zwischen unserer Situation und Hal Hermans Zeltversammlungen.

Es war eine seltsame Erfahrung, in einer Versammlung zu sitzen, in der wir nicht ein Wort des Gesagten verstanden. So blieb viel Zeit, die Gesichter der Zuhörer eingehend zu studieren. Der typische Gesichtsausdruck schien uns höflich und formell zu sein. Es war eine schwierige Zuhörerschaft, wie Rose und ich sie noch nie zuvor erlebt hatten. Ich hatte mich schon damit abgefunden, dass die deutsche Reserviertheit wohl durch nichts zu zerbrechen sein würde, als eine Heilung wie gewöhnlich alles veränderte.

Ein tauber Mann, gut bekannt in der ganzen Stadt, konnte plötzlich hören, und die Atmosphäre änderte sich schlagartig. Menschen weinten, sie umarmten sich, hoben ihre Hände zum Himmel, genau wie die armenischen Pfingstleute. Noch immer fragte ich mich: „Herr, warum hast du mich hierhergebracht?" Ich konnte nichts zur Versammlung beitragen und war nicht sicher, ob ich etwas lernte. Mittlerweile drängte Rose ungeduldig, zu den Kindern zurückzukehren. Aber erst wollte sie sich noch einen Lebenstraum erfüllen: ihre Sehnsucht, Venedig zu sehen. „Und wahrscheinlich", sagten wir zueinander, „werden wir nie wieder in Europa sein."

So reisten wir weiter nach Italien, diesmal per Zug. Was für eine andere Welt rollte da an den Fenstern vorbei im Vergleich zu den ausgedehnten Farmen Kaliforniens! Winzige Flecken Ackerland umgaben alte steinerne Bauernhäuser, während Schweine, Gänse und Hühner in den Höfen herumliefen. „Wie in Kara Kala!", sagte ich zu Rose. „Wie die Höfe, von denen Vater erzählt!"

In Deutschland hatte ich eine Kamera gekauft. Trotz der viersprachigen Schildchen, die die Reisenden davor warnten, sich aus dem Fenster zu lehnen, konnte ich es nicht lassen. Ich öffnete das Fenster unseres Abteils und steckte Kopf und Schultern hinaus, um einen guten Schnappschuss zu machen.

Plötzlich durchschnitt ein stechender Schmerz mein rechtes Auge. Ich fuhr zurück und ließ beinahe die Kamera fallen. „Rose!"

Rose half mir beim Hinsetzen, dann zog sie meine Hand vom Gesicht weg. Mein Auge zitterte, sodass ich es nicht aufmachen konnte. Sie zog vorsichtig das Lid hoch.

„Ich kann es sehen! Es sieht aus wie ein Stück Schlacke. Direkt neben der Pupille!"

Rose holte ihr Taschentuch hervor und versuchte, die Schlacke herauszulösen, aber sie steckte zu tief. Der Schmerz war peinigend. Ich presste das Taschentuch an mein Gesicht, um den Tränenstrom zu trocknen. Wir hatten noch eine Stunde bis Venedig – die qualvollste Stunde meines Lebens. Vom Bahnhof nahmen wir anstatt der geplanten Gondel ein Schnellboot zu unserem Hotel. Der Mann hinter dem Rezeptionstisch erfasste die Situation mit einem Blick. Ein paar Minuten später lag ich ausgestreckt auf dem Bett in unserem Zimmer und der Hotelarzt beugte sich über mich. Er zog das Lid zurück, leuchtete mit einer Taschenlampe ins Auge, dann brachte er es wieder in seine Lage zurück.

„Tut mir leid, Signore, aber Sie sind schlimm dran. Dieser Splitter ist groß und rau."

„Können Sie ihn nicht entfernen?"

„Hier? Nein, Signore. Dazu müssen wir ins Krankenhaus gehen. Ich rufe gleich an."

Während er eine Nummer wählte und in schnellem Italienisch sprach, saß Rose neben mir und hielt meine Hand.

„Demos", sagte sie, „lass uns darüber beten."

Seltsamerweise hatte ich dies bisher vor Schmerz und Unwillen über mich selbst vergessen.

Rose betete und dankte Gott für die Heilungswunder, deren Zeugen wir in Hamburg gewesen waren. „Vater, wir danken dir, dass du hier in diesem Zimmer in Italien genauso bist wie in dem Zelt in Hamburg. Im Namen Jesu bitten wir dich, den Splitter wegzunehmen."

Als sie betete, schien ein Wärmestrom durch mein Auge zu fluten. „Rose, ich kann etwas fühlen! Es tut sich etwas!"

Ich blinzelte mit meinen Augen. Kein Schmerz war mehr zu spüren, nicht einmal ein Hindernis. „Rose, sieh in mein Auge!"

Rose beugte sich über mich. „Es ist nicht mehr da, Demos! Das Stück ist nicht mehr da!“ Sie brach in Tränen aus.

Der Arzt hängte den Hörer ein. „Das Krankenhaus nimmt Sie. Wir gehen gleich in den Unfallraum.“

„Herr Doktor, wollen Sie bitte nochmals in mein Auge sehen?“

Er nahm die Lampe aus seiner Tasche und leuchtete nochmals ins Auge. Er ließ das Lid los und prüfte das andere Auge. Dann wieder das rechte.

„Das ist nicht möglich“, sagte er.

„Meine Frau bat Gott, den Splitter zu entfernen“, sagte ich ihm.

„Es ist unmöglich“, sagte er wieder. „Dieser Brocken kann nicht von selbst herauskommen.“

„Nicht von selbst, Herr Doktor. Gott nahm ihn heraus.“

„Das verstehen Sie nicht. Da muss eine Wunde sein, eine Lücke im Gewebe. Aber es ist nichts da. Keine Wunde. Keine Beschädigung.“ Er zog sich zur Tür zurück. „Ich schicke keine Rechnung, mein Herr. So etwas kann gar nicht geschehen …“

Rose und ich verbrachten eine wunderschöne und glückliche Zeit in Italien. Und doch: Was hatte all dies mit der Vereinigung zu tun?

Als wir im späten Juli nach Los Angeles zurückfuhren, war der vor uns liegende Weg nicht klarer als vorher.

Die Monate August und September zogen ins Land. Unsere Samstagmorgentreffen in Clifton’s Cafeteria setzten wir mit derselben kleinen Gruppe von Menschen fort. Sie kamen mehr aus Treue zu mir als aus irgendeinem anderen Grund, vermutete ich. Und dann war es Oktober, der erste Geburtstag der „Geschäftsleute des Vollen Evangeliums“. In den vergangenen zwölf Monaten hatte ich über die Vereinigung in vielen Teilen des Landes gesprochen.

Menschen aus anderen Städten hatten unsere Frühstückstreffen besucht. Aber während des ganzen Jahres, in dem wir solche „erstaunlichen Dinge“ sehen sollten, war nicht ein Mensch genug beeindruckt gewesen, in einer anderen Stadt ein zweites Chapter zu beginnen.

Rose war so lieb, mich nicht an meine zuversichtliche Voraussage vom vergangenen Herbst zu erinnern, aber ich konnte sehen, dass sie voller Zweifel darüber war, ob es weise sei, weiterzumachen.

„Wir bewirten die Menschen nur mit Frühstück, Demos", sagte sie. „Mit den Zeltversammlungen waren wir viel besser dran. Tausende haben wir jeden Sommer erreicht, und auf diesem Wege sind es bestenfalls ein paar Dutzend." Ich wusste, sie hatte recht, dennoch sagte ich: „Wir wollen sehen, was nächsten Monat geschieht."

Aber der November kam und ging, und die Treffen wurden nicht lebendiger, der Besuch ging sogar noch zurück.

„Der Dezember wird besser sein", versicherte ich ihr, „zur Weihnachtszeit sind die Menschen aufgeschlossener."

Aber wenn die Weihnachtszeit irgendeine Wirkung hatte, dann die, dass die Menschen zu beschäftigt waren, um zu kommen.

„Ich muss nächsten Samstag mit meiner Frau zum Einkaufen gehen, Demos."

„Da ist unser Kirchenbasar."

„Ich gehe mit den Kindern zum Nikolaus."

Am Samstagmorgen, dem 20. Dezember, trafen sich fünfzehn von uns in dem oberen Raum bei Clifton's – sechs weniger als damals vor vierzehn Monaten bei der ersten Versammlung.

Am Schluss des trübsinnigen Treffens sprach mein Freund, Miner Arganbright, ein offenes Wort. Miner war Bauunternehmer mit großen Aufträgen in Wirtschaft und Industrie und einer der fünf Direktoren der „Geschäftsleute des Vollen Evangeliums."

„Demos, ich hasse es, so kurz vor Weihnachten negativ zu reden", sagte Miner, „aber ich glaube, die ganze Idee der „Geschäftsleute des Vollen Evangeliums" ist ein Blindgänger. Ehrlich gesagt: Ich würde keine fünf Cents mehr für die Sache geben."

Ich starrte ihn an. Ich war zu betroffen, um antworten zu können.

Miner streckte seine Hand hin. „Du hast oft gesagt, es sei ein Experiment, stimmt's?"

„Stimmt!"

„Nun, eine Unmenge von Experimenten gehen schief. Das ist ja keine Schande."

Ich wusste wirklich nicht, was ich ihm entgegnen sollte.

„Was ich dir zu sagen versuche, Demos, ist Folgendes: Wenn zwischen heute und nächsten Samstag nicht ein Wunder geschieht, dann solltest du mich lieber von deiner Mitarbeiterliste streichen."

„In Ordnung, Miner. Ich verstehe."

Rose und ich gingen schweigend die Stufen hinab. Im großen Saal leuchteten die Kerzen eines Weihnachtsbaums.

„Miner liegt richtig", sagte Rose sanft. „Wenn Gott bei irgendetwas mitmacht, segnet er es, nicht wahr? Und du kannst nicht gerade sagen, dass die Vereinigung gesegnet worden ist."

Ich ging benommen auf dem Fußweg neben ihr her. All die Bemühungen, die Telefonanrufe, das Bitten und Bedrängen der Menschen, doch einmal zu kommen – alles umsonst.

Wenn es etwas gab, was ich seit 1940 gelernt hatte, so war es das: Wenn Rose und ich über etwas uneinig waren, dann konnte der Herr nicht durch uns wirken. Wenn sie jetzt so sicher war, dass die Vereinigung falsch war, nun – dann war das Ende da. Je schneller ich sie vergaß, desto besser.

Nur ... ich konnte sie nicht vergessen. Die ganze Woche standen Tränen in meinen Augen. Während ich zur Arbeit fuhr, begann ich im Auto plötzlich zu weinen. Ich fragte mich, ob ich einen Nervenzusammenbruch hätte.

Um der Kinder willen versuchte ich, zu Weihnachten ein heiteres Gesicht aufzusetzen. Ich war froh, dass wir zum nächsten Freitag, den 26. Dezember, einen lieben Gast erwarteten. Es war unser Freund Tommy Hicks, ein begabter Evangelist und ein Mann, den man brauchen konnte, wenn man niedergeschlagen war.

„Kannst du dir vorstellen, Tommy", sagte ich am Freitag während des Abendessens zu ihm, „dass morgen früh das letzte Treffen der ‚Geschäftsleute des Vollen Evangeliums' ist?" Ich schnitt eine kleine Grimasse. „International? Es ist ziemlich offensichtlich, dass jeder genauso darüber denkt. Miner war ehrlich genug, es auszusprechen. Offiziell Schluss machen mit jeder Art von Ankündigung ist das Einzige, was zu tun bleibt. Vielleicht denkst du dir schon mal aus, wie wir alle im nächsten Sommer zusammenarbeiten können, um eine Zeltversammlung zu finanzieren."

Ich versuchte, meiner Stimme einen lässigen Ton zu geben, aber Tommy musste die Unruhe in meinem Herzen bemerkt haben, denn er sagte: „Demos, ich denke, wir sollten noch darüber sprechen.“

Das taten wir, indem wir noch weiter am Tisch blieben und ihm von unseren Hoffnungen und Enttäuschungen erzählten. Nach einer Weile ging Gerry zu Bett – Steve schlief schon lange, und Richard leitete an diesem Wochenende eine Rüstzeit für die Jugend. Aber Tommy, Rose und ich blieben sitzen, sprachen über die verschiedenen Menschen, die zu Clifton's Cafeteria gekommen waren, und erinnerten uns an das, was sie der Gruppe mitgeteilt hatten.

„Kein Samstag, an dem ich nicht etwas gelernt habe“, sagte ich zu Tommy. „Etwas, was mir half, Gott und die Menschen mehr zu lieben.“

Es war fast Mitternacht, als Rose auf ihre Uhr sah. „Schau, wie spät es schon ist, Demos! Und ich habe noch nicht den Tisch abgeräumt! Wir müssen jetzt ins Bett oder wir werden morgen selbst nicht zu Clifton's kommen.“

„Geh du ins Bett, Liebling“, sagte ich. „Diese Sache belastet mich zu sehr, um schlafen zu können.“ Ich war so sicher gewesen vor einem Jahr! „Ich werde im Wohnzimmer auf die Knie gehen, bis ich vom Herrn Klarheit über die Sache habe.“

„Gut“, sagte Tommy, „ich werde Rose beim Abräumen helfen und dann in meinem Zimmer verschwinden, um dir Rückendeckung zu geben. Aber, Demos, im Grunde ist es eine Sache zwischen dir und Gott.“ Tommy und Rose trugen das Geschirr in die Küche. Ich ging ins Wohnzimmer. Da geschah es! Genau wie damals, als ich dreizehn Jahre alt war, wurde die Luft um mich plötzlich schwer, drückend und zwang mich zu Boden. Ich fiel auf die Knie, dann auf mein Gesicht. Lang ausgestreckt lag ich auf dem gemusterten roten Teppich.

Ich konnte nicht aufstehen, genauso wenig wie vor siebenundzwanzig Jahren in meinem Schlafzimmer in dem großen spanischen Haus nebenan. So versuchte ich es gar nicht. Ich ruhte mich einfach in seiner unwiderstehlichen Liebe aus und fühlte, wie sein Geist in endlosen Strömen von Kraft durch das Zimmer pulsierte. Die Zeit stand still und der Raum schien zu verschwinden. Während ich dort lag und Gott bald in Englisch, bald in Zungen pries, hörte ich seine Stimme, die gerade die Worte sprach, die ich so lange zuvor gehört hatte:

„Demos, wirst du je an meiner Kraft zweifeln?"

Und plötzlich sah ich mich selbst, so wie er mich in diesen vergangenen Monaten gesehen haben musste: mich abmühend und anstrengend, wie eine emsige Ameise hierhin und dorthin hastend, nach Europa jagend bei dem Versuch, die Unterstützung und Anerkennung einer „offiziellen" Gruppe zu bekommen, überall von meiner eigenen Energie abhängig anstatt von seiner. Mit einem wehen Gefühl erinnerte ich mich an Oral Roberts' Gebet beim allerersten Treffen der Vereinigung, das Gebet, das 21 Leute auf die Beine gebracht und uns zu einem Siegeslied bewegt hatte.

„Lass diese Organisation allein in *deiner* Stärke wachsen ..."

Aber ich hatte gehandelt, als sei es *meine* Kraft, die zählt, als ob ich persönlich diese tausend Chapter beginnen sollte, die Oral gesehen hatte. Und natürlich war ich nicht imstande gewesen, auch nur ein einziges in Gang zu bringen.

„Herr Jesus, vergib mir!"

Als Nächstes erinnerte er mich an das, was ich in Europa gesehen, aber nicht verstanden hatte: die Stahltore des Luftschutzbunkers in Hamburg; der Splitter in meinem Auge im Grand Hotel in Venedig.

„Ich bin der eine, Demos, der allein Tore öffnen kann. Ich bin der eine, der die Balken von blinden Augen wegnimmt."

„Ich verstehe, Herr Jesus. Und ich danke dir."

„Und jetzt will ich dich sehend machen, Demos."

Damit gestattete mir der Herr, wieder hinzuknien. Es hob mich fast hoch, als ob mich die Kraft, die mich auf den Boden gezwungen hatte, nun hochtrug. In diesem Moment kam Rose ins Wohnzimmer. Sie schritt um mich herum und ging zur Hammondorgel in der Ecke. Sie sagte kein Wort, setzte sich und fing an zu spielen.

Als die Musik in dem kleinen Raum anschwoll, wurde die Atmosphäre heller. Zu meiner Verwunderung schien die Zimmerdecke verschwunden zu sein. Der cremefarbene Putz und die Deckenbeleuchtung waren einfach weg. Stattdessen staunte ich in den Himmel hinauf, einen Tageshimmel, obwohl es draußen stockdunkel gewesen sein muss. Wie lange Rose spielte, während ich in diese Unendlichkeit starrte, weiß ich nicht. Aber ganz plötzlich hörte sie auf, ihre Finger lagen noch auf den Tasten. Ich begann laut in Zungen zu beten, eine liebliche, rhythmische, fließende Botschaft. Sie pausierte einen Augenblick, dann sprach sie im selben lyrischen Rhythmus auf Englisch:

„Mein Sohn, ich kannte dich, bevor du geboren wurdest. Ich habe dich jeden Schritt auf dem Weg geführt. Jetzt will ich dir das Ziel deines Lebens zeigen."

Es waren die Geistesgaben der Zungenrede und der Auslegung, die zusammen gegeben wurden. Und während sie sprach, geschah etwas Bemerkenswertes. Obgleich ich auf meinen Knien blieb, fühlte ich mich so, als ob ich mich erhöbe und meinen Körper verließe.

Ich bewegte mich aufwärts, weg vom Wohnzimmer. Tief unter mir konnte ich die Dächer von Downey sehen. Da waren die San Bernardino-Berge und dort die Pazifikküste. Jetzt war ich hoch über der Erde und konnte das ganze Land von West bis Ost sehen. Aber obwohl ich so weit blicken konnte, sah ich auch Menschen auf der Erde – viele Millionen von ihnen standen Schulter an Schulter. Dann, gerade wie eine Kamera bei einem Fußballspiel herumschwenken kann, um zuerst das Stadion, dann die Spieler, dann direkt die Nähe des Fußballs zu zeigen, schien meine Vision sich auf diese Millionen von Menschen zuzubewegen. Ich konnte winzige Einzelheiten der vielen tausend Gesichter sehen. Und was ich sah, erschreckte mich. Die Gesichter waren starr, leblos, unglücklich. Obgleich die Menschen Schulter an Schulter standen, hatten sie doch keinen Kontakt untereinander. Sie starrten geradeaus, ohne Augenaufschlag, ohne zu sehen. Voll schauerlichen Erschreckens erkannte ich, dass sie tot waren …

Dann änderte sich die Vision. Ob die Welt sich drehte oder ob ich mich um sie bewegte, weiß ich nicht. Aber jetzt war unter mir der südamerikanische Kontinent. Dann weiter Afrika, Europa, Asien. Noch einmal begegneten mir die erschreckenden Großaufnahmen, und überall war es dasselbe. Braune Gesichter, schwarze Gesichter, weiße Gesichter – jedes einzelne starr, unglücklich, jedes verschlossen in seinem eigenen, privaten Tod.

„Herr!“, schrie ich. „Was ist los mit ihnen? Herr, hilf ihnen!“ Nachher sagte mir Rose, dass ich nichts gerufen hätte. Aber in der Vision schien es mir, dass ich weinte und laut für sie eintrat.

Plötzlich begann Rose ganz normal zu sprechen. Sie hatte ja gar keine Möglichkeit zu wissen, dass ich gerade etwas sah.

„Mein Sohn, was du als Nächstes siehst, wird sehr bald geschehen“.

Die Erde drehte sich – oder ich bewegte mich um sie herum – ein zweites Mal. Unter mir waren wieder Millionen von Menschen zu sehen. Aber was für ein Unterschied! Diesmal waren die Häupter erhoben. Die Augen leuchteten vor Freude! Die Hände waren zum Himmel emporgestreckt! Diese Menschen, die so isoliert gewesen waren, ein jeder im Gefängnis seiner selbst, waren zu einer Gemeinschaft von Liebe und Anbetung verbunden. Asien, Afrika, Amerika – überall hatte sich Tod in Leben verwandelt. Und dann war die Vision vorbei.

Ich merkte, wie ich auf die Erde zurückkehrte. Unter mir war Downey in Kalifornien. Dort war unser Haus. Ich konnte mich selbst sehen, wie ich kniete. Und ich sah Rose an der Orgel sitzen. Dann erkannte ich die vertrauten Gegenstände des Zimmers und wurde gewahr, dass ich Schmerzen in meinen Knien und einen steifen Nacken hatte. Ich kam langsam auf die Füße und schaute auf die Uhr. Es war halb vier Uhr morgens. „Was ist geschehen, Demos?“, fragte Rose. „Hast du etwas vom Herrn gehört?“

„Liebling, nicht nur gehört, ich habe gesehen!“ Und ich beschrieb ihr die Vision. Rose hörte mit Tränen in ihren Augen zu.

„Oh, Demos, siehst du nicht, Gott zeigt uns, dass die Vereinigung der Geschäftsleute des Vollen Evangeliums weitergehen soll!“

Sie stand von der Orgel auf und ließ ihre Hand in die meine gleiten. „Erinnerst du dich, Demos? Es war in diesem Zimmer vor beinahe acht Jahren, dass wir niederknieten und ihn an die erste Stelle setzten …“

Als wir zu unserm Schlafzimmer gingen, sahen wir ein Licht unter Richards Zimmertür, wo Tommy sich aufhielt. Ich klopfte und Tommy rief: „Herein!“ Er lag ausgestreckt auf dem Boden, noch in seinem grauen Anzug. Er hatte Gebetsunterstützung versprochen und sie auch gegeben.

„Demos“, sagte er, „erzähle mir, was du hörtest! Nie in meinem Leben habe ich die Kraft so gefühlt wie heute Nacht. Welle auf Welle flutete geradezu durch dieses Haus.“

Wir gingen in dieser Nacht überhaupt nicht mehr ins Bett. Als ich Tommy die Vision beschrieben hatte, war es bald an der Zeit, in die Stadt zu Clifton's Cafeteria zu fahren. Als wir den oberen Raum erreichten, waren schon zwei Männer da, die auf uns warteten. Einer war Miner Arganbright – ich war überrascht, ihn zu sehen! Der andere war ein Bruder, den ich nur ganz flüchtig kannte.

„Ich habe etwas für dich, Demos“, sagte Miner. Er langte in seine Tasche und zog einen Umschlag heraus. Zweifellos war es sein Abdankungsbrief. Wie schade, sagte ich mir, gerade jetzt, wo alles wieder gut geht … Aber es war kein Brief, es war ein Scheck. “

Meine Augen überflogen die Worte: „… zahlen Sie an die Geschäftsleute des Vollen Evangeliums … „

„Tausend Dollar!“, sagte ich. „Aber Miner, letzte Woche dachtest du, die Organisation sei keine fünf Cent wert.“

„Letzte Woche war letzte Woche“, sagte Miner. „Demos, ich wachte heute früh auf und hörte eine Stimme. Es war Gott – ich wusste gleich, dass er es war. Gott sagte: *‚Dieses Werk soll um die Welt gehen und du sollst das erste Geld dafür spenden.‘*“

Ich starrte ihn noch an, als der andere Bruder herzutrat. „Mr. Shakarian“, sagte er, „mein Name ist Thomas Nickel. In der vergangenen Nacht ist etwas mit mir geschehen. Ich glaube, Sie werden daran interessiert sein.“

Ich stellte mein Tablett neben das seine und salzte die Frühstückseier, während Nickel berichtete, dass auch er mitten in der Nacht eine Botschaft vom Herrn empfangen hatte. In seiner Druckerei in Watsonville, in der Nähe von San Francisco, hatte er bis spät in der Nacht gearbeitet. Weihnachten lag in jenem

Jahr in der Mitte der Woche, so stand er unter starkem Zeitdruck. Plötzlich hörte er den Heiligen Geist ganz klar zu sich sprechen: „*Setz dich in dein Auto und fahre zum Samstagmorgentreffen der Gruppe, die du schon einmal besucht hast.*"

Er sah auf seine Uhr, es war Mitternacht. Ich erinnerte mich, dass es gerade die Zeit war, als ich zum Beten ins Wohnzimmer gegangen war.

Nickel versuchte, seiner inneren Stimme diese „fixe Idee" auszureden. Watsonville liegt sechshundertvierzig Kilometer nördlich von Los Angeles. Er würde die ganze Nacht fahren müssen, um rechtzeitig anzukommen. Aber das Wort kam immer wieder: Fahr zu dem Treffen. Er hinterließ eine Nachricht bei der christlichen Schule Monte Vista, wo er Dozent war, und startete nach Süden. „Und hier bin ich", schloss Nickel, „um Ihnen meine Druckerei und meine Dienste anzubieten."

Rose, Miner und Tommy hörten gespannt zu.

„Ihre Druckerei?", fragte Tommy.

„Um eine Zeitschrift herauszugeben", sagte Nickel. „Sehen Sie, der Geist sagte mir immer wieder: ‚Diese Vereinigung muss rund um die Welt gehen.' Aber sie wird niemals einen Start bekommen ohne eine Stimme."

„Stimme – Voice", wiederholte Rose. „Stimme der Geschäftsleute …"

Das Treffen an jenem Morgen war nicht ein sehr großes, aber es war das freudevollste, das wir je erlebt hatten. Bevor es vorbei war, hatten wir Thomas Nickel zum Herausgeber und Verleger einer neuen Zeitschrift ernannt. Sie sollte „Full Gospel Business Men's Voice – Stimme der Geschäftsleute des Vollen Evangeliums" heißen.

„Denk doch", sagte ich zu Rose, als wir in dieser Nacht zu Bett gingen, „letzte Nacht um diese Zeit schien die Vereinigung am Ende zu sein. Jetzt haben wir eine Kasse mit tausend Dollar und eine Zeitschrift. Ich kann es gar nicht erwarten, was der Herr als Nächstes tun wird."

Kapitel 9

Der Fuß auf dem Tisch

Die Antwort ließ nicht lange auf sich warten. Kurz nach Neujahr bekamen wir einen Telefonanruf aus Sioux Falls in South-Dakota. Es war Tommy Hicks, der aus einem Versammlungssaal anrief, in dem er gerade gesprochen hatte. „Demos", sagte er, „ich glaube, du hast Chapter Nr. 2 bekommen." Er hatte an diesem Abend die Geschichte der Geschäftsleute des Vollen Evangeliums und die Vision erzählt. Am Schluss seiner Rede stand ein Mann im Auditorium auf und fragte, warum sie nicht auch hier in Sioux Falls eine solche Gruppe beginnen könnten.

„Ich sagte ihm: „Sicher könnt ihr das!" Ich bat jeden, der daran interessiert sei, nach vorn zu kommen, und Demos, es sah aus, als käme der ganze Saal. Ihr habt nun Chapter Nr. zwei hier in South-Dakota bekommen."

Das war nur der Anfang. Wohin Tommy in jenem Jahr kam, erzählte er von der Vereinigung und ließ eine Menge begeisterter Menschen zurück. Bis zum Sommer 1953 hatten wir neun Chapter und planten ein nationales Treffen im Oktober, genau zwei Jahre nach dem ersten Treffen in Clifton's Cafeteria.

Sechshundert Menschen erschienen zu diesem Wochenende im Herbst im Clark Hotel in Los Angeles. Wenn heute zu einer Zusammenkunft zwanzigtausend Menschen kommen, so erscheint dieses erste nationale Treffen in der Tat klein. Aber für uns war es enorm – und ebenso groß war der Eifer.

Da entstand zum Beispiel die Frage nach dem Finanzierungsplan. Wir hatten jetzt einen hauptamtlichen Angestellten. Der Mann hieß Floyd Highfield und beantwortete die Anfragen von

Menschen im ganzen Land. Er brachte sie miteinander in Verbindung und gab Hilfestellung bei der Organisation neuer Chapter. Bald würde Floyd eine Sekretärin brauchen.

Dann war da die Zeitschrift. Thomas Nickel stellte seine Zeit und die Druckerei zur Verfügung, aber jemand musste Papier und Druckfarbe bezahlen. Schon konnten wir sehen, dass wir mehr als fünftausend Exemplare pro Monat als Erstauflage zu drucken hätten. Nach unseren Schätzungen würden wir für das Jahr 1954 rund zehntausend Dollar benötigen.

Aus diesem Grund stand am letzten Abend der Zusammenkunft einer der Redner, Jack Coe, auf und machte den einfachsten Aufruf zum Geldspenden, den ich je gehört habe. Jack war ein Riese, und so groß wie er war, war auch sein Geschick, ohne Umschweife direkt zur Sache zu kommen.

„Wir brauchen zehntausend Dollar“, sagte er. „Am besten kommen jetzt hundert Leute nach vorn und verpflichten sich, jeweils hundert Dollar zu geben.“

Dann setzte er sich hin.

Sofort bildete sich eine Menschentraube um den Rednertisch. Jack bat jeden Einzelnen, seinen Namen und seine Adresse auf ein Blatt Papier zu schreiben. Am Ende der Versammlung zählten wir die Namen zusammen: Genau hundert Zusagen waren abgegeben worden. Das Budget war auf den Cent genau erreicht.

Nun aber entstand bei den Samstagstreffen in Clifton's ein anderes Problem. Im ersten Jahr konnten wir die Leute nicht zum Kommen bewegen; jetzt konnten wir sie nicht mehr fernhalten. Der Saal hatte vierhundert Plätze. Wir quetschten jedoch jede Woche fünfhundert bis sechshundert Leute hinein; manchmal erschienen fast siebenhundert. Sechs Wochen hintereinander sandte die Feuerwehr offizielle Vertreter, die damit drohten, das ganze Lokal zu schließen.

So hielten wir eine Direktionssitzung ab, um unsere Situation zu erörtern. Wir wussten immer noch nicht recht, wie wir uns entscheiden sollten. Wir könnten einen größeren Raum mieten, zum Beispiel Clarks Festsaal. Oder wir könnten die Menschen ermutigen, die aus größerer Entfernung zu Clifton's kamen, neue

Chapter in der jeweiligen Region zu gründen. Long Beach, Glendale, Pasadena – warum sollte nicht jeder sein eigenes „Clifton's" haben, ein Zentrum der Kraft, von dem das Leben des Geistes in die Gemeinde hineinfließen würde?

„Ich wünsche keine große, zentralisierte Organisation." Das war die Botschaft, die der Geist uns zu geben schien.

„Selbstverständlich sollt ihr zusammenkommen, um einander zu inspirieren und zu ermutigen, um ein Feuer anzuzünden, das hell genug ist und von allen gesehen werden kann.

Aber für eure tägliche Arbeit wünsche ich, dass ihr demütig und aufmerksam auf mein Wirken wartet. Ich möchte keine Schablonen.

Ich werde nie zu zwei Menschen oder an zwei Stellen in genau derselben Weise kommen. Gebt mir Raum für meine unerschöpfliche Vielfalt."

Und so bildeten sich aus dem Samstagmorgentreffen bei Clifton's erst vier Chapter, dann fünf, dann zehn. Einige trafen sich jede Woche, einige alle zwei Wochen, andere einmal im Monat. Einige trafen sich weiterhin am Samstagmorgen, andere wählten einen Abend in der Woche. Als diese wiederum zu groß wurden – das heißt mehr als dreihundert oder vierhundert Menschen bei einem Treffen – bildeten auch sie neue Gruppen. So ist es gekommen, dass es heute im Gebiet von Los Angeles zweiundvierzig Chapter gibt und jedes hat seinen eigenen Charakter. Einige sind überschwänglich, andere zurückhaltend. Einige betonen Evangelisation oder Lehre, andere Heilung oder Jugendarbeit.

Aber keines würde ohne jenes erste Jahr scheinbar hoffnungslosen Ringens existieren. So war es überall, wo ein neues Chapter emporwuchs. Das erste Jahr schien in jedem Gebiet das härteste zu sein.

So zum Beispiel in Minneapolis: 1955 lud ein Restaurant-Besitzer dreizehn unserer Leute aus der Vereinigung ein, zum Eröffnungsbankett des ersten Minnesota-Chapters zu kommen. Trotz eines Schneesturms eilten wir aus dem ganzen Land herbei. Ich flog mit C. C. Ford, einem Bauunternehmer aus Denver, in seiner viersitzigen Cessna. Das kleine einmotorige Flugzeug hüpfte wie verrückt durch die Luft. Ich war dankbar, dass uns niemand aus der Gemeinde sehen konnte.

Auf dem Flughafen in Minneapolis wartete Clayton Sonmore auf uns. Er spielte das Unwetter herunter. „Wir sind daran gewöhnt, dass es hier in Minneapolis schneit. Heute Abend werden uns zweihundertfünfzig einflussreiche Geschäftsleute besuchen."

In seinem Restaurant entdeckten wir, warum er so zuversichtlich war, dass es so eine große Versammlung werden würde. Brathähnchen, selbstgebackenes Brot, frische Apfelpastete – Kellner stellten gerade all die leckeren Sachen, die das Wasser im Mund zusammenlaufen ließen, auf einem langen Serviertisch bereit. Alle dreizehn von der Vereinigung waren trotz des Unwetters gut angekommen, was mich sehr beruhigte. Wir standen herum und blätterten in unseren Terminkalendern, während Sonmore die Menschen aus dem Ort begrüßte, die sich allmählich einfanden.

19 Uhr nahte, die Zeit für den Beginn des Banketts. 28 Leute hatten sich im Essraum versammelt, zählte Clayton Sonmore – dreizehn von uns und fünfzehn aus Minneapolis.

19:30 Uhr äugten achtundzwanzig hungrige Leute nach dem beladenen Buffettisch. „Das Wetter hält die Leute zu Hause fest", meinte jemand. Aber durch die Fenster konnten wir den Verkehrsstrom hören, der sich auf gut geräumten Straßen bewegte.

Um 20 Uhr setzten wir uns zum Essen hin. Es gab weniger Menschen als Tische im Raum. Sonmores Gesichtsausdruck sprach Bände. Ich wusste genau, wie ihm zumute war. Aber ich wusste auch noch etwas. Dies hier war das Muster, Gottes Muster. Ich erzählte dem entmutigten Restaurant-Besitzer von unserer Erfahrung in Los Angeles, als wir einmal kein Frühstück mehr loswerden konnten, geradeso, wie es ihm jetzt mit dem Essen ging.

„Aber Gott braucht keine Riesenzahlen, um sein Werk in Gang zu bringen. Er braucht nur ein paar Menschen an jeder Stelle. Sieh nicht auf die 236 leeren Plätze", sagte ich zu ihm, „sieh auf die vierzehn Leute, die gekommen sind. Mit diesen kann Gott eure Stadt auf den Kopf stellen."

Es wurde eine wunderbare Versammlung. Der Hauptsprecher war Henry Krause, ein Fabrikant aus Hutchinson, Kansas, und Präsident des Direktionskomitees der Vereinigung. Henry stand auf und blickte in den nahezu leeren Raum, als wäre er überfüllt. Er hielt keine Predigt, sondern erzählte einfach seine eigene Geschichte.

Als er eines Tages sein Weizenfeld pflügte und dabei betete, wie er es oft allein auf seinem Traktor tat, zeigte Gott ihm eine neue Art von Pflug.

Henry Krause war technisch nicht besonders begabt, aber der Pflug, den er vor seinen Augen sah, war in jeder Einzelheit vollkommen. Als er nach Hause kam, zeichnete er ein Bild davon. Und je mehr er darauf schaute, desto mehr erkannte er folgendes: Wenn dieser Pflug funktionierte, könnte er damit dreimal so viel Boden mit demselben Traktor in derselben Zeitspanne umpflügen.

Henry fertigte genauere Zeichnungen an und ging damit zu den Fabrikanten im Umkreis. Überall war die Reaktion der technischen Experten dieselbe: Das Ding würde nicht funktionieren.

Henry war kein Experte und kein Techniker. Aber er glaubte, dass sein Muster von Gott gekommen war, und er wusste, dass Gott sowohl Experte als auch meisterhafter Handwerker ist.

So begann Henry draußen in seiner Scheune den Pflug selbst zu bauen, indem er ihn Stück für Stück aus Schrottmetall und gebrauchten Teilen zusammenschraubte und zurechthämmerte. Es dauerte viele Monate. Er arbeitete an einer selbstgemachten Schmiede, bis der Pflug so war, wie er ihn gesehen hatte. Er hängte ihn an seinen Traktor und fuhr mit ihm hinaus aufs Feld. Natürlich funktionierte er.

Der „Krause-Pflug" ist heute in der ganzen Welt bekannt, und Henry Krause wurde zum größten Fabrikanten für Farmgeräte in der Landwirtschaft. Dieser Mann war ein Geschäftsmann, der die Hälfte seiner Zeit und sein ganzes Herz dem Dienst für Gott widmete.

Der Raum schien mit elektrischer Energie geladen zu sein. Als Henry sprach, konnte man buchstäblich spüren, wie der Geist Gottes auf die Versammelten herabkam. Drei der Männer aus Minneapolis erhielten die Taufe im Heiligen Geist, während sie an ihren Tischen saßen, ohne dass ihnen einer die Hände auflegte oder ein Gebet sprach. Wir waren alle um sie versammelt und freuten uns, als ein Kellner aus der Küche hereinplatzte.

„Mr. Sonmore! Können Sie einen Moment kommen?"

Unten im Keller hatte einer der Heizer scheinbar einen plötzlichen Anfall erlitten. Der Kellner wusste nicht, ob es ein Herzinfarkt oder ein epileptischer Anfall war.

Mehrere von uns eilten die Treppe hinab. Vor dem Heizungsraum hielt eine Gruppe von Männern den jungen Heizer auf einem Stuhl fest. Und plötzlich musste ich lachen. Dieser Mann war nicht krank. Er war ganz einfach das, was die „Alten" in der armenischen Gemeinde meinten, wenn sie sagten: „Er ist unter der Kraft Gottes!"

„Bruder", sagte ich, „preise Gott! Danke ihm, dass er dich heute Abend gesucht und gefunden hat!"

Der Mann schlug seine Augen auf. Er war erschüttert, und das war kein Wunder. Es muss schon etwas Eigenartiges gewesen sein, die Kraft Gottes zu erleben, die ohne Vorwarnung auf ihn kam. Der Mann hatte nicht einmal gewusst, dass oben im Restaurant ein Gebetstreffen stattfand. Nun kam er mit uns, und man hat nie einen Menschen gesehen, der so völlig verwandelt wurde. Zunächst bekannte er einige Dinge, die in seinem Leben nicht stimmten, und dann konnte er Gott nicht oft genug sagen, wie lieb er ihn habe.

Diese Episode war wie ein Urteil Gottes über ein Treffen, das nach menschlicher Meinung ein Fehlschlag war. Es schien, als wollte Gott uns sagen:

„Sorgt euch nicht um die Zahl. Ich werde die Menschen finden, die ich brauche, wo immer sie sind, und ich will sie zu euch bringen. Tut eure Arbeit im Glauben und überlasst den Rest mir."

Und das geschah dort in Minneapolis. Jene ursprünglich kleine Gruppe von Menschen – einschließlich des Heizers aus dem Kesselraum – trafen sich ständig und regelmäßig zu Gottesdiensten. Sie sahen sechs Monate lang kein Wachstum, keinen sichtbaren Erfolg ihrer Bemühungen. Und dann ganz plötzlich kamen die Leute – zweihundert, fünfhundert, tausend. Es war alles so, wie wir es auch in Los Angeles erlebt hatten.

Das Gebiet um Minneapolis war tatsächlich so lebendig, dass wir dort anderthalb Jahre nach dem verschneiten Abend unser nationales Jahrestreffen abhielten. Auf dieser Zusammenkunft im Herbst des Jahres 1956 erkannten wir auch zum ersten Mal, dass die Zäune zwischen Pfingstlern und einer traditionellen Großkirche wirklich fielen.

Natürlich hatten Menschen aus allen Religionsgemeinschaften seit Jahren die Taufe im Heiligen Geist erlebt. Im Allgemeinen standen ihnen dann zwei Möglichkeiten offen: in ihrer Kirche zu bleiben und über ihre neue Erfahrung zu schweigen oder auszutreten und sich einer Pfingstgruppe anzuschließen. Aber wenn das charismatische Erleben einmal willkommen geheißen war, breitete es sich selbst in den traditionellen Kirchen aus.

Wir sahen sie am ersten Tag der Zusammenkunft in der letzten Reihe des Ballsaales im Lemington Hotel sitzen, als hielten sie sich bereit, jeden Augenblick wieder hinauszulaufen – fünf lutherische Pastoren. Was immer sie hörten, beunruhigte sie augenscheinlich nicht allzu sehr, weil sie am nächsten Abend wiederkamen und ein wenig weiter vorn saßen. Am dritten Tag, einem Frühstückstreffen am Mittwoch, waren sie wieder voll Eifer dort, um zu empfangen, so sagten sie uns, was Christus für sie bereithielt.

Eine Gruppe von unserer Vereinigung ging zu ihrem Tisch und betete, dass Jesus sie mit dem Heiligen Geist füllen möge. Danach dankten sie uns höflich und gingen. Alles verlief sehr ruhig, sehr gesetzt und lutherisch; und bis zu einem späteren Zeitpunkt wussten wir nicht, ob unser Gebet beantwortet worden war.

Es wurde erhört. Ein Pfarrer erfuhr die Geistestaufe, während er in seinem Auto nach Hause fuhr; ein anderer am nächsten Morgen beim Rasieren. Ein dritter dachte daran, dass einer der Versammlungsredner gesagt hatte, dass wir nicht dann Gottes Gaben empfangen, wenn wir uns anstrengen und abmühen, sondern wenn wir am meisten entspannt sind. „Wo entspanne ich mich am besten?“, fragte sich der Pastor. Wenige Augenblicke später stand er unter einer warmen Dusche und lobte Gott in einer himmlischen Sprache.

Es war der Beginn einer Umwandlung, die die lutherischen Kirchen von Küste zu Küste seitdem durchgemacht haben. Nicht eine Abwendung von ihren traditionellen Stärken, sondern genau das Gegenteil: eine Krafterfüllung von lutherischen Geistlichen und Laien, die die Aussagen ihres Glaubens zu einer Wirklichkeit im Alltag werden ließen.

Seit damals haben wir beobachtet, wie dieselbe Kraft viele Religionsgemeinschaften ergriff, unter ihnen Presbyterianer, Baptisten, Methodisten, Katholiken, Episkopale. Zuerst kam immer eine Handvoll halb ablehnender, neugieriger Leute zu einer Versammlung. Dann blies der Wind des Geistes durch ganze Kirchen, ganze Gemeinschaften.

Nur sieben Studenten aus Notre Dame waren es, die sich an jenem Montagabend im März 1967 bei Ray Bullard, dem Präsidenten unseres South-Bend-Chapters, versammelten und plötzlich in neuen Zungen sprachen. Aber die Freude und Kraft, die sie in jenem Kellerraum erlebten, war so mächtig! Ray wird heute noch von vielen als geistlicher Vater der weltweiten katholischen Pfingstbewegung angesehen, die von Notre Dame ausging.

Der Schlüssel dazu war wiederum das kleine örtliche Chapter, das sich regelmäßig traf, manchmal entmutigt, für South Bend betete und wie St. Gregor auf Gottes Stunde wartete.

Natürlich wird niemand jemals den ganzen Zeitplan Gottes erkennen können, sondern nur Bruchstücke hier und da. Im Oktober 1974 wurde für mich ein Bruchstück ergänzt, als ich in den Vatikan eingeladen wurde. Ich nahm stellvertretend einen offiziellen Dank für die Leistung unserer Vereinigung entgegen, die, wie es hieß, Millionen römisch-katholischer Laien erreicht habe.

„Millionen?“, dachte ich benommen, als ich an der farbenprächtigen Schweizergarde vorbeiging. „Millionen?“

„Sorge dich nicht um die Zahl.“ Das war von Anfang an Gottes Wort an uns. *„Wenn der Geist die Kontrolle hat, werden die Zahlen größer sein, als irgendein Mensch zählen kann.“*

Und wenn der Geist nicht die Kontrolle hat …?

Es war im Jahre 1957, als mich C. C. Ford zu einem zweiwöchigen Besuch der Chapter durch die Südstaaten flog. Wir waren besonders von der Gruppe in Houston, Texas, beeindruckt; über sechshundert Menschen versammelten sich zu einem Samstagmorgen-Frühstück. „Ich weiß nicht“, sagte ein Mann niedergeschlagen, als ein paar von uns hinterher im Gespräch beisammensaßen, „wir sollten Tausende erreichen, nicht nur Hunderte.“

„Aber ihr seid doch erst ein paar Monate aktiv“, sagte ich. „Es braucht Zeit, um zu …“

„Nicht in Texas! In Texas gehen wir die Dinge im großen Stil an, und schnell.“ Ein hoch gewachsener, schlanker Immobilienverkäufer sprang auf, dessen Karriere Bestätigung dieser Aussage war.

„Lasst uns einen Saal mieten, einen Lautsprecherwagen einsetzen, über sämtliche Radiosender werben! Bringen wir diese Stadt auf die Beine!“ Andy SoRelle, der Vorsitzende des Chapters, schüttelte voller Zweifel den Kopf, aber der andere nahm keine Notiz davon.

„Wir mieten die Stadthalle mit 6600 Plätzen. Wenn die Leute hören, Demos Shakarian ist da, werden wir das Haus vollkriegen!“

Ich schaute ihn entgeistert an. „Ich? Wer wird mich schon hören wollen? Ich bin kein Redner. Außerdem muss ich zurück, um Heu zu kaufen, und …“

Aber der Bursche wollte keine Argumente hören. C. C. und ich hatten vor, noch eine Woche lang die Chapter in Louisiana und Mississippi zu besuchen. „Kommt auf der Rückreise nach Houston. Eine Woche reicht in Texas aus, um für die Veranstaltung zu werben.“

Weil auch die Liebe des Mannes zu Gott von texanischen Ausmaßen war, ließ ich mich überzeugen – oder zumindest fast. Die nächsten zehn Tage drängte ich die Erkenntnis zurück, dass die große Houston-Versammlung nicht richtig war. Wenn es eine Sache gab, die ich in den sechs Jahren des Bestehens der Vereinigung gelernt hatte, so war es dies: In der geheimnisvollen Realität, die wir Leib Christi nennen, hat jeder Einzelne seine spezielle Aufgabe. Einige Männer waren geborene Organisatoren. Manche waren gesalbte Redner. Andere konnten seelsorgerlich beraten. Und wenn jemand eine Aufgabe übernahm, die nicht die seine war, tat er nicht nur eine zweitklassige Arbeit, sondern er blockierte auch die Vollmacht desjenigen, der dazu berufen war.

Was meine Aufgabe betrifft, so war ich ihrer immer sicher gewesen, seit die Posaunen in den Hügeln von Hollywood erschallten. Ich war ein *Helfer*.

Meine Gabe war es, für einen Platz, eine Zeit und einen Weg zu sorgen, damit andere Menschen leuchten konnten. Das war keine geringere Gabe als die von irgendjemand anders, aber auch keine größere. Es war einfach die meinige. Aber mein Name in Leuchtschrift über einem Auditorium? Eine Versammlung, die auf mich ausgerichtet war? Ein Treffen mit mir im Mittelpunkt? Das war töricht, und je mehr ich mich mit der Vorbereitung meiner Rede abmühte, desto mehr erkannte ich, wie falsch das alles war.

„Was hast du für ein Problem?“, fragte C. C., als eine zerknüllte Seite mit Notizen nach der andern im Papierkorb landete. „Du hast doch Hunderte von Ansprachen gehalten.“

Das stimmte nicht. Ich hatte niemals Reden gehalten. Ich erhob mich und erzählte und plauderte.

Solange ich das tat, wozu ich berufen war, nämlich andere Menschen vorzustellen und den Leuten ihre eigenen Möglichkeiten aufzuzeigen, waren die Worte da. Aber bei dem Gedanken, Tausende von Gesichtern auf mich gerichtet zu sehen, die alle etwas Besonderes erwarteten, war Leere in meinem Gehirn.

Als wir nach Houston zurückkamen, war ich mittlerweile in einem Zustand, der an Panik grenzte. Andy und Maxine SoRelle hatten uns in ihr Haus eingeladen, um dort vorher zu essen, aber ich war zu aufgewühlt, um etwas essen zu können. Sogar auf das Risiko hin, ihre Köchin, Lottie Jefferson, zu beleidigen, stocherte ich nur in meinem Essen herum.

Gegen 18:45 Uhr machten wir uns mit zwei Autos auf den Weg zur Stadthalle: Lottie Jefferson, Andy, C. C. und ich sowie drei weitere Essensgäste. Aus fast zwei km Entfernung konnten wir die Leuchtreklame sehen, die wie ein Feuer des Gerichts glühte. Uniformierte Parkplatzwärter sprangen herzu, um die Türen unseres Autos zu öffnen.

Auf der riesigen Parkplatzfläche standen genau fünf andere Autos. Wir schauten auf die Uhr: 19:15 Uhr. Die Großveranstaltung sollte um 19:30 Uhr beginnen. Wir gingen durch eine Seitentür in den großen Saal, der unheimlich hell erleuchtet und still war – kein einziger Platz war besetzt, nur ein Platzanweiser stand im Hintergrund. „Ich habe die Scheinwerfer so angebracht, wie Sie es wünschten!", rief er, als er den Immobilienmakler erkannte. Langsam gingen wir den Mittelgang hinunter, und unsere Schritte hallten in dem hohen Raum furchterregend wider. Die fünf Autos mussten den Helfern und Parkplatzwärtern gehören.

Eine Stuhlreihe stand im Rampenlicht oben auf der Bühne, aber niemand schien dort hinaufgehen zu wollen. Wir nahmen sieben Sitze weit vorn ein; noch nicht eine halbe Reihe war besetzt, und ich schaute wieder auf meine Uhr: 19:25 Uhr.

Jetzt begann mich eine wild-ekstatische Hoffnung zu erfüllen. Vielleicht würde nicht einer kommen! Überhaupt keiner! Vielleicht hatte Gott einfach eingegriffen, um mich vor den Auswirkungen meines Ungehorsams zu bewahren. „Ich habe bestimmt das Datum richtig angegeben", sagte der Immobilienmann immer wieder.

Um 19:30 Uhr begann auch er zu beten, dass überhaupt niemand sich zeigen möge. Was würden wir denn sagen wollen, wie würden wir das „Mammuttreffen" erklären, da doch niemand kam?

Bis 20 Uhr war es klar, dass Gott das Unmögliche getan hatte: In einer Stadt, in der sich sechshundert Menschen am frühen Samstagmorgen versammeln konnten, hatte er einfach einen unsichtbaren Vorhang über ein Treffen gezogen, das nicht unter seinem Segen stand. Der Immobilienmann – mit einem Herzen so groß wie Texas – war der erste, der es laut aussprach und Gott dafür pries.

„Aber was tun wir jetzt?", fragte Andy. „Wir haben diese große Halle für den Abend gemietet. Sollten wir nicht doch eine Versammlung abhalten, nur wir sieben?"

„Du hast dir doch etwas aufgeschrieben, Demos", sagte C. C. Aber nichts hätte mich dazu bewegen können, diese durchgestrichenen Blätter aus meiner Tasche zu ziehen.

„Gut, dann werde ich die Rede halten!“ Es war Lottie Jefferson. „Ich wollte schon immer an so einem schönen Platz wie hier sprechen!“

Sie verließ ihren Sitz, trat vor das Auditorium und begann zu sprechen. Sie war eine winzig kleine Person und wog bestimmt nicht mehr als fünfzig Kilo; aber als sie über Jesus sprach, füllte ihre Stimme die riesige Halle. 45 Minuten lang predigte sie, als wäre jeder Stuhl besetzt. Und so voll von Gottes Liebe und Wahrheit war jedes Wort, dass ich spürte, wie all die Spannungen der vergangenen Woche von mir wichen. Das Einzige, was ich nicht verstand, war der Altarruf, den sie am Ende gab. Natürlich hatten wir sechs schon vor langer Zeit unser Herz Jesus geschenkt, wie sie es uns jetzt zu tun bat.

Dennoch war es eine wundervolle Ansprache gewesen, die ich nie vergessen werde. Da hörte ich Schritte. Den langen, leeren Gang herunter kam der Platzanweiser. Tränen strömten über sein Gesicht; er kniete sich vor die Rednerbühne und gab Jesus sein Herz. Und Lottie Jefferson legte ihm wie ein Evangelist, der jeden Tag Hunderte ins Reich des Königs führt, ihre Hände auf den Kopf und begann mit ihm zu beten.

Wer weiß? Vielleicht war es doch kein Fehler gewesen. Vielleicht war die Stadthalle an jenem Abend Gottes Platz für uns, und dieser Mann die Person, die er suchte. Ich wusste nur, dass ich ein weiteres Mal daran erinnert worden war – ich fragte mich, ob andere Menschen auch so viele Wiederholungen brauchten wie ich –, dass es einzig und allein der Geist ist, der Menschen zu Jesus zieht.

Und es sind die Geistesgaben, die Gott für diese Aufgabe benutzen will. Er hat mir nicht die Gabe der Evangelisation gegeben. Natürlich sollte ich wie jeder Christ ein Zeuge sein. Nur der Platz, wo ich über Jesus sprechen sollte, würde wahrscheinlich eher ein Kuhstall als eine Rednerbühne sein. Das war der ursprüngliche Traum, den Gott mir gegeben hatte:

ein Autoverkäufer wie Linwood Safford in Washington, der mit anderen Autohändlern über Gott spricht;

ein Anwalt wie Kermit Bradford in Atlanta, der den Menschen von Jesus erzählt, die wie er mit der Rechtsprechung zu tun haben;

ein Milchproduzent, der Viehzüchtern ein Zeugnis gibt.

Auf diesem Wege ging alles so natürlich, mit einer gemeinsamen Sprache und gemeinsamen Interessen.

Da gab es zum Beispiel das Interesse, das bei jedem Milchviehfarmer erwacht, wenn es um Viehzucht geht. Für uns ist das die faszinierendste Sache der Welt: die Suche nach jenem vollkommenen Tier, das seine guten Qualitäten unverändert an die nächste Generation weitergeben wird. Jeden Monat hatte ich die Zeitung des Holstein-Friesischen Verbandes eifrig studiert, indem ich die Tafeln mit Stammbäumen durchsah. Und jedes Mal hatte ich den Eindruck, dass die Burke Blutslinie, die auf der Pabst-Farm oben in Wisconsin gezüchtet wurde, die besten Eigenschaften haben würde.

Ich erinnere mich an meinen ersten Gang durch jene makellosen Kälberställe, als ich nach dem kleinen Bullen Ausschau hielt, der dieses Blut in unsere Herden hineinbringen würde. Für das erste Tier, vor dem ich bewundernd stehen blieb, wurde ein Preis von 25.000 Dollar gefordert. Das war sehr viel mehr, als ich bezahlen konnte. Es gab unter den zwei und drei Monate alten Tieren solche, die für 50.000 Dollar zu haben waren und andere mit demselben Alter, die für 1.000 Dollar weggingen.

Plötzlich sah ich ihn. In einer Box längs der Südwand des Stalles stand ein stämmiger kleiner Bursche, der sich von den anderen abhob, als ob ein Licht auf ihn scheinen würde.

Es war dieselbe Erscheinung, über die ich mich schon bei den Treffen der Vereinigung gewundert hatte, als ich in einem Raum mit vierhundert Leuten plötzlich den Menschen sah, den ich als nächsten aufrufen sollte. Jetzt wurde mir dieser zwei Zentner schwere Jungbulle in gleicher Weise gezeigt.

Ich ging zum Stall dieses Jungbullen hinüber. Sein Name war Pabst Leader und sein Preis fünftausend Dollar. Ich las die näheren Angaben über ihn und es gefiel mir, was dort stand: Seine Mutter war mit „E“ für „excellent“ bzw. hervorragende Milchproduktion eingestuft. Sein Vater hatte schon über fünfzig „E“-Töchter gezeugt. Aber all das war nur eine Bestätigung dessen, was ich erkannt hatte, als ich ihn sah.

„Ich nehme Pabst Leader", sagte ich, als der Farmmanager zu mir trat. Mr. Sylvester schaute mich merkwürdig an. So schnell sagen Züchter ihre Meinung über die Tiere im Allgemeinen nicht, sondern erst nach ausgedehnten Rücksprachen mit ihren Beratern.

„Sind Sie sicher? Ich wollte Ihnen einige Tiere im nächsten Stall zeigen; Mr. Pabst dachte, dass Sie an ihnen interessiert sein würden …"

„Vielen Dank, Mr. Sylvester", antwortete ich, „aber ich bin mir ganz sicher."

So ließ er das Tier in eine Lattenkiste verladen und gegen einen Aufpreis von 350 Dollar auf unsere Farm transportieren. Ich legte ihm also 5.350 Dollar hin und erwarb dafür Leader. Allgemein geben die ersten zehn Töchter eines Bullen ein genaues Bild von dem, was er leisten wird. Jede einzelne von Leaders ersten zehn Töchtern erbte die vorzüglichen Qualitäten ihres Vaters: Körperbau, Widerstandsfähigkeit gegen Krankheit und die hohe Qualitäts-Milchproduktion seiner Zucht. Sogar einige unserer spindeldürrsten, kleinen Kühe brachten eine Nachkommenschaft ohne ihre eigenen Mängel hervor, alle mit seinen Güteeigenschaften. In den fünfzehn Jahren, in denen wir ihn zur Zucht einsetzten, zeugte er über 5.000 Kühe. Jede Einzelne dieser Kühe war von der fehlerlosen Qualität ihres Vaters geprägt. Pabst Leader war jenes eine Tier unter einer Million, das die Fähigkeit besaß, seine Eigenschaften bei jeder Zeugung weiterzuvererben.

Mittlerweile berichtete Mr. Sylvester enttäuscht, dass ein Tier, das er zur selben Zeit für 50.000 Dollar verkauft hatte, sich nicht als zuverlässiger Vater erwiesen habe. „Es war keine 5.000 Dollar wert. Aber der kleine Bursche, den Sie herauspickten, war zweimal fünfzigtausend Dollar wert."

Das war keine Einzelerfahrung. Jeder Bulle, den wir von der Pabst-Farm kauften, stellte sich als Spitzen-Kapitalanlage heraus – eine unwiderlegbare Tatsache.

Ich erinnere mich an den Tag, als sich Mr. Sylvester über den Tisch in unserem Esszimmer lehnte, sehr ernst und feierlich. „Nun kommen Sie mal raus damit, Shakarian. Sie treffen Ihre Auswahl doch nicht so auf der Stelle, wie Sie es vorgeben. Sie haben einen Ratgeber, nicht wahr? Jemand, der vor Ihnen her reist und Empfehlungen gibt?"

„Gut, Mr. Sylvester, in der Tat, so ist es."

Er blickte triumphierend über den Tisch. „Ich wusste es! Wer ist es? Kommen Sie raus damit! Wir werden den Preis nicht erhöhen bei Ihnen, wenn wir wissen, wer es ist, der dies für Sie tut."

„Sie meinen, Sie wissen wirklich nicht, wer mein Ratgeber ist?"

„Nein. Wirklich! Hier bei uns kommen Käufer und Makler zu Dutzenden durch. Ihr Mann ist offensichtlich ein Profi."

„Ja, er weiß mehr über Tiere als wir alle hier zusammen in diesem Raum."

„Ein alter Hase, he?"

„Er ist länger im Geschäft als irgendeiner."

„Spezialist in Holsteinern?"

„Oh, absolut."

Natürlich hielt ich so lange hinterm Berg, wie ich konnte. Als ich ihnen dann den Namen meines Ratgebers bekanntgab, hätte ich keine atemlosere Zuhörerschaft haben können. „Der Herr Jesus schuf diese Tiere", sagte ich ihnen. „Sie und ich können nur auf Stammbäume schauen. Er sieht, was in einem Tier drinsteckt – und in einem Menschen auch." Einen besseren Schlüssel für die Herzen und Sinne jener Männer gab es nicht. Die Chance wahrnehmen, einem Menschen den lebendigen Gott in der Welt zu zeigen, die er kennt – das ist es, was unsere Vereinigung tut.

Die Welt, die ein Mensch kennt. – Ich dachte an die Zeit, in der unser Chapter in Lancaster, Pennsylvania, eine schwere Zeit durchmachte, um die Anerkennung der konservativen Farmer zu gewinnen. Der Hauptvorwurf schien zu sein, dass die Vereinigung von „außen" kam, dass sich unsere Nöte und Probleme irgendwie von den ihren unterschieden.

So lud das Chapter einmal, als Rose und ich in Lancaster waren, einige Dutzend Farmer des Ortes zum Essen ein. Als ein Farmer wie sie erhob ich mich und sprach zu ihnen und versuchte, sie zu mehr Aufgeschlossenheit und zum Mitmachen zu bewegen.

Eisernes Schweigen.

Jeder weiß, wie das ist: Man will es besonders gut machen und verschlimmert doch nur alles. Je mehr meine Zuversicht abnahm, desto gewaltiger gerieten meine Gesten. Ich breitete die Arme aus und zog sie dann wieder an mich. „Die Geschäftsleute des Vollen Evangeliums hängen von der Mitarbeit aller ab“, rief ich. Aber das Einzige, was ich auf die Weise mitriss, war der Milchkrug auf dem Tisch. Er fiel um und die Milch ergoss sich auf meinen besten Anzug und floss mir in die Schuhe. Zu aufgeregt, um zu wissen, was ich tat, stellte ich einen Fuß auf den Tisch und begann den Schuh mit dem weißen Tischtuch zu trocknen.

Rose schnappte nach Luft vor Entsetzen. „Demos! Was in aller Welt tust du da?“ Als ich auf den Tisch herabsah, bemerkte ich es.

Hastig nahm ich meinen Fuß herunter. Ich spürte, wie mein Gesicht feuerrot anlief und wünschte, der Rest von mir könnte auch unter dem Tisch verschwinden. „Vermutlich habe ich kurz gedacht, ich wäre draußen im Stall, Freunde“, verteidigte ich mich. „Hat einer von euch schon mal eine Kuh gemolken, die dann plötzlich gegen den Eimer getreten hat, so dass die ganze Milch über euch ausgeschüttet wurde?“

Irgendwo hinten im Raum lachte jemand zustimmend, dann explodierten plötzlich alle vor Gelächter. Einen Augenblick lang schienen die Wände zu wackeln – und die Versammlung war wie umgewandelt. Grauhaarige alte Farmer standen auf und erzählten, wie Gott ihnen in eisigen Schneestürmen und Sommerdürren geholfen habe, und am Ende des Abends hatte das Lancaster-Chapter eine Menge neuer Mitglieder.

„Weißt du, was uns verwandelt hat?“, sagten die Männer später zu mir: „Es war, als du deinen Fuß auf den Tisch setztest. Da merkten wir, dass du wirklich ein Farmer bist, genau wie wir …“

Kapitel 10

Die Welt beginnt sich zu drehen

Im Jahr 1956 eröffneten wir unser erstes kanadisches Chapter in Toronto, und seitdem hatte das Wort „International“ in unserem Namen einen klaren Sinn. Aber Kanada und die USA waren doch nur ein verhältnismäßig kleiner Ausschnitt der Erdoberfläche. Immer musste ich an den Globus denken, wie er sich in jener Nachtvision von 1952 vor mir gedreht hatte. Millionen Menschen auf jedem Erdteil hatten nach oben geblickt, von der Liebe durchströmt, und erwarteten die Wiederkunft ihres Herrn.

Die 50er-Jahre waren schon beinahe vorüber und ich konnte nicht sehen, dass es geschieht. Als sich dann die Gelegenheit bot, verpasste ich sie beinahe.

Im Dezember 1959 erreichte uns die Einladung. Durch die CARE-Organisation hatten die Geschäftsleute des Vollen Evangeliums Hilfssendungen an die Opfer der Hungerkatastrophe in Haiti gesandt. Jetzt erreichte uns eine Einladung des Präsidenten François Duvalier, drei Wochen lang in diesem Lande zu evangelisieren.

„Nach allem, was mir von Duvalier bekannt ist“, berichtete ich der Samstagsgruppe in Clifton's Cafeteria, „ist er einer der autoritärsten Diktatoren der Erde.“ Folter, geheime Staatspolizei – jeder der Anwesenden hatte ein noch viel schlimmeres Gerücht über „Papa Doc“ gehört. Wenn wir auf Einladung seiner Regierung dort hinführen, so würde das praktisch unsere Zustimmung zu diesem Regime bedeuten.

Rose stellte die Behauptung in Frage: „Sag mal, Demos, waren in deiner Vision irgendwelche Gegenden wegen ihrer Regierungsform ausgenommen?“

Ich versuchte, mich zurückzuerinnern. „Nein, politische Fragen spielten dabei keine Rolle! Jeder Kontinent, jede Insel stand voller Leute, Schulter an Schulter – leblos und hoffnungslos bei der ersten Umrundung, strahlend lebendig beim zweiten Mal.“

„Wenn das so ist, meine ich, sollten wir uns auch jetzt nicht darum kümmern. Je schlimmer die politische Lage ist, umso mehr müssen sich die Menschen auf den Heiligen Geist stützen.“

Natürlich hatte Rose Recht. Also bestiegen fünfundzwanzig Männer unserer Vereinigung im Februar 1960 tatsächlich das Flugzeug nach Haiti. Wir ahnten nicht, dass diese erste geistliche Luftbrücke unsere Methode für die nächsten fünfzehn Jahre festlegte. Wir wussten nur, dass es jeder von uns irgendwie fertiggebracht hatte, das Geld für das Flugticket aufzubringen, seinen Urlaub auf den Winter vorzuverlegen und, von den Gebeten seines Heimat-Chapters unterstützt, gekommen war. Dabei hatte sich meine Frau Rose den Sommerurlaub schon so nett ausgemalt!

Kaum war der Jet in Port-au-Prince ausgerollt, als sich schon die vordere Tür öffnete und eine Eskorte ordensklirrender Armeeoffiziere hereindrängte.

„Ist Dr. Shakarian hier?“, fragte einer aus der Gruppe.

„Ich bin Demos Shakarian“, erklärte ich, „aber ich bin nur ein Milchfarmer, keinesfalls …“

„Willkommen in Haiti, Dr. Shakarian! Ihr Gepäck wird zum Hotel gebracht! Wenn Sie uns bitte folgen wollen!“

Unter den nervösen Blicken der übrigen Passagiere defilierten wir aus der Kabine und draußen durch eine doppelte Paradeformation des Heeres. Eine Kolonne langer schwarzer Limousinen erwartete uns. Der Zollabfertigung, für die wir schrecklich viele Formblätter an Bord ausgefüllt hatten, kamen wir noch nicht einmal nahe. Unter Sirenengeheul fuhren wir mit einer Motorradeskorte zum Riviera-Hotel. Dort wartete Senator Arthur Bonhomme, der Fraktionsvorsitzende der Regierungspartei, auf uns.

„Alles ist für Ihre Versammlung heute Abend bestens vorbereitet", versicherte er in hervorragendem Englisch.

Als er entdeckte, dass ich Molkereifachmann war, bot er mir eine Besichtigung des örtlichen Viehmarktes an. Ich war von den Menschen, denen wir unterwegs begegneten, fasziniert. Einige führten eine Kuh oder zogen eine Ziege hinter sich her. Die Frauen balancierten mächtige Körbe mit Ananas, Melonen und sogar mit lebenden Hühnern ohne Mühe auf dem Kopf.

Ich konnte aber mein Erstaunen nicht verbergen, als ich feststellen musste, dass man das Vieh direkt auf dem mit Fliegen übersäten Marktplatz schlachtete und verkaufte. „Das kommt von der Dürre", erklärte Senator Bonhomme.

„Es ist die allerschlimmste, an die ich mich erinnern kann. Wir müssen es abschlachten, weil wir kein Futter mehr für das Vieh haben." Das Silvio-Cator-Stadion in Port-au-Prince fasst 23.000 Menschen, und als unsere 25-köpfige Gruppe um 19:30 Uhr dort ankam, war es schon beinahe voll. In der Mitte des Fußballfeldes war ein großes Bretterpodium aufgebaut worden. Ohne die vielen Uniformierten, die mit uns auf der Bühne saßen, hätte ich mich weit wohler in meiner Haut gefühlt. Senator Bonhomme versicherte uns aber, dass die Anwesenheit von Generälen und Regierungsvertretern in den Augen des Volkes der Veranstaltung höheres Ansehen verleihen würde.

Wir versuchten, mit allgemein bekannten Liedern anzufangen, mussten aber bald feststellen, dass wir keine gemeinsam kannten. Daher verschanzten wir uns hinter der normalen Prozedur aller Vereinigungstreffen: Erlebnisberichte. Wieder bewährte sich die Methode der Geschäftsleute-Vereinigung aufs Beste. Unterschiede in Theologie, Politik oder Rasse spielten überhaupt keine Rolle, als Mitglieder unseres Teams mit Hilfe von Dolmetschern Erlebnisse erzählten, die allen Menschen gemeinsam sind, wie zum Beispiel Missverständnisse unter Freunden, Krankheit in der Familie oder der Kampf um das Auskommen.

Am folgenden Abend war jeder Sitzplatz auf den Rängen besetzt und Tausende hatten sich sogar auf dem Rasen des Spielfeldes niedergelassen. Am dritten Abend schätzte Senator Bonhomme die Menge auf 35.000 Besucher. Allerdings, so merkten wir bald, waren längst nicht alle zum Beten gekommen.

Der Ärger begann, als Earl Prickett gerade sprach. Earl betreibt ein Tankwartungs- und Abwasserkontrollunternehmen in New Jersey. An diesem Abend hatte er sein persönliches Problem mit dem Alkohol zur Sprache gebracht. Eigentlich hätte das bei der Zuhörerschaft gut ankommen müssen. Senator Bonhomme hatte uns darüber informiert, dass gerade der Alkoholismus ein Hauptproblem auf der Insel sei.

Earl beschrieb, wie er mit seinen Kunden zu trinken begonnen hatte, weil man, wie behauptet wird, ohne Alkohol weniger Umsatz macht. Earl war aber leider einer von den Menschen, die nicht mit Trinken aufhören können. Seine Frau trennte sich von ihm. Sein Arzt warnte ihn, er spiele mit seinem Leben. Aber er hatte keine Gewalt über die Sucht.

Die Unruhe im Stadion steigerte sich, bis sich Earl nur noch schwer verständlich machen konnte. „Schließlich waren meine Leber und meine Nieren derart zerstört“, bezeugte er, „dass mir die Ärzte höchstens noch sechs Monate gaben.“ An diesem entscheidenden Punkt, so erinnerte er sich, hatte ihn ein Freund zu einem Frühstückstreffen der Vereinigung in das Broadway-Hotel in Philadelphia eingeladen. „Das war genau dasselbe Hotel, aus dem mich der Barmixer am vorhergehenden Mittwoch rausgeworfen und mit Hausverbot belegt hatte.“

Ich beugte mich vor, um ihn trotz des anschwellenden Tumults hören zu können. Ich war bei jenem Frühstückstreffen dabei gewesen und hatte niemals vergessen können, wie Earl im tadellos weißen Sommeranzug flach auf dem Fußboden liegend Gott um Vergebung gebeten hatte.

Einer der Dolmetscher beugte sich zu mir: „Sehen Sie jene Männer dort, Dr. Shakarian?“

Ich schaute in die angegebene Richtung und erblickte zum ersten Mal die Kolonne von blutrot vermummten Männern mit spitzen Kapuzen. Es waren ungefähr dreihundert, die langsam außen um die Aschenbahn marschierten. Eine Anzahl von normal gekleideten Leuten folgte ihnen bereits.

„Voodoo-Zauberer“, sagte der Dolmetscher. „Sie wollen die Versammlung sprengen!“

Jetzt konnte ich auch die rhythmischen Sprechchöre hören, die sich über den Lärm der Menge erhoben. Schon strömten Hunderte von den Rängen herab, um zu der geisterhaften Prozession zu stoßen.

Der General zu meiner Rechten schrie einen Befehl, und seine Ordonnanz hastete vom Podium.

„Was hat er gesagt?“, fragte ich den Dolmetscher.

„Er hat die Truppen in Alarmbereitschaft versetzt! Damit werden die fertig!“

„Nein, nein, das darf er nicht!“ Ich wandte mich an den General.

„Bitte, lassen Sie die Truppen nicht einmarschieren!“

Durch den Dolmetscher erklärte der General: „Wenn wir sie jetzt nicht stoppen, kann ich Ihnen den weiteren Verlauf vorhersagen. Sie tanzen außen herum, bis sie den Großteil der Menge hinter sich haben. Dann fangen sie an zu brüllen und die Versammlung ist für heute Abend zu Ende.“

Ich wandte mich an den Senator, aber der zuckte nur mit den Schultern: „Mir fällt auch nichts Besseres ein!“

Ich wusste, dass der Senator nicht nur an die Menschen im Stadion dachte, sondern auch an die Zehn-, ja vielleicht Hunderttausende, die an Radios in den Dörfern und an den Wegkreuzungen in den Bergen der ganzen Insel mithörten. Wir hatten an jenem Nachmittag auf der Fahrt durch die Berge gesehen, dass hier und da an einem Baum oder außen an einer Hütte ein Radiolautsprecher hing. Dies war die einzige öffentliche Unterhaltungsmöglichkeit während der langen dunklen Nächte.

Earl versuchte gerade, die wunderbare Verwandlung seines Lebens, die an jenem Samstagmorgen eingesetzt hatte, in Worte zu fassen. Er sprach über die Versöhnung mit seiner Frau und die medizinisch unmögliche Heilung seines ruinierten Körpers, doch keiner schien ihm zuzuhören. Er stellte seinen Vortrag ein und erbat sich von mir Verhaltensmaßregeln. Die Menschenschlange, die sich hinter den mit Kapuzen vermummten

Zauberern gebildet hatte, bestand schon aus tausend oder mehr Leuten und wuchs mit jeder Minute.

Trotzdem – würden wir nicht alles vereiteln, was wir vorhatten, wenn wir die für Haiti typischen Knüppelmethoden anwenden ließen, um die Versammlung zu schützen? Wir waren hier, um die Macht des Herrn zu demonstrieren und nicht die Macht der Gewalt, die aus den Gewehrläufen kommt.

„Bitte, Herr General", bat ich, „warten Sie! Es gibt eine bessere Methode!" Als sich die fünfundzwanzig Brüder der Vereinigung auf dem hinteren Teil des Podiums versammelten, wünschte ich wirklich selbst zu erfahren, worin diese Methode bestand. Vor den Augen der erwartungsvollen Menge formten wir einen Gebetskreis, verschränkten die Arme über den Schultern und beteten, als wollten wir gar nicht mehr aufhören.

Nach einer Minute öffnete ich meine Augen und sah mich im Stadion um. Die Lage wurde immer wüster.

Es mussten schon bald zweitausend Marschierer sein, die jetzt auch in die Hände klatschten. Die Menge auf den Rängen fing an mitzuklatschen und wiegte sich in einer hässlichen, pulsierenden Weise im Rhythmus. Dann setzte das Gebrüll ein.

„Jetzt muss ich eingreifen!", sagte der General.

„Nein!", bremste ich, „noch nicht!"

Ich senkte noch einmal den Kopf: „Herr, dies ist deine Stunde! Herr, rette deine Versammlung!"

Von irgendwo hinter uns auf der Tribüne erscholl ein gellender Schrei. Ich fuhr herum und war mir sicher, dass eben jemand erdolcht worden war. Soldaten rannten quer über das Spielfeld zum Ort des Geschehens. Dann sahen wir alle einen Mann und seine Frau. Der Mann trug ein Kind in seinen Armen und eilte über den Rasen auf die Plattform zu.

Auf der anderen Seite des Stadions verwandelte sich der Geistermarsch in einen rhythmischen Tanz. Das Ehepaar erreichte das Podium. Plötzlich schritt Senator Bonhomme zur Rückseite der Plattform und beugte sich zu den beiden hinab. Nach einer Minute war er zurück und hielt einen schmächtigen Jungen von vielleicht acht oder neun Jahren in seinen Armen, der aus tiefliegenden, braunen Augen benommen um sich blickte.

„Diesen Jungen", sagte er, „den kenne ich! Er stammt aus meinem Stadtviertel – ich kenne seine Familie mein Leben lang!"

Er blickte von einem zum anderen, buchstäblich von Erregung geschüttelt. „Er kann sehen! Es geschah, während Sie sprachen", sagte er zu Earl. „Seine Augen wurden aufgetan! Er kann sehen!"

Ich verstand immer noch nicht. „Sie meinen – er war blind?", fragte ich.

Der Senator wandte sich zu mir um, außer sich. „Blind geboren!", sagte er. „Sein Leben lang war er blind bis zu diesem Augenblick!"

Immer noch mit dem Jungen in seinen Armen rannte er zum Mikrofon. Zuerst konnte er sich fast nicht durchsetzen gegen das Getöse von Sprechchören und rhythmischer Klatscherei. Aber allmählich beruhigten sich die Leute, als sie die hohe, allgemein bekannte Gestalt des Senators mit einem Kind vor dem Mikrofon stehen sahen.

Der Dolmetscher war offensichtlich derart von den Ereignissen überwältigt, dass er uns nicht ein Wort dessen, was der Senator zu der Menge sagte, übersetzen konnte. Innerhalb ganz kurzer Zeit fühlten wir alle eine Änderung der allgemeinen Stimmung im Stadion. Obwohl das Marschieren nicht aufhörte, sank doch der Geräuschpegel deutlich. Das Klatschen war nur noch vereinzelt zu hören. Alle Augen schauten gebannt auf den Senator.

Eine elektrisierende Reaktion ging über die Tribünen. Leute begannen zu weinen; hier und dort erblickte ich Hände, die zum Himmel erhoben wurden. Schließlich hörten sogar die rot gekleideten Zauberer mit ihren Gesängen auf und standen ganz verwirrt herum.

Der kleine Junge, Mittelpunkt aller Dankgebete, blickte ernsthaft um sich und zappelte ein bisschen auf den Armen des Senators. Was er sich bei seinem ersten Blick in die Welt dachte, konnte ich kaum ahnen. Aber es war ganz offensichtlich, dass er sehen konnte, denn seine Augen blieben erst an einem, dann an anderen Gegenständen hängen und kehrten immer wieder zu den bunten Ordensschnallen auf den Generalsuniformen zurück. Wiederholt erhob er seinen Blick zu den Flutlichtern über uns und starrte so lange in sie hinein, bis ihr greller Schein ihn zum Zusammenzucken und Jammern brachte.

Seine Eltern waren die Treppe an der Seite des Podiums hochgestiegen und standen jetzt neben dem Senator. Er drehte sich um und übergab ihnen das Kind. Aber ich schaute weiter gebannt auf die Gemeinde des anbetenden Volkes. Schulter an Schulter, die Häupter in Anbetung erhoben – wo hatte ich das doch schon einmal gesehen? Und dann fiel es mir wieder ein.

Als der Senator am Mikrofon Platz machte, baten wir den Dolmetscher, an seine Stelle zu treten, um auf einfache Weise zu Gott einzuladen. Alle, die diesen liebevollen Jesus kennenlernen wollten, sollten auf das Spielfeld herunterkommen. Sie erhoben sich, ja sie strömten geradezu herunter. Viele, die bei dem Voodoo-Geistermarsch dabei gewesen waren, eilten mitten auf das Spielfeld. Bald erstreckte sich ein Meer von Gesichtern rund um die Bühne in jeder Richtung. In zwanzig Minuten hatten sich dort fünftausend Menschen versammelt.

Am nächsten Tag war das Stadion schon gegen Mittag überfüllt; wieder strömten Tausende auf den Platz, als zum Guten Hirten gerufen wurde. Es geschahen viele Heilungen, einige vor unseren Augen auf dem Podium, andere irgendwo in der riesigen Arena. Am dritten Abend nach der Heilung des blindgeborenen Kindes schätzten wir zehntausend Menschen, die der Einladung zu Jesus nachgekommen waren.

Viele, die sich um das Podium drängten, weinten ihr Sündenbekenntnis vor Gott heraus, besonders, was den Aberglauben, Zauberei und Dämonenkult anbetraf. Man reichte uns alle möglichen Zauberfetische auf die Plattform oder warf sie einfach dorthin: Haarknäuel, kleine Holzschnitzereien, Säckchen mit Knochen und Federn drin. Was mir aber beim Anblick des scheußlichen Haufens die größte Freude bereitete, waren Hunderte von weggeschleuderten blutroten Kapuzengewändern.

Die vorletzte Massenversammlung war vorbei. Ich stand am Fenster meines Hotelzimmers und blickte auf die im Mondschein glitzernde See hinaus. Ich war zu erschöpft und zu freudig erregt, um mich bereits ins Bett zu begeben. Freudig erregt ... und voller Sorge. Was war denn wirklich bei den Evangelisationen geschehen? Eine Art Massenhysterie? Eine Massenbewegung, die in einer Minute auf Voodoo-Singsang reagierte, in der nächsten auf christliche Evangelisation und die sich ebenso leicht wieder umkehren konnte? Was hatten diese Tausende nach drei Wochen täglicher Versammlungen von der Realität Christi verstanden? Was sollte nun aus ihnen werden?

Ich wusste theoretisch, dass wir sie in der allmächtigen Hand Gottes zurücklassen würden. Aber in Wirklichkeit war mein Glaube nicht stark genug, um glauben zu können, das sei voll ausreichend.

„Bitte, Herr, zeige mir, dass alles echt ist! Zeige mir, dass sich wirklich etwas geändert hat!“, betete ich.

Am nächsten Morgen geschah dann etwas Eigenartiges.

Wir frühstückten gerade auf der geräumigen Außenveranda des Riviera-Hotels. Außer unserer Mannschaft von der Vereinigung waren Senator Bonhomme und andere Regierungsbeamte sowie eine Reihe von Offizieren anwesend. Es war dieselbe Gruppe, die sich bisher jeden Morgen zum Frühstück und zum Gebet getroffen hatte. Ich saß mit Senator Bonhomme und sechs anderen Herren an einem Tisch. Lächelnd eilte der Kellner auf uns zu.

„Bonjour, Messieurs!“, grüßte er, als er den Kaffee einschenkte. Wir hörten ihn an diesem Tag zum ersten Mal reden. Er hatte uns bisher jeden Morgen in eisigem Schweigen bedient, ein Kerl mit einem verdrossenen Gesichtsausdruck. Als er neben Senator Bonhomme stand, sprach er wieder, indem er seine freie Linke immer und immer wieder ans Herz drückte.

„Er behauptet“, sagte Senator Bonhomme, an uns alle gewandt, „dass er sich seit heute Morgen so fühle, als wäre ein schweres Gewicht, das auf ihm gelastet hatte, verschwunden.“

Er sei bei der Versammlung am gestrigen Abend gewesen, übersetzte der Senator weiter. Er sei nicht hinunter auf das Spielfeld gegangen; aber während wir für die beteten, die gekommen waren, habe er in seinem Herzen gesagt: „Jesus, wenn du der bist, für den dich diese Männer ausgeben, dann will ich dir folgen!“

Als er sah, dass er Mittelpunkt der allgemeinen Aufmerksamkeit geworden war, setzte der Kellner die Kaffeekanne ab. Der Senator übersetzte: „Mein ganzes Leben belastete mich ein Alptraum. Wüste Gedanken! Schreckliche, gemeine Gedanken! Ich hatte Angst vor mir selbst und Angst vor dem Einschlafen, weil die Gedanken mich im Schlaf erst recht nicht losließen."

Jetzt schluchzte der Kellner. Der Senator übersetzte weiter:

„Als ich heute Morgen meine Augen öffnete, war die drückende Last weg. Es war, als ob ich aus reinem Licht bestünde, als ob ich gewichtslos aus dem Bett schweben könnte. In mir gibt es keine Belastung mehr!"

Da weinte doch noch einer! Ich wandte mich einem zweiten Kellner zu, dem auch die Tränen über das Gesicht strömten. Der Senator übersetzte: „Dieses lichte Strahlen kenne ich auch! Ich habe ebenfalls böse Gedanken gehabt. Vor vier Abenden kam ich an das Podium, als Sie diejenigen aufforderten, die ein neues Leben suchten. Seitdem habe ich gespannt beobachtet, ob die gemeinen Gedanken wiederkommen. Aber das ist nicht geschehen. Jetzt kann ich wie ein Mensch denken, nicht mehr wie eine Bestie."

Nun konnte ich die Tränen nicht mehr zurückhalten, als ich flüsterte: „Herr Jesus, bitte, vergib mir, dass ich an der Größe deiner Macht gezweifelt habe!"

Später am selben Morgen wurden wir benachrichtigt, dass Dr. Duvalier drei aus unserer Gruppe in seinem Präsidentenpalais empfangen wollte.

Eine seiner chromglitzernden Limousinen holte uns ab. „Eine Audienz beim Präsidenten dauert gewöhnlich fünf Minuten", sagte der Beamte, der uns am Tor empfing. „Ich weiß nicht, wann er Sie empfangen wird, aber hier ist ein Raum, in dem Sie warten können."

Ungefähr fünfzig Männer saßen gelangweilt in einem riesigen Vorraum herum, viele mit Diplomatenaktentaschen neben sich. Wir nahmen Platz und machten uns auf eine lange Wartezeit gefasst. Aber zu unserer Überraschung öffnete sich das Tor zur Präsidentensuite sofort und man bat uns einzutreten. Ich weiß nicht, wie ich mir einen Diktator vorgestellt hatte. Aber gewiss nicht wie diesen rundlichen Herrn mit riesiger Brille, der sich aus seinem Schreibtischsessel erhob, um uns zu begrüßen. In fließendem Englisch erkundigte er sich, wie uns der Aufenthalt gefallen habe. Wir unterhielten uns über die Versammlungen, die überraschend hohe Zahl der Teilnehmer und den Würgegriff des Voodoo-Zaubers über dem Land.

Aus den fünf Minuten wurden zehn, dann zwanzig. Dr. Duvalier stellte einige Fragen über die Viehzucht und die Milchveredelung in den Vereinigten Staaten. Am Ende einer halben Stunde warf er einen Blick auf die Uhr. „Gern würde ich diese Unterhaltung fortführen", meinte er, „aber da draußen warten noch so viele Leute."

„Dürfen wir noch hier im Büro für Ihr Land und Ihr Volk beten?", platzte ich heraus.

Alle neigten den Kopf, auch Dr. Duvalier und seine Mitarbeiter. Wir drei von der Vereinigung beteten laut und baten um Gottes Segen für die Tausende, die entweder persönlich oder am Radio an den Versammlungen teilgenommen hatten. Wir dankten Gott besonders für die, die den ersten Schritt in ein neues Leben gegangen waren. Dann fragten wir Dr. Duvalier, ob er ein besonderes Anliegen habe, für das wir beten dürften.

„Regen!", sagte er augenblicklich. „Bitten Sie Gott um Regen für unser Land."

Wir sahen uns ein wenig verunsichert an. Dann beteten wir:

„Herr, Gott, du hast deinen Geist in durstige Herzen ausgegossen. Wir flehen dich an, sende genauso Regen auf das dürstende Land!"

Zur Schlussversammlung an jenem Abend kamen ungewöhnlich wenige Besucher. Der Grund dafür war leicht zu erklären: Kein Mensch wollte in einem tropischen Dauerregen vor die Haustür gehen!

Kapitel 11

Die goldene Kette

Es war der 25. Mai 1975.

Wieder begaben Rose und ich uns im Los Angeles International Airport an Bord einer Linienmaschine. Dieses Mal stand keine Menschenmenge da, die uns verabschiedete, sondern nur Steve und seine Frau Debra, die uns zum Flughafen gefahren hatten. Es gab keine besorgten Gruppen von Ältesten der armenischen Gemeinde und keine ängstlichen Gesichter. Wozu denn auch? In den vierundzwanzig Jahren, die seit unserem ersten Flug vergangen waren, hatten Rose und ich weit mehr als zwei Millionen Flugmeilen zurückgelegt.

Steve und ich sprachen noch einige Worte über die Fernsehserie, die er in Portland, Oregon, für die Geschäftsleute des Vollen Evangeliums aufnehmen wollte, während wir auf Reisen sein würden. Rose nahm Debbie noch ein letztes Mal in den Arm. Dann gingen Rose und ich auf dem überdachten Gang in das Innere des Flugzeugs. An diesem Abend flogen wir nach Honolulu und dann weiter nach Auckland. Dort hatten unsere sechzehn neuseeländischen Chapter eine mehrwöchige Kampagne, genannt „Jesus '75", vorbereitet. Nach den letzten Hochrechnungen würden so viele kommen, dass die Vereinigung für sieben Abende eine Pferderennbahn, den Alexandra Park, anmieten musste.

Nach dem Start wurde das Abendessen serviert. Danach lehnte Rose ihren Kopf gegen das Fenster und hielt ihr gewohntes Flugzeugschläfchen. Jetzt bot sich mir eine gute Gelegenheit, mich auf die erste Frage vorzubereiten, die jene Tausende stellen würden:

„Was ist das eigentlich für eine Vereinigung?"

Wie sollte ich eine solche Frage beantworten? Mit einer Statistik? Gewiss war auch diese interessant. Ich holte einen Block hervor und notierte Folgendes:

1. Jahre des Bestehens: 24,
2. Anzahl der US-Bundesstaaten, in denen es Chapter gibt: 50,
3. Anzahl der Länder, in denen es Chapter gibt: 52,
4. Anzahl der Chapter insgesamt: 1.650,
5. monatlicher Besuch sämtlicher Chapter im Durchschnitt: über eine halbe Million,
6. Wachstumsrate: ein neues Chapter pro Tag.

Ich lächelte beim Gedanken an Oral Roberts' Traum von tausend Chaptern, der sich einst so unmöglich angehört hatte. Bald würden wir die doppelte Zahl haben. Ich schrieb weiter:

7. Verbreitung unserer Zeitschrift: 800 000 Exemplare pro Monat
8. Fernsehsender, über die unser „Good News"-Programm ausgestrahlt wird: 150
9. Zuschauer pro Woche: 4 Millionen
10. Auslandseinsätze in weit entfernten Ländern und Kontinenten, sogenannte Airlifts: 3 pro Jahr seit 1965.

Ich legte den Stift nieder. Durfte ich wirklich so von der Vereinigung reden? Besucher zählen und Veranstaltungen auflisten? Darin bestand ja gar nicht das Wesen der Sache!

Nun, vielleicht sollte ich unsere vielfältigen Dienste erwähnen. Zum einen den Heilungsdienst! Wir hatten in der Vereinigung die Krankenheilung durch Fürbitte nie besonders betont, weil sich die allgemeine Aufmerksamkeit sofort darauf allein konzentriert hätte. Aber es geschehen trotzdem Heilungen. Andauernd! Manchmal laden wir einen Mann ein, der vom Heiligen Geist die Gabe des Heilens empfangen hat, und bitten ihn um einen besonderen Heilungsgottesdienst. Meistens aber wird irgendein „gewöhnliches" Kind Gottes im Verlauf seiner normalen Tätigkeit von Gott zu einem bestimmten Moment in Dienst genommen.

Meine Gabe bestand zum Beispiel in weiterhelfender Diakonie, nicht im Heilen. Und doch gab es auch dafür eine interessante Begebenheit:

Im Mai 1961 hatte die Vereinigung eine große Abordnung auf die Weltpfingstkonferenz geschickt, die in jenem Jahr in Jerusalem stattfand. Es war einfach großartig, durch all die Orte zu pilgern, die uns unser Leben lang aus der Bibel bekannt waren wie zum Beispiel der Ölberg, die Schöne Pforte oder der Teich Siloah. Es tat uns fast leid, als wir uns auf den Weg zum Auditorium machen mussten.

Dreitausend Menschen nahmen an der Konferenz teil. Rose und mir kam es vor, als ob sie alle gleichzeitig im Foyer eingetroffen wären und nun versuchten, sich im gleichen Moment durch die Türen in die Kongresshalle zu quetschen. Die Konferenz war derart gut besucht, dass die Delegierten eine Teilnehmerkarte angesteckt tragen mussten, um überhaupt Einlass zu finden.

Wir trafen in dem Gewühl meinen Freund Jim Brown, den Delegierten der Vereinigung aus Parkesbury, Pennsylvania. Wir stellten uns gemeinsam an die Seite, um abzuwarten, bis der Besucherstrom sich etwas verteilt hatte.

„Dee-moss Shak-arriann?“ Die Stimme gehörte einer Frau. Der Akzent war Russisch oder Polnisch. Ich blickte ins Foyer, wer mich da wohl rufen könnte.

„Dort ist sie!“ Jim deutete hin. Sie bahnten sich ihren Weg durch die Menge zu uns her, ein Mann und eine Frau. Sie war klein und rundlich, schon weit über die Fünfzig; der Mann war der am entsetzlichsten verkrüppelte Mensch, den ich je gesehen hatte. Er war wie eine 7 vornübergebeugt. Den Oberkörper parallel zum Boden, mit beiden Händen einen Stock umklammernd, schob er sich vorwärts.

„Sie haben mich gesucht?“, fragte ich die Frau. Ich konnte nicht einmal das Gesicht des Mannes sehen.

„Ja, Mr. Shak-arriann. Dieser Mann, err brraucht Hilfe!“ Sie erzählte, wie sie ihn außerhalb der Stadt in einer selbstgebauten Bretterbude gefunden hatte. Er bat sie, ihm in das Auditorium zu helfen, weil er gehört hatte, dass Jesus dort Menschen heilt. Als sie erfuhren, dass alle Plätze besetzt seien, schlug ihnen jemand vor, sich an mich zu wenden.

Ich floss über vor Sympathie mit dem zerlumpten, kleinen Mann. Sie beide, berichtete uns die Frau, seien Juden. Um zu begreifen, dass Gott eine ganz besondere Liebe für sein eigenes Bundesvolk hat, musste ich nur an die Juden in der Vereinigung denken, etwa an den Vorsitzenden unseres Beverly Hills – Chapters, David Rothschild. Aber was konnte ich in diesem Fall tun? Ich hatte auf dieser Konferenz keine einflussreichen Verbindungen.

Und dann kam mir die rettende Idee. Wenn ich dem Mann meine eigene Teilnehmerplakette für diesen Nachmittag gäbe?

Jim Brown sollte, neben anderen, heute sprechen, aber ich …

„Hier", sagte ich, und gab ihm mein Namensschildchen.

„Stecken Sie das an. So kommen Sie hinein!"

Ich kniete mich auf den Fußboden des Foyers und beugte mich zurück. Dann versuchte ich, das Revers seiner Jacke zu erreichen. Schließlich gelang es mir, das Einlassschildchen anzustecken. Als ich gerade wieder aufstehen wollte, vernahm ich eine unmissverständliche Stimme:

Nein, Demos, lass diesen Mann nicht im Stich. Du sollst genau hier für seine Heilung beten!

Ich war verblüfft. Hier? Jetzt? In der Eingangshalle, wo sich viele vollmächtige Gottesmänner aus der ganzen Welt aufhielten? Ich schaute zu Jim Brown hoch. Jim hatte viel mehr Erfahrung mit dem Charisma der Heilung als ich, und er …

Du, Demos, genau hier!

Also flüsterte ich, immer noch auf meinen Knien, dem Mann ins Ohr: „Darf ich gleich jetzt hier für Sie beten?"

Als Antwort ließ der kleine Mann seinen Kopf ergeben auf die Krücke sinken und schloss die Augen.

„Lieber Jesus", betete ich, „wir danken dir, dass du die Lahmen auf diesen Bergen vor Freude tanzen machtest. Heute, Herr, kommt ein anderer lahmer Mann zu dir, einer aus deinem auserwählten Volk."

Tränen liefen dem Alten über die knorrigen Knöchel und tropften auf den Boden. Eine Gruppe begann sich um uns zu sammeln.

„Im Namen Jesu Christi", sagte ich zu ihm, „stellen Sie sich aufrecht hin!"

Ich hörte etwas laut knacken.

Zuerst hatte ich Angst, der so gebrechliche, kleine Mann hätte sich verletzt. Aber das Stöhnen, das sich ihm entrang, als er seinen Kopf und Rücken um ein paar Zentimeter hob, rührte von Erleichterung her, nicht von Schmerzen.

Mit einer solchen Anstrengung, dass seine Halsmuskeln hervortraten, streckte er sich weiter. Dann kam wieder der laute Knacks. Jetzt kämpfte er, als ringe er mit unsichtbaren Ketten.

Falls irgendjemand im Foyer bisher verborgen geblieben war, was sich da ereignete, so wandten sich auf die schrillen Freudenschreie der Frau hin alle Köpfe uns zu. „Ein Wunder!", schrie sie immer und immer wieder, „es ist ein Wunder!"

Der kleine Mann streckte sich den letzten Zentimeter und strahlte triumphierend. Überall um uns her wurden mindestens in zwölf verschiedenen Sprachen Dank- und Lobgebete gesprochen.

Da erhob ich mich auch. Ich streckte meine Hand aus und ergriff den Krückstock des Mannes: „Allein in Gottes Kraft!", rief ich. Und tatsächlich! Erst tappte der Alte noch ein wenig, dann begann er kühner und fester hin und her zu gehen, Rücken gerade, Schultern zurück.

Statt des Vortrags, den Jim Brown für diesen Nachmittag eingeplant hatte, berichtete er von dem, was sich im Foyer abgespielt hatte. Jetzt war es keine Frage mehr, ob die beiden Zutritt hätten. In der ersten Reihe oben auf der Empore fanden sich Sitzplätze für sie und auch für uns. Zwischendurch, während Jim redete, sprang der kleine Mann immer wieder von seinem Platz auf.

„Ich bin derjenige", rief er überglücklich. „Ich bin derjenige!" Und er hüpfte, tanzte und tänzelte im Mittelgang auf und ab, bis ich befürchten musste, er werde durch seine eigene Überanstrengung erneut verkrüppelt nach Hause gehen müssen.

Ja, diese Begebenheit könnte ich nun im Alexandra Park in Auckland bei der Kampagne „Jesus '75" berichten, obwohl ich sie da ebenso wenig erklären konnte wie damals. Anders als Männer mit der besonderen Heilungsgabe hatte ich diese Erfahrung nicht bewusst gesucht.

Weder hatte ich Stunden und Tage mit Fasten und Beten verbracht, noch ruhte diese seltsame Kraft länger als nur kurzzeitig auf mir, obgleich ich auch die restlichen Tage der Konferenz von Menschen aufgesucht wurde. Das Einzige, was ich den Leuten in Auckland berichten konnte, war, dass Heilen eine der normalen Funktionen des Leibes Christi ist. Jedes Glied dieses Leibes kann jederzeit dazu aufgerufen werden, diesen Dienst zu verrichten. Der Schlüssel zu der Bevollmächtigung scheint der feste Wille zum bedingungslosen Gehorsam zu sein.

Ich äugte schuldbewusst zu Rose hinüber und erinnerte mich an eine gewisse Nacht in Downey.

Wir hatten uns bereits zu Bett begeben; es war Mitternacht – Zeit zum Lichtlöschen. Aber aus irgendeinem Grund war Rose unruhig. Sie stand immer wieder auf, ging zum Fenster, setzte sich dann wieder auf die Bettkante.

Ich war sehr erstaunt; normalerweise bin ich der Nachtmensch, Rose aber diejenige, die nicht früh genug schlafen gehen kann. „Was ist los, Liebes?“, fragte ich.

„Ich muss jetzt sofort Vivian Fuller anrufen!“, platzte sie heraus.

„Vivian Fuller?“ Die Fullers wohnten im südlichen New Jersey. Herb Fuller war Präsident unseres Chapters in Philadelphia, und ich glaubte mich daran zu erinnern, dass seine Frau über Beschwerden an den Augen geklagt hatte, als wir das letzte Mal bei ihnen waren. Aber zu solch einer nachtschlafenden Stunde? „Rose, weißt du eigentlich, wie viel Uhr es jetzt in New Jersey ist? Drei Uhr morgens!“

Rose seufzte. „Das weiß ich ja!“, meinte sie und gab zu, dass es besser sein würde, bis zum Morgen zu warten. Aber ich hatte noch nie erlebt, wie der Heilige Geist einen Menschen derart wachhalten kann. Rose konnte sich nicht entspannen. Sie sprang auf, um noch einmal ihr Haar zu bürsten und ging zurück ins Bett. Sie sprang wieder auf, um zu schauen, ob der Ofen abgedreht war und kam wieder zurück. Dann sprang sie hoch, um zu kontrollieren, ob alle Türen abgeschlossen waren und fiel wieder ins Bett.

„Um Gottes willen, Liebes“, sagte ich schließlich, „ruf endlich an, bevor du den Teppich durchwetzt!“

Rose stürzte sich beinahe auf das Telefon. Ich war überrascht, wie schnell sich Vivian meldete.

Rose hörte einen Moment zu, dann flüsterte sie: „Demos, geh an den anderen Apparat!“

Ich ging ins Wohnzimmer und nahm dort den Hörer ab.

„Vivian“, sagte Rose, „bitte wiederhole für Demos, was du mir gerade erzählt hast!“

Vivian Fuller hörte sich überhaupt nicht schläfrig oder belästigt an. Sie berichtete, dass ihre Augen untersucht und ihre Erkrankung als fortgeschrittenes Glaukom, also grüner Star, diagnostiziert worden sei. Ihre Augen reagierten nicht auf die Behandlung und Vivian wusste, dass sie bestimmt blind werden würde. Sie hatte versucht, es tapfer auf sich zu nehmen und verbrachte viele Stunden mit dem Training, blind durch das Haus zu finden, ohne an Möbelstücke zu stoßen. Aber allmählich hatten sie Furcht und Entmutigung überwältigt. In jener Nacht war die Depression unerträglich geworden. Sie hatte wach gelegen und sich von Gott verlassen gefühlt, von jedem im Stich gelassen. „Bitte, Gott!“, betete sie schließlich, „wenn du mich liebst, dann zeige es mir, indem du jemand jetzt bei mir anrufen lässt. Jetzt, mitten in der Nacht!“

Lange war nur das Summen der Fernleitung zu hören. „Vivian!“, sagte Rose, „Gott hat mir nicht nur gesagt, dass ich dich anrufen soll. Er beauftragte mich noch mit etwas anderem. Er sagte mir zu, dass du geheilt wirst. Vollständig!“

Ich hoffte, dass mein verblüfftes Schlucken nicht bis nach New Jersey zu hören war. Aber Rose fuhr fort und erinnerte Vivian an all jene wundervollen Zeichen von Gottes Macht, die wir in der Vereinigung zusammen die Jahre hindurch erlebt hatten. Dann beteten wir drei für Vivians totale Heilung. Jetzt gleich sollte sie beginnen. Als wir auflegten, war es 1:30 Uhr in Downey und 4:30 Uhr in New Jersey.

Nach ein paar Tagen rief Vivian zurück. „Ich habe nichts Konkretes zu berichten“, sagte sie, „aber etwa eine Stunde, nachdem wir neulich miteinander sprachen, schien irgendetwas in meinem Kopf zu platzen. Ich weiß nicht, wie ich es sonst ausdrücken kann. Am nächsten Tag suchte ich den Facharzt auf. "

Er konnte nur sagen, dass sich seit der letzten Untersuchung nichts verschlechtert hätte." Ein paar Wochen später rief Vivian wieder an. Die Verschlechterung hatte nicht nur aufgehört, sondern ihre Augen schienen sich sogar zu bessern.

Monate vergingen, und dann waren wir im Statler-Hilton in New York City zu einer Regional-Konferenz versammelt. Ich erzählte den vielen Zuhörern Vivians Geschichte und dass einige der besten Fachärzte der Ostküste ihren Zustand als unheilbares Glaukom diagnostiziert hatten. „Aber jetzt ..."

Da stieg Vivian selbst die Treppen zur Empore hoch und nahm das Mikrofon. Sie beschrieb das quälende Voranschreiten der Krankheit und wie sie sich jeden Tag sagen musste, dass sie heute vielleicht Herbs Gesicht zum letzten Mal sehen würde. Dann sprach sie über den Tiefpunkt ihrer Depression, als sie morgens um drei Uhr im Bett lag und darum betete, dass irgendjemand sie anrufen würde. Sie erzählte auch von Roses Anruf, von den darauffolgenden Untersuchungen beim Facharzt und dann von seiner hocherfreuten Feststellung, dass ihre Augen plötzlich anfangen würden, auf eben dieselbe Behandlung zu reagieren, die er die ganze Zeit vergeblich angewandt hatte. „Ich lobe Gott jeden Tag für meine wundervolle Sehschärfe!", sagte sie abschließend.

Roses Gehorsam wurde weiterhin gesegnet. Als Vivian noch sprach, standen einige Zuhörer von ihren Sitzplätzen auf und kamen nach vorne, bis 26 Glaukom-Patienten auf dem Podium standen. In einer Atmosphäre, die förmlich mit Glauben aufgeladen war, beteten alle anwesenden Christen für ihre Heilung. Sechs Wochen später nahmen sieben von diesen Kranken an dem Treffen in Washington teil. Alle sieben waren vollkommen geheilt.

Bei jeder Konferenz wurden ähnliche Vorkommnisse berichtet, oft auch noch verblüffendere als diese. Krebs im Endstadium wurde an Ort und Stelle geheilt. Ein Herzpatient bekam ein vollkommen neues Herz. Er hatte danach nicht nur ein geheiltes, sondern wirklich ein ganz neues Herz, wobei keine

Spuren der Plastik-Herzklappen und Kunststoffvenen, die man früher eingesetzt hatte, geblieben waren. Ein junger Mann, der von einem 9-mm-Geschoss aus einer Pistole getötet worden war, setzte sich in einem Krankenhaus in Jacksonville auf und verlangte ein Glas Wasser, nachdem der Direktor eines unserer Chapter für ihn gebetet hatte.

Wieder ein anderer Mann war von einem Arzt in Südafrika für medizinisch tot erklärt worden. Er kam wieder zum Leben, als eine Gruppe von der Vereinigung für ihn betete, und trägt heute triumphierend seinen eigenen Totenschein in der Brieftasche mit sich herum. In jedem Fall geschah es, wenn jemand den festen Willen hatte, gehorsam zu sein, egal, wie hoffnungslos oder lächerlich sich die Angelegenheit in dem Moment darstellte.

Was war mit unserem Auftrag, die ganze Welt mit der „Frohen Botschaft" zu erreichen? Die Zahl, die Gott einer Gruppe von uns im letzten Dezember im Gebet gegeben hatte, lautete eine Milliarde zweihundertfünfzig Millionen Menschen, die wir 1975 erreichen sollten. Es erschien uns so astronomisch, dass wir es bald selbst nicht glauben konnten. Obwohl mir persönlich das ganze elektronische Zeitalter immer noch unwirklich erschien, waren es doch gerade elektronische Methoden, mit denen bereits im August 1975 diese unerhört große Menschenmenge erreicht worden war.

Bis zu diesem Zeitpunkt wurde das Radioprogramm der Geschäftsleute des Vollen Evangeliums wöchentlich in einundzwanzig Sprachen in Europa, Südamerika und Asien ausgestrahlt. In den USA ging unsere allwöchentliche, halbstündige TV-Serie „Good News" in das vierte Jahr ihres Bestehens. In diesem Jahr wurde sie sogar nach Kanada, auf die Bermudas, nach Australien und Japan ausgestrahlt.

Ein ganz wichtiger Teil dieses Gesamtbildes war unser Sohn Steve. Er wurde unser erster Programmdirektor. Mikrofone, Skalen und Tonbänder waren für ihn so natürlich wie Kühe und Milchpreistabellen für mich.

Heute noch wird mir heiß, wenn ich mich an meinen ersten Tag vor den Kameras erinnere. Die Idee der „Good News Show" bestand darin, dass ich, ebenso wie auf den Vereinigungstreffen, andere Männer dazu bringen sollte, über ihre Erfahrungen zu sprechen. Das hörte sich einfach genug an, und da die Produktionszeit im Studio so unerhört teuer ist, hofften wir, die ersten dreizehn halbstündigen Programme in einer Woche abdrehen zu können.

Als ich aber das Studio betrat, die vielen Kabel sah, die gewaltigen Kameras, die Männer mit den Stoppuhren, da sperrte ich mich innerlich dagegen wie ein Ochse vor einem neuen Scheunentor. Die Anweisungen im Drehbuch verwirrten mich völlig: Hier stehen. Dort sitzen. Jetzt den Kopf drehen.

Als um 7 Uhr die Jupiterlampen aufflammten, begann ich zu schwitzen. Gegen Mittag sah ich schon so aus, als ob wir Aufnahmen in einer Badewanne machen wollten.

Das Schlimmste war der Teleprompter, ein kleiner Kasten, der unter der Kamera montiert war und meinen Sprechtext dauernd neu aufleuchten ließ. Ich verdrehte Wörter, ich verhaspelte ganze Sätze, bis die armen Kerle, die ich interviewen sollte, ebenso durcheinander waren wie ich. Nach zwei Wochen Drehzeit hatte ich zwanzig Pfund Gewicht und meine Begeisterung für das ganze Projekt verloren. In meiner Verzweiflung ging ich zu dem Produzenten dieser Serie, Dick Mann.

„Bitte, lass uns kein Drehbuch benutzen!“, bettelte ich. „Lass mich einfach mit den Leuten reden!“

So etwas könne man beim Fernsehen nicht machen, erklärte Dick geduldig. Die Zeit müsse auf die Sekunde genau berechnet sein, die Kameramänner müssten immer genau wissen, wann bestimmte Einstellungen zu drehen waren. Natürlich gewann seine fachmännische Meinung die Oberhand – bis wir das erste Ergebnis zu Gesicht bekamen. Es zeigte einen Robotermenschen mit gläsernen Knopfaugen in einem Nussknackergesicht aus Holz.

Die nächste Serie drehten wir im Amateurstil. Kein Drehbuch, keine Proben – nur Gebet vorher, Gebet während der Dreharbeiten, Gebet nach Schluss. Ich vergaß die Mechanismen der Produktion und konzentrierte mich ganz auf den Mann, mit dem ich gerade zusammen war. Wir alle fühlten sofort die Veränderung, wir spürten, wie Gottes Geist in diesem Studio wirkte. Die Kameras fielen nicht mehr wegen einer Panne aus, die Leute kamen alle pünktlich, die vier Interviews innerhalb jedes halbstündigen Abschnittes waren perfekt aufeinander abgestimmt. Dick Mann konnte sich gar nicht genug wundern: Jedes Mal, wenn er mir das „Noch-eine-Minute-Zeichen“ gab, hörte ich nach genau sechzig Sekunden auf!

Es passierten noch andere unerklärliche Dinge. Einmal nahmen wir in Puerto Rico achtzehn persönliche Berichte auf, die von dem dortigen Chapter ausgewählt worden waren. Es war ein knapp berechneter Fahrplan, da wir alle unsere Dreharbeiten bei Tageslicht erledigen mussten, aber es goss ohne Pause.

An jenem Nachmittag, an dem ich den Mann interviewen sollte, der von Lepra geheilt worden war, herrschte eine regelrechte Sintflut. Die Kameraleute deckten ihre Geräte mit Planen ab und wir hockten herum und sahen zu, wie der Regen niederrauschte. Rogelio Parilla kam an und ich schüttelte ihm den Stummel seiner Hand, den er mir hinhielt. Zuerst dachte ich, es wäre die Freude in seinen Augen, die mir den Tag heller erscheinen ließ, aber dann wurde mir klar, dass ein Sonnenstrahl durch die Wolkendecke gebrochen war. Die Mannschaft riss die Regendecken ab und Rogelio trat mit der Dame, die ihn übersetzte, vor die Kameras.

Durch den Mund von Sally Olsen beschrieb er, wie man sich fühlt, wenn man im Alter von neun Jahren erfährt, dass man Lepra hat. Die körperliche Qual der Krankheit war leichter zu ertragen als die Trennung von seiner Familie und die Einsperrung in einer eingezäunten Aussätzigenkolonie. Bis dahin hatte er noch nie einen Aussätzigen gesehen; plötzlich lebte er mitten unter Menschen, deren Aussehen allein ihn schon erschreckte. Aber es sollte noch schlimmer kommen. Innerhalb weniger Jahre war er von ihnen allen der im Aussehen am meisten Entstellte. Er war derart mit entsetzlichen Geschwüren bedeckt, dass ihm die anderen Aussätzigen nicht mehr nahekommen wollten, sondern ihn sogar zwangen, isoliert zu essen.

Als er zweiundzwanzig Jahre alt war, besuchte eines Tages eine Gruppe von Christen die Aussätzigenkolonie, und er hörte von ihnen zum ersten Mal die Botschaft von Jesus. Sie verwandelte Rogelio von einem elenden und hoffnungslosen Individuum in einen Menschen, der voll Liebe und Freude war. Aber bis dahin hatte die Krankheit schon seine Stimmbänder vollständig zerfressen, und so flehte Rogelio Gott an, er möge ihm seine Stimme wiedergeben, damit er auch anderen von dem neuen Leben berichten könne, das er gefunden hatte.

Einige Zeit später hörte er von einem Heilungsgottesdienst, der in einer Pfingstgemeinde im benachbarten Rio Piedras stattfinden sollte. Eine unbeschreibliche Hoffnung keimte in ihm auf. Er fiel den Behörden so lange auf die Nerven, bis sie ihm den so seltenen Ausgangspass zum Verlassen der Einzäunung erteilten. Er nahm am Gottesdienst teil, hielt sich aber ganz hinten, fern von allen anderen.

Als sich dann die Schlange der Heilungssuchenden anstellte, blieb er weiter im Hintergrund und wartete, bis für alle anderen gebetet worden war. Während er wartete, überwältigte ihn die Verzweiflung.

Die Heilungen geschahen nämlich, wie er sah, durch Fürbitte unter Handauflegung. Aber kein Mensch würde absichtlich und bewusst einen Aussätzigen anfassen!

Endlich stand kein anderer mehr vor der Kanzel. Rogelio eilte nach vorne und kniete nieder. Pastor Torres trat vor ihn und legte ihm beide Hände auf den Kopf, dann noch auf sein Gesicht, seine Schultern, seinen Rücken, ja, er legte beide Arme um ihn und umarmte ihn. In diesem Moment wusste Rogelio, dass er geheilt war.

Es dauerte viele Wochen, bevor die Ärzte glauben konnten, was ihre eigenen Laborbefunde bewiesen: dass Rogelio Parilla nämlich kein aktiver Leprafall mehr war. Schließlich wurde er geheilt entlassen und predigte danach fünfundzwanzig Jahren überall in Puerto Rico. Gott hat ihm nicht nur eine gute Rednerstimme verliehen, sondern sogar eine wundervolle Singstimme. Die Musiker, die mit ihm gekommen waren, traten vor, und Rogelio sang mit klingender Stimme zur Ehre Gottes. Eben war der letzte Ton verklungen, da verschwand auch schon die Sonne. Die Kameramänner und die Musiker hatten kaum Zeit, ihre Geräte wieder zuzudecken, bevor der Wolkenbruch wieder mit Wucht einsetzte.

Wir berichteten dieses Erlebnis abends bei einem Treffen des San-Juan-Chapters. „War das Nachlassen des Wolkenbruchs heute Morgen genau zur Drehzeit nicht wie nach der Stoppuhr?“ fragten wir. Wir blickten nur in verständnislose Gesichter. Wie sich herausstellte, hatte nirgendwo sonst in San Juan der Regen auch nur eine einzige Minute nachgelassen!

Auf diese Art hatten wir das Fernsehprogramm nun schon drei Jahre lang gestaltet – ohne Drehbücher, ohne Proben, sondern nur mit der Führung des Heiligen Geistes. Die Sendungen waren nicht profimäßig, sondern hatten eine schlichte und wahrheitsgetreue Atmosphäre an sich, die bei den Leuten ankam.

Jeder Sender zeigte nach dem Ende des Programms die Telefonnummer des nächstgelegenen Chapters, damit Menschen, die aufgrund des Gehörten einen neuen Anfang machen wollten, mit einem Seelsorger in Verbindung treten konnten. Irgendwo hatte ich doch die nationale Statistik über die Anrufe nach diesen Sendungen. Ich kramte unter dem Sessel vor mir nach meiner Aktenmappe.

Rose war jetzt aufgewacht und blickte neugierig auf die Zahlenreihen, die ich mir notiert hatte. „Was ist denn TV 13/3?“, fragte sie.

„Dreizehn Sendungen in drei Tagen“, erklärte ich. „Das ist die Normzeit, die wir im Moment für das Abdrehen aufwenden, verstehst du? Und wir mussten niemals auch nur eine Einstellung wiederholen.“ Ich kramte in den Berichten herum. „Ich versuche festzustellen“, meinte ich, „wie viele Leute sich durchschnittlich nach jedem Programm telefonisch melden.“

„Mir scheint, Demos“, sagte Rose nach einer Weile, „dass es weniger interessiert, wie viele Leute es waren, als was in Wirklichkeit passiert ist. Also: ein einziger Mensch und wie er verändert wurde!“

Ein einziger Mensch! Aber welche von den Tausenden von Geschichten sollte ich berichten? Ich ließ meine Gedanken von Puerto Rico aus westwärts wandern an die amerikanische Ostküste, in den Mittelwesten, über die Rocky Mountains bis nach Kalifornien. Und dann noch darüber hinaus, bis ans fernste Ende des Landes, nach Hawaii. Und da dachte ich an Harold Shiraki.

Harold war die allererste Person, die jemals unsere TV-Nummer in Honolulu angerufen hatte, nachdem die Programme ab September 1972 dort ausgestrahlt wurden.

Eigentlich hatte er an jenem Sonntagmorgen gar nicht einschalten wollen, weil er etwas vollkommen anderes geplant hatte.

Harold war auf einer kleinen Kaffeeplantage in Kona auf Hawaii als das sechste von sechzehn Kindern geboren worden. Er war in der allerbesten japanischen Tradition gelehrt worden, hart zu arbeiten, Rücksicht auf andere zu nehmen und Autorität zu respektieren.

Harolds Vater hatte eines Tages die parkinsonsche Schüttellähmung bekommen. Als er dann zu krank für die Arbeit wurde, verließen die älteren Kinder die Schule, um die Familie durch ihre Arbeit zu unterhalten. Da sie alle in der stechenden Sonne jeden Tag Überstunden machten, konnte Harold seine Schulbildung fortsetzen und wurde der erste in der Familie mit Highschool-Abschluss. Von da ab rackerte sich Harold dafür ab, dass auch seine jüngeren Geschwister dieselben Bildungschancen bekamen. Er stand jeden Morgen um vier Uhr auf, zog sich beim Schein einer Petroleumlampe an und marschierte viele Kilometer zu der jeweiligen Kaffeeplantage, die ihm Arbeit und Lohn gab. Erst als alle seine jüngeren Brüder und Schwestern den Highschool-Abschluss hatten, erlaubte er sich die Eheschließung und Familiengründung.

Inzwischen war Harold nach Honolulu umgezogen. Zuerst arbeitete er als Dockarbeiter, verdiente dann als Lebensmittelverkäufer Geld und machte sich schließlich selbstständig. Harolds Gewöhnung an harte Arbeit zahlte sich dann bald aus. Bis zu den Siebzigerjahren war es ihm gelungen, eine beträchtliche Summe auf die hohe Kante zu legen.

Doch dann wurde ihm das meiste davon abgegaunert – ganz elegant, mit höflichem Grinsen von Männern, denen er vertraut hatte. Als ihm klar wurde, was geschehen war, brach die Weltanschauung, auf die er sein Leben gebaut hatte, zusammen.

Es war ein Vertrauen auf menschliche Tüchtigkeit und Anständigkeit gewesen – und nicht auf Gott. Dem Namen nach waren Harolds Familienangehörige Buddhisten, aber wie viele andere Leute auf den Inseln glaubten sie an ein Sammelsurium von Götzen und Ahnengeistern. Einer davon, Odaisan, schien sich bei ihnen als besonders wirkungsvoll zu erweisen. Es gab eine kleine Steinskulptur von ihm im japanischen Tempel in Kona, die Harolds Familie vor allen wichtigen Entscheidungen zu befragen pflegte. Wenn der Götze günstig gesinnt war, konnte man sein Standbild leicht hochheben. Aber wenn es sich kaum bewegen ließ, so bedeutete dies eine Ablehnung und Ungnade.

Im Verlauf der Jahre war Harold von diesem traditionellen Aberglauben enttäuscht worden, da er die seelische Sklaverei erkannte, unter der seine Familie zu leiden hatte. Seine greise Mutter, jetzt eine Witwe, lebte immer in der Angst, den einen oder anderen Geist zu beleidigen.

Als er nach Honolulu zog, war Harold der Episkopal-Kirche als Mitglied beigetreten, da sie ihm Freiheit von diesen Ängsten zu bieten schien. Er hatte versucht, seine Mutter zu überreden, auch dem Christentum beizutreten, aber sie erklärte ihm, dass Jesus in erster Linie an weißen Leuten interessiert sei. Allerdings, so räumte sie ein, gehöre er zu jenen Göttern, zu denen sie bete. Sie wies darauf hin, dass er auf Bildern immer mit einem Bart dargestellt würde. Dies sei ein Beweis dafür, dass er kaum Interesse an Asiaten haben könne.

Jetzt, nachdem er sein Geld verloren hatte, wandte sich Harold an seinen Pfarrer. Dieser Geistliche hörte mitfühlend zu, pflichtete bei, dass ihm Unrecht geschehen sei und riet ihm aber davon ab, deswegen vor Gericht zu ziehen.

„Diese Dinge passieren im Geschäftsleben andauernd“ sagte er, „und es gibt nichts, was Sie oder ich daran ändern können. Ich würde versuchen, die ganze Sache zu vergessen.“

Aber genau das war es, was Harold nicht fertigbringen konnte. Ihm verging jeder Appetit, er besuchte seine Freunde nicht mehr und hockte nur einsam bei heruntergezogenen Sonnenblenden in seinem Wohnzimmer. Harold spürte, wie der Hass in ihm wuchs. Ehrlichkeit, Opfer, lange Arbeitsstunden – wenn einen das alles doch nicht weiterbrachte, wo blieb dann der Sinn des

Lebens? Da war der Tod weit besser. Tote wurden nicht mehr hereingelegt und ausgeplündert.

Harold kannte einen Freund, der eine Waffe besaß. Aber allein würde er nicht sterben! Bevor er sich das Leben nahm, würde er erst noch zwei andere erschießen oder drei – wenn er sie alle erledigen konnte, bevor er selbst gefasst wurde!

Der Gedanke wuchs und reifte zu einer fixen Idee heran; schließlich konnte er sogar an nichts anderes mehr denken. Ein Sonntag! Es musste ein Sonntag sein, weil er seinem Freund weismachen wollte, er werde auf die Jagd gehen. Ein Septembersonntag, sobald die Jagdsaison begonnen hatte …!

Der Sonntag, den sich Harold ausgesucht hatte, kam herbei. Seine Frau bat ihn, in die Kirche zu gehen, aber er hatte seit seiner Unterhaltung mit dem Pfarrer keinen Gottesdienst mehr besucht. Harold schüttelte nur den Kopf.

„Dann stell doch wenigstens den Fernseher an", bettelte sie, „entspann dich beim Sport!" Seine Gleichgültigkeit beunruhigte sie.

Harold schüttelte wieder den Kopf und schielte lauernd zu seiner Frau. Sie durfte auf keinen Fall dahinterkommen, was er vorhatte. Ja doch! Schalte den Apparat ein! Sieh dir den Sport an, bis sie sich keine Gedanken mehr macht und zur Kirche geht. Es war 10:35 Uhr.

Jetzt müssten eigentlich die Nachmittagsspiele auf dem Festland angefangen haben. Er schaltete daher den Sender *Channel Four* ein.

Da unterhielten sich zwei Männer. Der eine war weiß und der andere wahrscheinlich Polynesier, aber er war sich nicht sicher.

Ich lachte bei dieser Erinnerung in mich hinein; wie oft habe ich Gott für die merkwürdige Beschaffenheit des armenischen Antlitzes gedankt! Juden denken, ich sei ein Jude, Araber halten mich für einen Araber; in Südamerika spricht man mich auf Spanisch an, in Asien hält man mich für einen Inder. Und jetzt in Honolulu wurde ich für einen Hawaiianer gehalten!

Harold jedenfalls konnte in seinem verwirrten Geisteszustand den Worten der beiden Männer auf *Channel Four* nicht folgen. Indem er sich immer noch in seinem Sessel vorbeugte, als wollte er den Apparat einstellen, blickte er gebannt in ihre Gesichter. Er hatte noch niemals derart froh aussehende Menschen gesehen.

Harold versuchte, sich auf die Worte zu konzentrieren, aber seine Gedanken befanden sich in einem zu großen Durcheinander. So starrte er weiter auf den Bildschirm, und während er das tat, senkte sich ein neuer Friede über den verschlossenen und verdunkelten Raum. Auf ihn kamen Liebe, Harmonie und Hoffnung – als ob all dies aus dem Bildschirm strömen würde!

Am Ende der Sendung wurde eine Telefonnummer auf dem Bildschirm gezeigt. Harold saß immer noch auf der Sesselkante, wo er gewesen war, seit sich das Bild im Apparat stabilisierte. Er wiederholte leise diese Nummer.

Einige Minuten später sprach er mit Roy Hitchcock von unserem Honolulu-Chapter und hörte Worte, die fast zu wunderbar waren, als dass er sie glauben könnte. „Jesus weiß alles über Ihre Lage! Jesus ist die Antwort! Jesus liebt Sie!“

Heute ist Harold nicht nur der geistliche Führer seiner Episkopal-Gemeinde, sondern auch von Programmen unserer Vereinigung auf der ganzen Insel. Er hat freilich niemals sein Geld zurückbekommen. Aber die Vereinigung half ihm, seine Last an Groll und Wut loszuwerden und zu einem siegreichen Menschen heranzuwachsen. Er hat nicht nur einen neuen Start in seinem eigenen Leben gemacht, sondern dazu noch Hunderten geholfen, ihren eigenen neuen Anfang zu finden.

Einer der ersten Menschen, denen er Wegweiser sein durfte, war seine 81-jährige Mutter. Als sie die Lebensänderung bei ihrem Sohn bemerkte, wurde ihr klar, dass hier eine größere Macht wirkte als all die „Geister“, die sie die ganze Zeit beschwichtigt hatte. Sie und andere Familienglieder errichteten einen Scheiterhaufen aus verschiedenen Götzenbildern und Geisterschreinen, die sie in ihren Häusern verwahrt hatten.

Sie verbrannten diese im Hof eines Gemeindezentrums. Harolds Mutter starb 1973 als eine entschiedene und leuchtende Christin.

Erfahrungen wie diese machten uns gewiss, dass gerade dem Fernsehen eine Rolle in der Vision zugedacht war, in der ich die ganze Welt zum Leben erwachen gesehen hatte.

Dasselbe traf auf das moderne Wunder des Düsenverkehrs zu. Ich begann alle Länder aufzuzählen, zu denen uns unsere Evangeliums-Luftbrücke getragen hatte: England, Schweden, Norwegen, Frankreich, Italien, Japan, die Philippinen, Vietnam, Indien – über fünfzig Länder! In den meisten wurde nach den wochenlangen Versammlungen und Evangelisationen etwas sehr Wichtiges zurückgelassen: ein Chapter am Ort, manchmal sogar mehrere, als fortdauernde Zentren der Laienaktivitäten.

In anderen Ländern, wie in Finnland, Estland und Jugoslawien, konnten wir uns da nicht so sicher sein und nur um langfristige Nachwirkungen beten. Mir fiel mein erster Besuch in einem kommunistischen Land ein und der Entschluss, der damals in mir gereift war.

Es war 1959 in Kuba, gerade nachdem Fidel Castro an die Macht gekommen war. Unsere kleine Gruppe wohnte im ehemaligen Havanna-Hilton-Hotel, jetzt Cuba Libre. Castro hatte im Hotel sein Hauptquartier aufgeschlagen. Der Bau strotzte förmlich von Bewaffneten, nur den Staatschef bekamen wir selbst nie zu sehen. Als ich aber eines Morgens gegen zwei Uhr gerade zu Bett gehen wollte, wusste ich plötzlich, dass ich Fidel Castro direkt begegnen würde, wenn ich mich sofort ankleidete und den Fahrstuhl zum Restaurant bestieg. Bis dahin hatte ich schon zu viel Eigenartiges mit dem Heiligen Geist erlebt, um solche unerklärlichen Erkenntnisse infrage zu stellen. Daher stieg ich so leise wie möglich wieder in meinen Anzug.

Rose öffnete die Augen. „Wohin gehst du jetzt noch?“.

„Runter, um Castro zu treffen“, antwortete ich leise. Rose kannte auch schon die leisen Anstöße des Heiligen Geistes.

„Das ist schön!“, murmelte sie schläfrig.

Unten im Restaurant waren als einzige Gäste eine Gruppe von ganz jungen, fünfzehn- bis sechzehnjährigen Soldaten. Sie saßen an der Theke und tranken Orangensaft. Der Kellner versicherte mir, dass der Raum vor ein paar Jahren um diese Zeit überfüllt gewesen sei. „Nordamerikaner“, sagte er sehnsüchtig, „vom Spielkasino!“ Er deutete nach oben zu den inzwischen verödeten Glücksspielsälen des Zwischengeschosses. „Ihnen kam es nicht darauf an, was sie ausgaben!“

Er schrieb meine Bestellung, eine Portion Eis, auf und trollte sich mit einem Seufzer in Richtung Küche. Als er servierte, drückte er sich am Tisch herum, scheinbar froh über eine Gelegenheit zum Gespräch. Das kubanische Spanisch unterschied sich von dem mexikanischen Dialekt, mit dem ich aufgewachsen war, aber wir konnten uns ohne Mühe verständigen.

„Wenn Premierminister Castro heute Nacht hier auftaucht“, sagte ich, „würden Sie ihm bitte ausrichten, dass ich ein Molkereifachmann aus Kalifornien bin und mich gerne mit ihm unterhalten würde?“

„Heute Nacht noch?“, kam das Echo vom Kellner. „Er kommt doch heute Nacht nicht mehr hierher! Er kommt nie so spät!“

Ich wurde mit der Eisportion fertig. „Er kommt in dieser Nacht!“

Der Kellner starrte mich an. „Ihnen muss doch jemand erzählt haben, dass er noch hierherkommt!?“

Ich dachte einen Moment darüber nach. „Ja“, stimmte ich zu. „Das hat mir jemand erzählt!“

Der Mann schüttelte den Kopf. „Ganz unmöglich“, widersprach er. „Er kommt nie nach 22 Uhr!“

Und wirklich sah es so aus, als ob der Kellner Recht behalten würde. Es vergingen fünf Minuten, dann noch zehn. Die jungen Soldaten machten sich auf. Ich bat um die Rechnung und ging zur Kasse. Als der Kassierer gerade mein Wechselgeld herausgab, war das Geräusch schwerer Marschstiefel im Korridor zu hören. Durch die Tür marschierten achtzehn oder zwanzig schwarzbärtige Männer, einige mit Karabinern, andere mit Maschinenpistolen. Und in der Mitte der Gruppe ging Fidel Castro.

Castro nahm an einem Tisch Platz und bestellte ein Steak, während seine Leibwächter sich überall im Raum verteilt postierten und mich fixierten, da niemand sonst da war. Ich sah, wie der Kellner sich niederbeugte und mit Castro sprach. Er sah mich ebenfalls einen Moment an und winkte mir dann mit einem Finger, mich zu ihm zu setzen.

Ich nahm zu seiner Rechten Platz und war mir der Pistolenmündungen deutlich bewusst, die mir quer durch das Restaurant folgten. Castro stellte eine Anzahl Fragen über die Milchwirtschaft in Kalifornien und schien enttäuscht, als ich mich nicht von ihm zu einem Steak einladen ließ. „Wenn ich Sie mal besuche", scherzte er, „werde ich auch ein paar Liter Milch trinken!"

Im ganzen Raum platzten die bärtigen Typen mit zustimmendem Lachen heraus. Zu meiner Erleichterung senkten sich die Gewehre und einige der Soldaten genehmigten sich eine Zigarette.

Ich hatte den Revolutionär bisher nur durch seine stundenlangen Radioansprachen gekannt. Nun war ich ganz überrascht, ihn persönlich als einen äußerst aufmerksamen Zuhörer zu erleben. „Und was führt Sie nach Kuba?", erkundigte er sich nach einer Weile.

Ich berichtete, dass eine Gruppe von uns hierhergereist sei, um die Kubaner in unseren eigenen Arbeitsfeldern kennenzulernen und ihnen zu bezeugen, was der Heilige Geist unter ihresgleichen in anderen Ländern ausrichtet. Wiederum schien er zu meiner Überraschung echt interessiert.

Er erzählte mir, dass er einmal in einem Krankenhaus in Brownsville in Texas gelegen habe. „Jede Woche erschienen zwei Männer im Fernsehen. Der eine war Billy Graham, der andere Oral Roberts. Ich hatte den positiven Eindruck, diese beiden sind aufrichtige Männer, und was sie sagen, sind ehrliche Anliegen."

Wir hatten uns etwa eine Dreiviertelstunde unterhalten, als ein sehr ärgerlicher, betrunkener Nordamerikaner an unseren Tisch drängte. „Beantwortet ihr Kerle denn keine Briefe?", fuhr er Castro an. „Jetzt warte ich schon seit drei Monaten darauf, einen Ton von dieser sogenannten Regierung zu hören!"

Ich konnte nicht alles verstehen, was er sagte, aber ich brachte so viel zusammen, dass er der Besitzer eines Nachtklubs war, den die Revolutionsregierung geschlossen hatte.

Ich war betroffen von der Frechheit dieses Menschen, besonders vor den vielen Soldaten, aber er war zu sehr mit sich selbst beschäftigt, um sie überhaupt zu bemerken. „Eure Leute verlieren auch Geld!", schimpfte er. „Vergesst das ja nicht! Ich habe gute Geschäfte hierhergebracht!"

Castros Gesicht war so graugrün wie seine Uniform geworden. „Gute Geschäfte?", entgegnete er. „Nennen Sie das etwa so? Glücksspiele und Huren? Ist das alles, um das ihr euch in unserem Land gekümmert habt?"

Ich versuchte den Nachtklubbesitzer mit meinem Blick zu bremsen. Ganz sicher konnte niemand derart betrunken oder mit sich selbst beschäftigt sein, um nicht den Hilfeschrei in jener Frage zu vernehmen! *Habt ihr euch je um uns Sorgen gemacht? Habt ihr auch jemals unsere Probleme verstehen wollen und unsere Freundschaft gesucht?*

Aber der Kerl da konnte gar nicht mehr zuhören. „Kommt mir ja nicht auf die moralische Tour!", sagte er. „Die Kubaner haben saftig daran verdient. Also jedes Mal, wenn …!"

Castro stand abrupt auf und ließ sein Essen stehen. Er war mit seinen Soldaten halbwegs zur Tür hinaus, als er sich umwandte, zurückkam und mir die Hand gab.

„Ich bin froh, dass Sie gekommen sind", sagte er, „ich wünschte mir …!"

Sein Gesicht war immer noch blass und er vollendete den Satz nicht. In einer Minute waren sie alle gegangen. Der Nachtklubbesitzer zeterte immer noch hinter ihnen her und ich blieb allein am Tisch zurück. Ich sah auf meine Uhr. Fünf Minuten nach drei!

Ich wünschte mir … so hatte Castro seinen letzten Satz begonnen. Was wollte er sagen? Ich wünschte mir, mehr Männer aus Ihrem Land wären nach Kuba gekommen, um zu beten, statt Glücksspiele zu riskieren?

Was wäre dann geschehen, fragte ich mich, als mich der Aufzug nach oben trug. Wie würde die Welt heute aussehen, wenn die Millionen amerikanischer Touristen mit Gottes Liebe für die Menschen, die sie besuchten, gereist wären?

Und wenn sie jetzt noch losziehen würden?

Von dieser Nacht an wurde das zu meiner dringenden Bitte, sooft ich mit einem unserer Chapter zusammentraf: Auf! Verbreitet die Frohe Botschaft! Werdet Reisende für Gott!

Lebt ein Kontrastprogramm gegenüber jener anderen Sorte von Globetrottern, von denen die ganze Welt die Nase voll hat! Unsere Männer sind ausgezogen – sie gingen als Menschen, die von der Treue anderer Orte und anderer Jahrhunderte empfangen haben und zurückgekommen sind, um ein bisschen was von unserer Schuld zurückzuzahlen.

Ich gedachte eines Septemberabends des Jahres 1966 in Moskau, sieben Jahre nach meinem Besuch in Kuba. Da konnte ich 2.200 Menschen in einer Baptistenkirche die Geschichte der russischen Pfingstgläubigen berichten, die die Bergpässe nach Armenien in ihren Planwagen überquert hatten. Dort erlebte ich 2.200 Menschen, die sich von ihren Sitzen erhoben, die Hände gen Himmel streckten und in Freudentränen ausbrachen, als der Heilige Geist über die Versammlung kam.

Am nächsten Tag erhielt ich die Gelegenheit, dieselbe Geschichte über Radio Moskau zu berichten. Hierbei konnte ich dem russischen Volk einen innigen Dank dafür aussprechen, dass es uns die unaussprechliche Gabe Gottes gebracht hatte.

Ich ließ meinen Sessel ein paar Rasten zurückschnappen und schloss die Augen. Menschen überall auf der Erde, die vom Tod zum Leben erwachten – ja, das war das Ziel unserer Vereinigung. Und das hatte ich in unserem Wohnzimmer in Downey gesehen. Was hatte mir die Vision noch gezeigt? Menschen, die nicht nur für Gott lebendig wurden, sondern auch füreinander. Menschen, die isoliert gewesen waren, jetzt zusammenkamen und sich nun gegenseitig entdeckten.

Bei der Eröffnung großer Treffen baten wir neuerdings um Meldung durch Handzeichen. Wie viele Glieder der Episkopalkirche waren heute Abend hier? Wie viele Presbyterianer? Wie viele Baptisten? Für mich bestand das Wesentliche nicht darin, dass wir ein Echo auf jede Frage bekamen, sondern dass sich jedes Mal überall im Raum Hände erhoben. Katholiken saßen neben Methodisten, Quäker neben Adventisten. Die beiden Herren in der siebten Reihe, die sich umarmten, als der Heilige Geist über die Versammlung kam, gehörten eventuell zu Kirchen, die seit Jahrhunderten nicht mehr miteinander gesprochen hatten.

Verschiedene Rassen trafen sich. Die Verhältnisse ändern sich heute, aber in den Fünfzigerjahren wurde über die Frage der Rassentrennung in vielen Landesteilen noch erbittert gestritten. Ich erinnere mich gut an die Vorbereitung einer Weltkonferenz in Atlanta. Wir hatten den großen Ballsaal eines Hotels in der Stadtmitte angemietet, dazu über tausend Hotelzimmer für fünf Tage. Wir hatten außerdem eine Sendezeit beim Radio vereinbart sowie Anmeldungsformulare gedruckt – all dieser so zeitraubende Kleinkram, den man erledigen muss, um eine große Menschenmenge zusammenzuführen.

Und dann machte etwa einen Monat vor der Konferenz die Hoteldirektion die Entdeckung, dass wir, wie immer, auch eine Anzahl dunkelhäutiger Geschäftsleute erwarteten. Nun ja, man werde ihnen in der Nähe sogenannte „gleichwertige Quartiere" vermitteln. An dem Treffen könnten sie dann per direkter Fernsehübertragung in einem „luxuriösen" Konferenzraum teilnehmen.

Es kostete uns etwa eine Million Telefongespräche, die Konferenz kurzfristig nach Denver zu verlegen. Dort aber bemerkten wir etwas direkt Auffälliges. Die Teilnehmerzahl dunkelhäutiger Herren war nicht nur groß, sondern weit stärker, als wir vorher angenommen hatten. Schließlich steckte uns der Inhaber eines Bekleidungshauses aus Atlanta ein Licht auf. „Meine Freunde fragten mich schon seit Monaten, warum ich denn zu dem Gebetsfrühstück der weißen Männer ginge. Als sie aber von Ihrer konsequenten Entscheidung erfuhren – tja, da musste ich einen Reisebus bestellen, um all die Leute zu transportieren, die mit mir hierherkommen wollten."

Übrigens haben wir später im Sommer 1973 eine Regionalkonferenz in Atlantas „Hyatt House" mit einer allabendlichen Teilnehmerzahl von 1.500 dunkel- und hellhäutigen Besuchern abgehalten!

Auch die Generationen finden wieder zueinander. Unter der Leitung von Richard und seiner entzückenden Frau Evangeline entstand bald bei jeder Konferenz ein volles Jugendprogramm. Erfreulich oft kam ich dann auf einem Hotelkorridor an einem langhaarigen Jugendlichen und einem Geschäftsmann mittleren

Alters in konservativem Anzug vorüber, die sich unter Tränen der Versöhnung umarmten.

Menschen jeder sozialen Schicht finden sich. Viele dunkel- und hellhäutige Menschen treffen sich in hundert südafrikanischen Chaptern.

Protestanten und Katholiken bitten einander um Verzeihung und umarmen sich voll Freude in einem Chapter in Belfast, Nordirland!

Menschen reißen jede Mauer ein, die zwischen ihnen und anderen aufgerichtet wurde. Ich erinnerte mich an eine Dame, die buchstäblich eine Wand zwischen sich und der Umwelt haben musste, um sich wohlfühlen zu können. Sarah Elias war eine Musikerin, die an der Julliard-Akademie Klavier studiert und unter Leopold Stokowski gesungen hatte. Niemand traute es der hochgewachsenen, vornehmen Dame zu, dass sie überhaupt irgendein Problem haben könnte. Deshalb ließ sich niemand träumen, dass sich hinter ihrer Bestellung „Einzelzimmer“ für die Regionalkonferenz in Indianapolis eine lebenslange, quälende Furcht vor Gemeinschaft mit anderen verbarg.

Nun stellte sich heraus, dass jedes Bett in dem Hotel benötigt wurde, um die Menge unterzubringen, die an jenem Maiwochenende des Jahres 1972 teilnehmen wollte. „Es tut mir unendlich leid“, versicherte ihr der Empfangschef an der Hotelrezeption, „aber wir mussten Sie in ein Doppelzimmer legen.“ Er schaute auf seine Gästeliste. „Die andere Dame ist Schwester Francis Clare von den ‚Armen Schulschwestern Unserer Lieben Frau‘. Sie werden ganz gewiss Gefallen aneinander finden!“

Sarah Elias war sich da gar nicht so sicher. Sie war von Pietisten aus der Heiligungsbewegung in einem kleinen Landstädtchen des westlichen Pennsylvaniens aufgezogen worden, und man hatte sie ausdrücklich belehrt, Ordensfrauen im Allgemeinen zu misstrauen. Aber das wirkliche Problem lag in ihrer tragischen Kindheit. Ihr Vater hatte ihre Mutter erschossen, als sie noch ein kleines Mädchen war. Von der Zeit an, durch all die Jahre im Waisenhaus bis zu dem Tag, als sie von ihrer Adoptivfamilie enterbt wurde, hatte sie zutiefst gelernt, dass die Menschen einen fortschicken. Und so lehnte sie ihrerseits die Menschen ab, schloss sie von ihrem Leben aus und zog, sofern sie nicht gerade arbeitete, buchstäblich eine Wand zwischen sich und die Umwelt.

Wie ich bereits sagte, wusste niemand von diesen Dingen, als sie das Hotelzimmer betrat und die andere Dame dort vorfand.

Schwester Francis, eine kluge und zartfühlende Christin mit dem besonderen Charisma zur Heilung verwundeter Erinnerungen, fragte, ob sie für Sarah beten dürfe. In den Stunden, die nun folgten, sprudelte alles aus Sarah heraus: die Furcht, der Groll, die Bitterkeit. Dann aber ergoss sich in ihre Seele der Strom der Liebe und des Angenommenseins von Gott.

Als ich Sarah an jenem Abend erblickte, war ihr Gesichtsausdruck derart verwandelt, dass ich sie ans Mikrofon bat, um uns alles zu berichten. Danach nahm sie am Flügel Platz. Als sie geendet hatte, erhoben sich alle Anwesenden und klatschten Beifall, bis sie eine Zugabe spielte. Viermal bekam sie stehenden Applaus, und am Ende begriffen wir alle, dass der Heilige Geist selbst durch sie an jenem Abend musiziert hatte.

Sarah Elias war nur ein Einzelfall aus einer ganzen Menschengruppe, der die Vereinigung neuerdings dient: Geschäftsfrauen und weibliche Berufstätige. Am Anfang hatte ich mich derart stark um die Männer gekümmert, die das wirkliche Leben versäumten, dass ich sonst niemanden bemerkt hatte.

In den Anfangsjahren unserer Vereinigung waren die Frauen, die zu uns kamen, meist gläubige Christinnen, die einen Weg suchten, um auch ihre Ehemänner zum Glauben zu bringen.

Als aber die Vereinigung besser bekannt wurde, trat eine neue Gruppe von Frauen in Erscheinung. Verheiratet oder ledig, jung oder älter – alle Berufstätige, die sich ebenso wie die Männer durch die traditionellen Gemeindeprogramme vernachlässigt fühlten. Nähkränzchen, Gemeinde-Tombolas oder morgendlicher Kaffeeklatsch kamen für diese Ärztinnen, Lehrerinnen und Sekretärinnen ebenso wenig infrage wie für mich selbst. Wir hatten nun weibliche Tagungsteilnehmer, die Rechtsanwältinnen waren oder Schauspielerinnen oder Fabrikarbeiterinnen. Verkäuferinnen, schrieb ich auf meinen Schreibblock, Krankenschwestern, Reporterinnen.

„Demos?“

Rose stieß mich an, und ich blickte zu der Stewardess auf, die uns ein Tablett mit Sandwiches anbot. In weniger als einer Stunde würden wir in Honolulu landen. „Stewardessen", schrieb ich auf meinen Notizblock. Bei der letzten Konferenz waren fünf oder sechs von ihnen dabei gewesen.

Ich überflog die handgeschriebenen Seiten. Eine weltweite Glaubensoffensive mit allen denkbaren Methoden, für alle Arten von Menschen. Gab das ein zutreffendes Bild der Vereinigung ab?

Was hatte Rose gesagt? Berichte über einen Einzelnen und in welcher Weise er sich geändert hat! Das stimmte; alle Statistiken der Erde konnten das Wunder einer einzigen Wiedergeburt durch den Heiligen Geist niemals vermitteln. Aber wo sollte ich beginnen? Und wo aufhören? Wenn ich nur die einmalige Geschichte von George Otis oder Walter Black oder gar General Ralph Haines erzählen wollte, würde ich die Redezeit bestimmt überziehen und müsste die ebenso großartigen Berichte über Jim Watt, Otto Kundert und Don Locke auslassen.

In der Vereinigung gab es bis jetzt Millionen solcher Biografien, jede von ihnen so wundersam wie die andere, jede einzigartig, doch jede mit allen anderen durch eine goldene Kette verbunden.

Jede mit der anderen verbunden …!

Wieso nicht die Geschichte eines Kettengliedes erzählen, eine Folge in der endlosen geistlichen Kettenreaktion, aus der die charismatische Vereinigung der Geschäftsleute des Vollen Evangeliums bestand?

Es war an einem Freitagmorgen in den frühen Sechzigerjahren gewesen, als mich der Anruf eines jungen Mannes erreichte, der mich daran erinnerte, dass wir uns kürzlich auf einem Chaptertreffen in Oklahoma kennengelernt hatten. „Mr. Shakarian", sagte der junge Mann, „ich wünschte, Sie könnten ein Gespräch mit meinem Onkel führen. Ich denke, dass er so weit ist, Christus kennenzulernen.".

„Wer ist denn Ihr Onkel?", fragte ich.

„Shannon Vandruff."

Der Name kam mir irgendwie bekannt vor. „Wo wohnt er denn?"

Er nannte mir eine Adresse in einer sehr exklusiven Wohngegend der Stadt Downey.

„Was ist er von Beruf?“, fragte ich, nun etwas nervös geworden.

„Er ist Bauunternehmer. Haben Sie schon einmal von den ‚Cinderella Homes‘ gehört? Das ist sein Bauunternehmen!“

Also, mein erster Gedanke war, dass ich mir niemals ein Gespräch mit diesem Herrn würde leisten können. Jedermann in unserer Gegend kannte „Cinderella Homes“. Das war ein Mammutkonzern!

Aber zumindest einen Anruf bei ihm versprach ich – den ich am nächsten Samstag dann auch wirklich machte.

Shannon war alles andere als der Typ Mensch, der immer unter Hochdruck steht und erwies sich als ein angenehmer Gesprächspartner, mit dem es sich leicht reden ließ. Sein Neffe hatte ganz recht gehabt. Shannon war bereit, die gute Botschaft über Jesus aufzunehmen. Er und seine Frau Veta luden Rose und mich für den Abend desselben Tages in ihr geräumiges Haus am Golfplatz ein. Später begleiteten sie uns zu einer Konferenz unserer Vereinigung nach Phoenix, Arizona, wo beide die Taufe im Heiligen Geist empfingen.

Jetzt wurde ein neuer Name in diese Kette hineingezogen. Dr. Ray Charles Jarman war der Pastor jener großen Kirche in South Gate, Kalifornien, die die Vandruffs vierzehn Jahre lang besucht hatten. Unter Dr. Jarmans brillanten Predigten war die Kirche zu einem Millionen-Dollar-Objekt geworden. Da gab es üppige Polstersitze, schwere Orientteppiche, eine Klimaanlage und importierte Marmorstatuen. Dr. Jarman unterhielt ein tägliches Radioprogramm und stellte eine geistige Kraft im intellektuellen Leben Südkaliforniens dar.

Das Einzige, was ihn die Vandruffs niemals verkündigen gehört hatten, war die Botschaft von Christus. Wie so viele hochgelehrte Männer seiner Kirche glaubte er schon lange nicht mehr an die Göttlichkeit Jesu, an Wunder und andere „vorwissenschaftliche“ Ansichten. Aber er war ein gewissenhafter Pastor mit dem ernsthaften Anliegen, seiner Gemeinde etwas Reales zu vermitteln.

Fünfzig Jahre lang suchte er diese Realität, die sich ihm ständig zu entziehen schien. Er vertiefte sich in Religionswissenschaft, Modernismus, begeisterte sich für Ökumenismus und Christliche Wissenschaft. Als er sein eigenes Innenleben immer leerer werden sah, wandte er sich asiatischen Mysterienreligionen zu und meditierte unter anderem drei Jahre bei Paramahansa Yogananda. Er stürzte sich in den Okkultismus der Rosenkreuzer und danach in die Theosophie.

Im Jahr 1961 ließ er sich, bevor die Rauschdroge LSD illegal wurde, in einer Privatklinik in San Francisco aufnehmen, wo er eine Krankenschwester, einen Arzt und einen Psychiater dafür bezahlte, auf seinem 24-stündigen LSD-Trip bei ihm zu bleiben. Aber anstatt ihm eine Offenbarung Gottes zu vermitteln, verschaffte jenes Experiment ihm wüste Alpträume, die sich monatelang ständig wiederholten.

Inzwischen hatte Shannon Vandruff nach seinem eigenen Neuanfang im Glauben allerlei unternommen, um Dr. Jarman auf ein Chaptertreffen zu locken. Der hochgelehrte Geistliche gab sich aber mit Nachdruck uninteressiert. Fast vier Jahre lang bearbeitete ihn Shannon. Schließlich war Jarman sogar dessen Anblick verhasst.

Letztendlich lud ein gemeinsamer Freund Jarman zu einem Abend „geistlicher Musik und christlichen Zusammenseins" bei den Vandruffs ein.

Achselzuckend willigte Dr. Jarman ein. Was hatte er schließlich zu verlieren? Nur ein neues Experiment! So begab es sich im August 1965, dass sich Ray Charles Jarman mit drei Männern aus seiner Gemeinde zu Shannon auf den Weg machte. Das große Wohnzimmer der Vandruffs war so voll, dass es direkt schwierig wurde, noch einen Sitzplatz zu finden. Jarman bemerkte eine Freude in diesen Menschen, die ihn in Erstaunen versetzte. Sie waren so lebhaft wie die Gäste einer Cocktailparty. Das verwunderte und irritierte ihn. Wenn er nicht in Begleitung gekommen wäre, hätte er sich wieder zur Tür hinausgeschlichen.

Als der Abend seinen Fortgang nahm, fühlte sich Dr. Jarman immer deplatzierter. Man sang, man betete, Zeugnisse wurden durch Ausrufe wie „Preis dem Herrn!“ bestätigt. Jarman musste immerzu daran denken, was seine Freunde von der theologischen Fakultät wohl zu diesem allen sagen würden.

Dann öffnete sich, es war schon etwas später geworden, die Eingangstür, und dort stand, gestützt von zwei Herren, die ausgezehrteste Frau, die er jemals zu Gesicht bekommen hatte. Sie hatte tiefdunkle Schatten unter den Augen und ihre Kleidung hing an ihr wie an einem Kleiderständer. Diese Frau war meine Schwester Florence.

Jarman schaute voll Entsetzen zu, wie die Männer Florence halb durch das Zimmer trugen und ganz vorsichtig in einen Sessel sinken ließen. Seit ihrem Autounfall waren 25 Jahre vergangen. Es war für sie ein Vierteljahrhundert des persönlichen Gottesdienstes gewesen! Wie oft hatte Florence zum Klavier oder an der Orgel in Kirchen in vielen Staaten der USA gesungen. Jetzt, genau zu der Zeit, die der Traum vorhergesagt hatte, war sie mit einer seltenen Form von Krebs sterbenskrank.

„Florence Shakarian Lalaian“, fragte Shannon, „haben Sie genug Kraft, für uns zu singen?“

Florence lächelte. „Ich werde es versuchen“, erwiderte sie nur. Sie stemmte beide Hände gegen ihre eigene Stirn und drückte sie hoch; denn sie hatte nicht genug Kraft, ihren Kopf noch selbst zu heben. Dann begann sie zu singen.

Ray Jarman fand sich ganz plötzlich mit jener Realität unmittelbar konfrontiert, die er so lange vergeblich gesucht hatte. Jarman war ein Opernkenner; er hatte die meisten der großen Stimmen unserer Zeit singen gehört. „Aber ich habe noch nie eine solche Stimme vernommen“, vertraute er mir später an. „Als sie sang, war es mir, als sei ein Engel leise in den Raum getreten.“ Florence bat alle, in den Refrain „Wie groß bist du!“ einzustimmen. Als man das tat, schwebte ihre Stimme hell über allen anderen, höher und immer noch höher, wie die jauchzende Stimme einer Lerche, bis sich Jarman an der Pforte des Himmels stehen wähnte.

Es war das letzte Lied, das Florence sang. Für Ray Charles Jarman dagegen war es das erste Mal im Leben, das er öffentlich weinte.

Aber seine Gewohnheit, alles und jedes mit seinem Intellekt zu sezieren, war bei ihm so eingefleischt, dass sein Verstand sich weiter gegen das wehrte, was seine Seele zutiefst ergriffen hatte. Erst nach einigen Monaten wagte er den für ihn furchtbaren Sprung über die schwarzen Schatten des Rationalismus. In seiner einsamen Witwerwohnung ließ er sich mit Shannon Vandruff als Zeugen auf die Knie nieder. So etwas hatte er noch niemals vorher getan. Er bat Jesus, sein Leben ganz in die Hand zu nehmen. Jarman erhob sich ebenso erfüllt und freudevoll, wie er einst leer und voller Angst gewesen war.

Diesem neuen Ray Jarman haben Hunderttausende auf der ganzen Erde zugehört. „Zweiundfünfzig Jahre habe ich gepredigt", gibt er nun zu, „bevor ich Jesus wirklich kennenlernte." In den letzten Jahren hat Ray Jarman unzählige Menschen erreicht. Wie viele von diesen haben wiederum andere erreicht? Wo endet die goldene Kette, die jeden von uns mit dem anderen verbindet?

Ich dachte an die Kettenglieder, die vor meiner Geburt geschmiedet worden waren. Margadich Mushegan hatte in Kara Kala prophezeit: „In genau einem Jahr wirst du einen Sohn bekommen!"

Ich gedachte jenes Sohnes, der täglich eine Wagenladung frisches Gemüse hinter einem Gaul namens Jack ausfuhr. Wie fest und unzertrennlich war das Kettenglied, das die Shakarians und die Mushegans verband! Es war Margadichs Enkel Harry, der eines Sonntags im Jahr 1955 in der armenischen Pfingstkirche am Goodrich Boulevard eine Vision empfing. Er hatte das Heiligtum mit Licht erfüllt und Ströme heiligen Öles über Isaak Shakarian ausgegossen erblickt. Das war eine Amtseinsetzung, die einzige Art, die unsere Gemeinde anerkannte. Und so hatte Vater vierzig Jahre lang als Laienprediger dieser Gemeinde gedient, nach armenischer Tradition ohne Gehalt. Er verschaffte sich vom Staat eine Lizenz, um trauen und beerdigen zu dürfen, predigte jeden Sonntag und kümmerte sich um die Nöte der Mitglieder der Gemeinde.

Dann, eines Freitagabends im Spätherbst, am 6. November 1964, hatte Harry Mushegan noch eine Vision. An diesem Abend war ich im Coronado Hotel südlich von San Diego zum Auftakt einer dreitägigen Regionalkonferenz. Unsere Tochter Gerry war mit ihrem Gatten Gene Scalf anwesend; sie beide liebten die Chapterkonferenzen, konnten aber wegen ihrer zwei kleinen Kinder nicht oft an den Treffen teilnehmen. Ich wusste, wie viel Mühe sie darauf verwandt hatten, diese Konferenz besuchen zu können. Daher war ich überrascht, als Gerry zu mir kam und dringend darum bat, dass wir alle nach Downey zurückkehrten. „Es geht um Großvater", sagte sie, „er liegt im Krankenhaus!"

„Im Krankenhaus? Aber er ist doch nicht krank. Er war in bester Verfassung, als ich heute Nachmittag das Büro verließ!"

An der Rezeption des Krankenhauses sagte man mir, Vater sei im Gebäude auf der anderen Seite der Straße. Wie merkwürdig, dachte ich, als ich das kleine, einstöckige Haus betrat. Wie merkwürdig, dass man ihn hierher verlegt, wo alles so verlassen und dunkel ist. Wo blieben die Schwestern? Aber dann wurde mir klar, dass dieses kleine Gebäude die Leichenhalle war.

Vater ruhte auf einem hohen, weißen Tisch. Kein Wunder, dass mir das niemand hatte erzählen können. Kein Vater und Sohn waren sich je so nahe gewesen!

Ich stand in dem schlichten kleinen Raum und schien seine Stimme zu hören, wie mir das hunderte Mal passiert war, wenn ich Gelegenheit gefunden hatte, irgendwo auf der Erde von Jesus zu berichten. „Geh nur, Demos! Ich werde mich schon um deine Geschäfte kümmern!"

Zu Hause erwartete uns Dr. Donald Griggs. Ich hatte recht gehabt – Vater war nicht krank gewesen. „Er verstarb in der Weise, in der die alten Patriarchen dahingingen", tröstete Dr. Griggs. „In der Mitte der Kraft, nicht in Krankheit und Schwäche. Er las die Abendzeitung und schlief einfach ein."

Von seinem Tod wussten nur Dr. Griggs und die nächsten Familienangehörigen. Daher waren wir überrascht, als Harry Mushegan aus Atlanta in Georgia anrief, wo er jetzt eine Predigerstelle versah.

„Die alten Männer", sagte er, „ich habe sie vorhin alle gesehen! Meinen Großvater, meinen Vater, alle, an die ich mich aus meiner

Jugend erinnere. Und einige, die ich nie gesehen habe. Vor ungefähr einer Stunde sah ich alle diese weißbärtigen Patriarchen, wie sie zusammenströmten und im Laufen ihre Arme ausbreiteten, als wollten sie jemanden empfangen. Und dann erblickte ich Isaak, wie er auf sie zueilte."

Lange Zeit war es still in der Leitung. „Isaak ist eingeschlafen, nicht wahr?", fragte Harry dann leise.

◇◇◇

Wir legten den Anschnallgurt zur Landung an, das Flugzeug legte sich leicht auf die Seite und begann den Landeanflug.

Geh nur zu, Demos …!

Genau das war es ja, was Gott zu jedem von uns gesagt hatte: „*Vorwärts, Jim, John, Bill, Mary*!" Am Anfang des Weges sagte er uns nicht immer, wohin es gehen wird. Ich dachte an die zweite Botschaft, die der Prophetenjunge vor so langer Zeit empfangen hatte, die immer noch versiegelt und ungeöffnet war. Warnt sie vor einer großen Christenverfolgung, bevor der Herr wiederkommt? Ich persönlich bin dieser Meinung.

Ich denke, dass uns der Geist zur Vorbereitung auf jene Zeit gegeben ist, uns in einem Leib Christi zu verbinden, jedem von uns einen Dienst zur Gesundung dieses Leibes zuzuweisen. Ich frage mich oft, an wen der Befehl ergehen wird, diese Botschaft zu öffnen und sie der Gemeinde Christi zu verkünden.

Aber das ist gar nicht so wichtig! Wichtig ist, dass er jeden von uns auf seinen Weg sendet. Geh! Geh mit derjenigen Gabe, die Gott dir geschenkt hat! Wenn wir diese Gabe, dieses Geschenk entdecken und benutzen, werden wir *die glücklichsten Menschen auf Erden* sein – ganz egal, wie die Welt um uns herum aussehen mag.

Die Maschine setzte mit einem kleinen Hopser auf und rollte zum Abfertigungsgebäude. Rose kramte unter ihrem Sitz nach unseren Sachen. „Bist du bereit, Demos?", fragte sie.

„Ich bin bereit, Rose!"

Wir traten in den Gang und schritten gemeinsam dem nächsten Abenteuer entgegen.